JN039420

パンデミックと社会科学

——ポストコロナから見えてくるもの

加藤晋／田中隆一／ケネス・盛・マッケルウェイン 編著

PANDEMICS AND SOCIAL SCIENCE
—INSIGHTS FROM POST-COVID JAPAN

勁草書房

EDITED BY SUSUMU CATO, RYUICHI TANAKA, AND KENNETH MORI MCELWAIN

はじめに：パンデミックの中の社会科学者

　社会科学研究は，本来長い時間をかけて行うものである。膨大な先行研究から研究テーマや仮説を探し出し，その検証方法について検討を行う。理論的アプローチであれ，実証的アプローチであれ，社会科学者はまず対象となる社会現象をくまなく観察することから始める。時には研究の対象となる現象を測ることで把握し，得られたデータや観察結果から自らの仮説の検証に挑む。自らの仮説が支持されるか否かがわからないまま，自らもその構成員である社会と対峙しつつ検証・検討を重ね，その結論を書籍や論文，報告といったかたちで世に問う。発表された研究成果は，査読等を通じて他の研究者からの批判・検討を受ける。その長く厳しいプロセスを生き延びた研究成果のみが次の世代に受け継がれていく。

　物理や化学といった分析対象の安定した自然科学とは異なり，分析対象である社会そのものが大きく変化する社会科学においては，研究の"科学性"を立証しようとするが如く，研究成果に対する厳密な検証がつきものである。それゆえに，社会科学の研究成果が社会に学問として定着するまでには，非常に長い時間がかかり，場合によっては検証を行っている間に対象としての社会そのものが変容してしまうことも起こりうるのである。

　このような長く厳密な研究成果の検証プロセスの重要性は，たとえパンデミックが起きたとしても変わらず，新型コロナウイルス感染症の蔓延が起きた2020年以前から現在に至っても大きくは変わっていない。しかしながら，予期していなかった新型コロナの蔓延により，社会のあり方が大きく揺すぶられた時期において，社会科学は目の前にある現象をほぼリアルタイムに観察し，分析・理解する必要に迫られた。まさに，嵐の中で船を操りながら，その進む方向を探るような事態となった。

　その社会科学研究の成果として，新型コロナが社会に対して与える影響をテーマとする研究が数多く生み出された。今まで経験したことのないパンデミッ

ク下の社会において人々はどういった方法で情報を入手し，またどういった情報源に信頼をおいているのか。感染症の伝染を防ぐために対面での接触を禁じられた人々の行動や意識はどう変化したのか。教育や労働といった，対面を前提としていた活動やその価値はどのように変化したのか。パンデミックによって明らかにされた既存の法制度の問題点や変化は一体どういったものなのか。こういったテーマでの研究が経済学，政治学，社会学，法学といった社会科学分野全般において盛んに研究されるようになった。

　本書は 2020 年 1 月以降に世界中を覆った新型コロナウイルス感染症が社会科学研究に対してどのような影響を与えたのかを，経済学，政治学，社会学，法学分野におけるそれぞれの研究者の研究成果を通じて考察するものである。コロナ禍でリアルタイムに行われたそれぞれの研究成果からコロナ禍の社会科学者の対応を振り返りつつ，新型コロナが社会科学そのものをどのように変化させたのか，さらには，ポストコロナの時代における社会科学のあり方を考える礎としたい。

　2023 年秋

　　　　　　加藤晋，田中隆一，ケネス・盛・マッケルウェイン

目　次

第4章　パンデミック初期のSNS利用と人々の行動　61

庄司匡宏

第5章　信頼される「専門家」の特性　85

近藤絢子，ケネス・盛・マッケルウェイン

II　健康と家族

第6章　パンデミックと主観的ウェルビーイングの軌跡　107

石田賢示

第7章　パンデミックの若者・家族への影響：
　　　　中学生と母親の追跡調査から　　125

藤原翔

第8章　ソーシャル・ディスタンス政策のメンタルヘルスへの影響　143

瀧川裕貴，呂沢宇，稲垣佑典，中井豊，常松淳，阪本拓人，大林真也

Ⅲ　社会と制度

第12章　高等教育におけるオンライン授業の価値評価　　215

エリック・ウィース，田中隆一

パンデミックと社会科学

ポストコロナから見えるもの

第1章

パンデミックにおける社会科学の役割とその変容

加藤晋，田中隆一

> ### 本章のハイライト
>
> 1. 社会科学は，その誕生以来，常に社会変化とともに発展し，社会に対して影響を与えてきた。
> 2. 2019 新型コロナウイルス感染症によって臨床的な研究の需要が社会科学に対してもあり，社会科学各分野において関連研究が数多くなされた。
> 3. 社会科学のあり方自体が 1 つの社会現象であり，人々の行動や意識は何らかのかたちで社会科学のあり方に依存しているため，その変化を問うことは社会科学上の重要な課題である。

1. はじめに

　本章で検討したいのは，パンデミックによる「社会科学」の変化である。社会科学は，人間という存在から成る「社会」の現象を明らかにする学問領域である。経済学，政治学，社会学，教育学，法学などといった分野が，この社会科学の部分としてそれぞれ発達してきた[1]。これらの諸分野は，それぞれ独自のメソドロジーを持つところもあるが，完全に独立なものではなく密接に関連している。

　私たちの問題は，社会科学とは何かという問題とは切り離せない。しかし，そもそも「科学」の定義に決定的なものはなく，「自然科学」ですら厳密な定義をすることは難しい。カール・ポパーは，マルクス主義やフロイト理論を科学から除外するために，有名な「反証可能性」を科学の共通の特徴として挙げたが，この反証可能性が科学を特徴付ける完全な必要十分条件を特徴付けているとは言い難い（ポパー 1971）。サミール・オカーシャが強調するように，結局のところ，それは科学者たちが従事しているさまざまな活動を表している（Okasha 2002）。オカーシャは科学をルートヴィヒ・ウィトゲンシュタインのいう「ゲーム」のようなものと捉えようとしており，共通のリジッドで固定的な条件というより，むしろ類似性によって結びついているものとしている[2]。言語の意味が時代や社会の中で変わっていくように，科学も時代や社会の影響を受ける。あくまで，科学とは社会に生きる人間の活動なのである。

　社会科学は，社会現象を分析対象とするがゆえに，自然科学よりも社会の変化によって影響を受けやすいのではないだろうか。社会の豊かさを測る指標としての GDP は興味深い例だろう。GDP 成長率がどのように決まるか，という問題は経済学，特にマクロ経済学の最も重要な課題の1つである。しかし，GDP の概念自体が大恐慌という大きな社会的ショックによって生まれたものである。当時，アメリカ政府からの依頼によりサイモン・クズネッツをはじめとする経済学者たちが豊かさの指標を構築したのが GDP/GNP の始まりである（GDP/GNP に関する記述は，Coyle 2015 の説明を参照している）。フランクリン・ルーズベルトは不況の深刻さを議会に数字で示しながら，多くの政策案を実行していった。大恐慌を克服できなかったことで悪名高いハーバート・フーヴァーとの決定的違いは，政策面の問題というより，GDP のようなツールを持っていたかどうかにあるという見立てもあろう。大恐慌をきっかけとして開発された，GDP/GNP が国連の下で整備・普及され，国際的に広がっていくことで経

---

1)　「社会科学の哲学」においては，法学を社会科学から外して考えることもある。吉田（2021）を参照されたい。

2)　社会科学をウィトゲンシュタイン流のゲームのように捉えれば，法学を自然に社会科学の中に位置付けやすくなるかもしれない。社会科学を厳密な定義によって捉えれば捉えるほど，法学の位置づけが難しくなるように思われる一方で，ゲームや類似性によって理解すれば，一部の法学において経済学や社会学のアプローチをうまく組み入れていることを適切に捉えられるように思われる。

済的概念の基本となっていった。景気の制御のために不況の度合いを測ることの必要性なしには，GDP は生まれなかったかもしれない。これは特殊な事例かもしれないが，戦争，飢饉，革命といった大きな社会変化によって，社会科学が何らかの影響を受けるというのは紛れもない事実だろう。

　2019 年末以来，新型コロナウイルスは驚くべき勢いで世界中に蔓延し，社会の風景を一変させ，世界のすべての人々が感染の脅威にさらされる「パンデミック」の状態を引き起こした。この規模のパンデミックは 20 世紀初頭のスペイン風邪以来であった。これにより，国家間の交流が大きく制限を受けることとなり，さらに，緊急事態宣言がいく度となく出される中で，国内の移動や人々の交流も影響を受けることとなった。日本でも，雇用をはじめとする経済的側面だけではなく，政治，法律，家族のあり方など，社会のありとあらゆる面でなんらかの変化を迫られることとなった。例えば，感染予防策としての「ソーシャル・ディスタンシング」は，対面交流を基本とする社会のあり方そのものに疑問を投げかけた。これにより，職場，学校，ローカルコミュニティでの行動や仕組みが変わり，ひいては思考・価値観にも変容がもたらされているようにも思える。

　こうした中，社会科学分野でも，パンデミックに関連する学術論文が多く出版されてきた。健康や医療に関する経済学や社会学も近年では盛んに研究されてきたわけだが，それ以前より感染症やパンデミックについての研究をしていた研究者は決して多くなかったはずである。そこで，社会科学者の中には，もともと健康や医療関係以外のトピックに従事していたが，パンデミックの問題にスイッチした者もいたはずである。こうしたこともあって，学会でもCOVID-19 の研究を後押しする動きが多くあった。特に，COVID-19 に焦点を当てる特集号や速報的に COVID-19 の問題を報告する学術誌なども多く登場した。2020 年以降，社会科学にどのような変化が起きているのかを検討することが本章の目的である。

　さらに議論を進める前に，なぜ社会科学の変化を検討することが重要なのかを説明したい。社会科学は社会の変化による影響を受けやすいだけでなく，それが社会や社会の指針に影響を与えることもある。社会科学の変化は，長期的には社会の変化をもたらす。例えば，それが望ましいかどうかは別として，社

会科学的概念であるGDPが現代社会の制度設計の基盤の1つとなっていることは疑いようがないだろう。先述のように，GDP（あるいはGNP）は部分的には政治の産物といえる。つまり，学術的な価値だけではなく，数字を用いた議会の説得という政治的用途もあったことは疑いない。GDPに関しては，それが社会制度の基礎ともなった。それがゆえに，1990年代以降，発展途上国の開発の難しさやGDPへの批判を踏まえて，国際機関で研究者たちが議論を重ねることで人間開発指標やベターライフ指標などといった新たな豊かさの指標が考案された。これもまた，社会科学が社会へと影響を与える可能性のある事例だろう。

　ところで，社会科学が社会に与える影響という点に関連して，ジョン・メイナード・ケインズが彼の有名な『一般理論』の結びで，次のように述べている。

　　「経済学者や政治哲学者の思想は，それが正しい場合にも間違っている場合にも，一般に考えられているよりもはるかに強力である。事実，世界を支配するものはそれ以外にはないのである。どのような知的影響とも無縁であるとみずから信じている実際家たちも，過去のある経済学者の奴隷であるのが普通である。権力の座にあって天声を聞くと称する狂人たちも，数年前のある三文学者から彼らの気違いじみた考えを引き出しているのである。私は，既得権益の力は思想の漸次的な浸透に比べて著しく誇張されていると思う。……中略……しかし，遅かれ早かれ，良かれ悪しかれ危険なものは，既得権益ではなくて思想である。」（ケインズ『一般理論』，塩野谷祐一訳，384頁）

ケインズの考え方に従えば，社会科学の変化は結局社会に大きな影響を与えるからこそ重要なのである。本章では，このようなことを踏まえて，パンデミックによって，社会科学がどのように変わったのか，あるいは，どのように変わっていくのか，ということを考えてみたいのである。

　本章の残りの部分は以下のように構成される。第2節では，社会科学がどのように社会の大きな変化やショックによって影響を受けてきたかを検討する。その後，第3節では，新型コロナパンデミックが社会科学に与えた影響を，社

会科学の査読誌等における新型コロナ関連論文の量などを整理して，現時点で
できる簡単な概観を提供する。第4節では，今後の展望について述べる。

2. 社会科学の歴史と社会的ショック

2.1　社会科学の発展と市民革命

　社会科学の内容や，そのメソドロジーは時代とともに変化してきた。本節で
は，これまで，どのように社会科学が社会の変化，特に，大きなショックによ
って影響を受けてきたかを社会科学の歴史から検討してみたい。現代的な意味
での「社会科学」の本格的な発展は，戦後から始まったといってよい。だが，
体系的なものではないにしろ，社会科学の萌芽は，18世紀から19世紀のヨー
ロッパに見出すことができる。この頃のヨーロッパは，市民革命や戦争といっ
たショックを多く経験しており，こうしたものが社会科学の芽生えと大きく関
わっているのである。

　政治学者ジョン・ロールズはホッブズの『リヴァイアサン』を「英語で書か
れた政治思想の最も偉大な著作」と呼んでいるが決して言い過ぎではないだろ
う（Rawls 2007, p. 23）。20世紀以降にジョン・ロックがリベラリズムとデモク
ラシーの体現者として高い評価を得る一方で（Bell 2014），トマス・ホッブズの
評価は不当に低くなっているようにも思われる。しかし，現代的な意味での社
会科学的分析という点においては，ホッブズはロックのむしろ遥かに先を歩い
ていたといってもよいだろう。ホッブズの「万人の万人に対する闘争」は，自
然状態において，人間が相手を攻撃するインセンティブから逃れることができ
ず，お互いの足を引っ張り合うジレンマ状態に陥ることを表現したものである
（岩井 1985）[3]。ホッブズは，国家権力抜きにしてはこのような闘争状態を避け
がたいという事実によって，国家を正当化しようとするのである。ホッブズの
分析は，驚くほど現代的なものであって，意思決定論，ゲーム理論，メカニズ
ム・デザインといった経済学的分析に近いともいえる。

　ホッブズの『リヴァイアサン』が当時の市民革命という大きなショックに影

---

3)　囚人のジレンマそのものではないという指摘もある。Chung（2015）を参照。

響を受けたものだということはよく知られている。ホッブズ自身，国王と議会が対立する中，著作が国王を擁護するものとして，議会派からの攻撃を受ける可能性を感じてパリに亡命した。ピューリタン革命の直前の時期に，パリで執筆されたのが彼の有名な『市民論』と『リヴァイアサン』だった。ホッブズは，ピューリタン革命の様子を見て，帰国し，クロムウェルに服従を誓った上で，『リヴァイアサン』を出版している。「英語で書かれた政治思想の最も偉大な著作」は社会の変化の中で生まれたのである（ホッブズの生涯については，田中（2016），またラッセル（1969）などを参照）。

　人間行動の分析を基礎に社会現象や社会制度を明らかにするという，現代的な社会科学のアプローチはホッブズによって先鞭がつけられたといってよいわけだが，「社会科学」という言葉そのものは，ウィリアム・トンプソンというアイルランドの哲学者によって初めて使われたとされている。彼はマルクスに影響を与えたことでも知られており，トンプソン自身は特にコンドルセに影響を受けたとされる。フランス革命の中で，理性を重視する思想を発展させたコンドルセは自身も現実の政治に身を投じながら，社会を改善するための制度設計を試みた（永見 2018）。確率論などの数理を用いて社会の分析を行うことの重要性を説いたことがコンドルセのアプローチの際立った特徴だった。「社会数学」とも呼ばれているが，これはフランス革命という社会変化が生み出した産物でもあった。1785 年に彼は有名な投票のパラドックスや陪審定理について出版をしており，この頃は彼が政治改革・社会改革への情熱を強めていった時期でもあった。このコンドルセのプロジェクトは，残念ながら，彼の逮捕と獄中死によって途絶えることとなってしまうが，ケネス・アロー以降の社会的選択理論やフォーマルな政治科学が 20 世紀中盤以降に隆盛することによって，復活することとなる（Arrow 1951; 1963; 2012）。

2.2　戦後のアメリカと日本の社会科学の差異

　アメリカの社会科学の発展は，第二次世界大戦によってヨーロッパから多くの知識人が流入したことを抜きにして語ることができない。特にナチスによる迫害によって，多くのユダヤ系の研究者たちがアメリカに移民した。例えば，経済学においては，ワシリー・レオンチェフやアバ・ラーナーなどが典型例で

ある。ユダヤ系ではないが，ヨーゼフ・シュンペーターやチェリング・クープマンスといった人物も戦争期にアメリカへと研究の場を移している。こうしたヨーロッパからやって来た経済学者たちによって，アメリカの経済学は大きく変貌していくこととなる[4]。

　20世紀はじめのアメリカの経済学には，ジョン・ベイツ・クラークなどのように理論経済学を研究していた人物もいたが，そうした者の数は決して多くはなかった。むしろ，ソースティン・ヴェブレン，ジョン・コモンズ，ウェスリー・ミッチェルといったアメリカ制度学派と呼ばれる，演繹的推論に基づき歴史と制度を重視するようなグループが支配的だった。しかし，先述の経済学者の大移動によって様相は一変することとなる。ヨーロッパから来た経済学者の多くは，当時，最新だった数理的な分析を得意とする人々だった。彼らによって，アメリカにおいて数理経済学の発展が大きく進むこととなる。また，真珠湾攻撃によって本格的に第二次世界大戦に突入することにより，ランド研究所をはじめとする研究機関がゲーム理論やオペレーションズ・リサーチなどの数理的研究を重視したこともこれに拍車をかけた。

　これに対して，日本の社会科学の発展は，戦争というショックの影響を受けつつも，アメリカのそれとは全く異なるものとなった[5]。日本の社会科学の顕著な特徴は，マルクス主義が長い間大きな影響力を持ったという点だろう。アメリカやイギリスでは，戦後，経済学といえば，消費者行動と企業の生産活動から導かれる需要と供給から市場均衡を分析するアプローチが標準的であった。イギリスでは，戦前からアルフレッド・マーシャルやアーサー・ピグーらに主導されるかたちで，この市場の分析を中核とする経済学が主流となっていた。アメリカでは，先述のようにアメリカ制度学派が影響力を持った時期があったものの，計量経済学会が1930年に設立され，1930～40年代以降は急速に数理化が進んでいった[6]。日本のように，共産圏以外の国でマルクス主義が経済学

---

4)　例えば Craver and Leijonhufvud（1987）を参照されたい。
5)　日本の社会科学については，石田（1984）を参照されたい。
6)　厳密には，一部のマルクス主義者がアメリカの数理経済学を牽引したという事実も見過ごせない。ラーナーやオスカー・ランゲである。しかし，全体として見れば，数理経済学の発展により，市場経済の研究が大きく発展したという事実は揺るぎないだろう。

の中心的な方法論として影響力を持っていた国というのは，かなり珍しいもの
だったといえよう。

　これは戦争というものが社会科学に与えた影響が，アメリカと日本のあいだ
で全く異なるものだったということを意味する。アメリカが戦争に勝利したの
に対して，日本が敗北したということも関わっているだろう[7]。筆者の私たち
が所属する「東京大学社会科学研究所」の体験は，興味深い事例を提供してい
る。社会科学研究所は，1946年に設立されている。戦前・戦中には，左翼思想
と結びついていると考えられていた「社会科学」をあえて名前に冠しているこ
とは，戦争への反省が込められている。採用についても，興味深い傾向がある。
矢内原忠雄（初代所長），宇野弘蔵，山之内一郎といった，戦中は言論弾圧によ
ってアカデミアから追放されていた人物が採用されたことは，戦争への反省と
マルクス主義の承認が同時に行われたようなかたちと受け取れる。当然，経済
学部でも，多くのマルクス主義者たちが復帰することとなった。戦後復帰した，
マルクス主義の社会科学者とその弟子たちの世代が，戦後の日本の社会科学の
潮流の1つの中心となったことによって，日本では社会科学とマルクス主義が
不可分に長く続いた時期があったのである。これは，戦争と左翼言論統制への
反省が結びついたことと関係しているように思われる。敗戦というショックが
社会科学に長期的影響を持った証左ともいえる。

　同時に日本の社会科学がいわゆる「社会科学」よりも人文系の色彩が強いも
のであったことも興味深い（宇野 2006）。マルクス主義と知的に対立する場合
であっても，それは欧米圏で言及されるところの「社会科学」とは異なるもの
だった。例えば，丸山眞男の政治学や大塚久雄の歴史学などがそれらの代表格
として挙げられる。数理分析や計量分析ではなく，こうした政治思想史や経済
史が社会科学のディシプリンの中核（の1つ）となったのも，戦争とマルクス
主義の隆盛によるところがあるだろう。日本の社会科学は，このようなマルク
ス主義やそれに対置される思想史・経済史のアプローチが弱まっていくプロセ
スだったともいえる。特に，1990年代前半には，ソ連の崩壊もあり，日本の社
会科学が戦後どのような経緯で発展したのかについて見直されたことが大きな

---

7)　ここでの記述は石田（2007）の回想録を参考にしている。

転換点となった[8]。

　これらのことは，多くの偶然的なイベントやショックが，社会科学に本質的で長期的な影響を与える可能性を示唆している。市民生活の面でいえば，革命や戦争にも劣らない影響をもたらした新型コロナのパンデミックは，2020年以降の日本の社会科学，そして社会科学そのものに対して影響を与えることが予想される。もちろん，新型コロナのパンデミックが社会科学に与えた影響を完全に評価するためには歴史の審判を待つ他にない。しかしながら，多くの社会科学者は，一人の人間としてパンデミックに直面し，また一人の大学人／研究者として研究を行い，公的な発言を行ってきた。コロナ禍の中，社会の成員としての社会科学者の研究活動はどのように変化したのだろうか。これが次節において検討する主な問いである。

3.　パンデミックと社会科学

　新型コロナのパンデミックは，すべての研究者に影響を与えた。しかしながら，その影響は分野によって異なる。例えば，対面でのインタビュー調査や，介入的処置を実際の現場で行う，いわゆるフィールド実験を中心とする研究分野では，それらの手法の実装がパンデミックにより困難となるために，研究遂行上大きな障害が発生している。他方，文献調査や理論的考察を中心とする研究分野においてはあまり大きな影響はないかもしれない。このように，研究手法自体が影響を受ける分野では研究の進捗自体に遅れを生じさせ，研究の「量」が減少した可能性がある。

　逆に，社会全体に大きな影響を与えるパンデミックが，社会科学者にとっては研究を遂行する上で絶好の「自然実験」となる場合もある。そのような場合には，新型コロナウイルス感染症に関する調査や分析が盛んに行われることになることが想像に難くない。新型コロナウイルス感染症に関連するテーマの研究が大きく増え，これまで行われてきた他のテーマの研究に加えて行われるのであれば，研究の量自体が増える可能性もある。

---

8)　宇野（2008）を参照されたい。

　上記の 2 点は社会科学研究を行う研究者，つまり社会科学的知見の供給側への影響と考えられるが，社会科学研究に対する社会からの要請や研究者に対する働きかけ，つまり需要側への影響も考えられる。例えば，学術雑誌等で新型コロナウイルス感染症に関連する研究の特集号が企画されるとき，その背景には新型コロナが社会に与える影響に関する知見が求められるという，社会的な要請があると考えることもできるであろう。また，パンデミックに関連する研究に特化した研究課題に対する研究助成も，パンデミックが社会的に重要な研究テーマであるという認識がその背景にある。

　私たちが現実世界において観測できる研究の量や質といったものは，ある意味，この需要と供給の一致する均衡点であると考えることができる。本節においては，研究の量についての情報として研究論文と研究助成金の数に着目し，特に新型コロナウイルス感染症に関連する研究論文や研究課題が，社会科学諸分野においてどのように推移したのかを確認する [9]。

3.1　論文

　まず，各研究分野（経済学，法学，政治学，社会学，教育学）における主要な学術雑誌において，2019 年以降に新型コロナウイルス感染症に関連するテーマの論文がどの程度出版されたのかを確認する。**表 1.1** は経済学，法学，政治学，社会学，教育学分野，および比較対象のために疫学分野における学術雑誌をいくつかピックアップし，2020 年から 2022 年までに，タイトルに「COVID-19」を含む論文の出版数，および総出版論文数の推移をまとめたものである。なお，ここで取り上げる雑誌名は**表 1.1** 内に明記してあるが，これらの対象雑誌は各分野において代表的であると筆者らが考えるものであり，包括的なものではないことをあらかじめ注記しておきたい。また，分析は主に筆者らの専門分野である経済学を中心としており，他の社会科学分野に関しては概観的なものに限られていることもご留意いただきたい。

　経済学分野の推移から始めよう。まず，経済学内での特定の分野に限定せず

---

9)　研究の質がどのような影響を受けたのかを見るためには，この期間に生み出された研究が今後どのようなインパクトを持つのかを見る必要があるが，そのためにはこれらの研究への評価が定まるまで待つ必要がある。

表 1.1　社会科学分野および疫学分野における査読付き学術雑誌に掲載された新型コロナウイルス感染症関連の論文（2020 〜 2022 年）

		コロナ関連論文数			総論文数			コロナ論文の割合	論文数の成長率
		2020	2021	2022	2020	2021	2022	2020-2022	2020-2022
経済学	一般誌	0	14	16	872	896	925	1.1%	6.1%
	専門誌	9	28	3	417	479	479	2.9%	14.9%
	医療	8	41	64	559	650	742	5.8%	32.7%
	日本	0	14	10	89	90	99	8.6%	11.2%
法学		34	34	9	638	636	677	3.9%	6.1%
政治学		11	13	21	566	711	608	2.4%	7.4%
社会学		0	7	17	618	608	760	1.2%	23.0%
教育学		3	7	10	468	451	448	1.5%	−4.3%
疫学		91	297	426	1,107	1,247	1,336	22.1%	20.7%

		対象雑誌名
経済学	一般誌	American Economic Review, Economic Journal, European Economic Review, Journal of the European Economic Association, Journal of Political Economy, Quarterly Journal of Economics, Review of Economics and Statistics, Review of Economic Studies
	専門誌	American Economic Journal: Economic Policy, Journal of Economic Growth, Journal of Environmental Economics and Management, Journal of International Economics, Journal of Labor Economics, Journal of Law and Economics, Journal of Public Economics
	医療	American Journal of Health Economics, European Journal of Health Economics, Health Economics, Health Economics Review, Journal of Health Economics, Value in Health
	日本	Journal of the Japanese and International Economies, Japan and the World Economy, Japanese Economic Review
法学		法律時報, ジュリスト
政治学		American Journal of Political Science, American Political Science Review, British Journal of Political Science, European Political Science Review, International Organization, Journal of Peace Research, Political Analysis, Political Psychology, Political Science Research and Methods, Quarterly Journal of Political Science
社会学		American Journal of Sociology, American Sociological Review, European Sociological Review, Journal of Marriage and Family, Social Forces, Social Indicators Research, Social Science Research
教育学		Computers and Education, Developmental Review, Educational Researcher, Internet and Higher Education, Journal of Educational Psychology, Review of Educational Research, Sociology of Education
疫学		American Journal of Public Health, The Lancet Public Health, Public Health, Social Science & Medicine

に論文を出版する，いわゆる「一般誌」と呼ばれる雑誌でアメリカおよびヨーロッパで出版されている雑誌を見てみると，全体では 1.1％の論文が COVID-19 をタイトルに含んでいた。その内訳は American Economic Review が 328 本中 2 本（0.6％），Review of Economics and Statistics が 434 本中 3 本（0.7％），Economic Journal が 340 本中 5 本（1.5 ％），European Economic Review が 550 本中 20 本（3.6％）であり，ヨーロッパ系の雑誌の方がやや高い傾向があった。また，ここで取り上げた雑誌では新型コロナウイルス感染症に関する特集号はなかった。この傾向は特定の経済学分野の研究を対象とした「フィールド雑誌（専門誌）」においても同様であった。ただし，例外として Journal of Public Economics は 2020 年から新型コロナウイルス感染症を対象とした論文を出版しており，2020 年から 2022 年までの 3 年間で 378 本中 33 本（8.7％）の新型コロナ関連の論文を出版した。これは，当該誌において新型コロナウイルス感染症に関する論文については査読プロセスを迅速化する，ファスト・トラックが設けられたことが大きな要因であろう。

　経済学の中でも，特に医療経済学では新型コロナウイルス感染症に関連する研究が多く発表された。ここで取り上げた 6 つの医療経済学系雑誌では，論文総数 1951 本中，113 本（5.8％）がタイトルに COVID-19 を明記していた。

　日本経済を主な対象とする国際査読付き学術雑誌ではどうであっただろうか。Journal of the Japanese and International Economies, Japan and the World Economy, Japanese Economic Review では，278 本中 24 本（8.6％）が新型コロナウイルス感染症に関連する研究であった。海外の雑誌，特に医療経済学の雑誌と比較しても，日本の雑誌では多くの新型コロナ関連の研究が出版されたが，これは Japanese Economic Review が 2 度にわたる特集号を組んだことが大きな要因である。

　その他の分野についても，同様に見ていこう。まず，法学分野では，日本の法学研究の代表的雑誌と考えられる 2 雑誌（法律時報，ジュリスト）を取り上げたが，これらの雑誌から出版された 1,951 本の論文のうち，77 本（3.9％）が新型コロナ関連の論文であった。次に，政治学分野では 10 の雑誌を選んだが，これらの雑誌から出版された 1,885 本のうち，45 本（2.4％）が新型コロナ関連の論文であった。社会学分野においては，7 つの雑誌に 1,986 本の論文が発表

され，内 24 本（1.2％）が新型コロナ関連の論文であった。教育学関連の分野においては，7 つの雑誌から 1,367 本の論文が出版され，内 20 本（1.5％）が新型コロナ関連の研究であった。ちなみに，参考として疫学分野の 4 雑誌（Social Science & Medicine, American Journal of Public Health, The Lancet Public Health, Public Health）を見てみると，新型コロナウイルス感染症に関する論文の割合は 22.1％であった。

コロナ禍で研究の遅れや加速といった現象は見られたのであろうか。論文総数の推移に関しても見てみよう。論文総数の 2020 年から 2022 年までの増加率を研究分野ごとに確認する。経済学の一般誌が 6.1％，専門誌で 14.9％，医療経済学で 32.7％，日本経済誌で 11.2％であった。また，法学では 6.1％，政治学では 7.4％，社会学が 23.0％，教育学では－4.3％であった。なお，疫学分野の 4 雑誌での出版論文本数の変化率は 20.7％であった。このように，コロナ禍においてもほぼすべての分野で論文出版本数自体は増えていたことが確認できる。

以上をまとめると，新型コロナ関連の研究は主に医療分野に特化した雑誌に多く見られたこと，新型コロナ関連の研究の割合は全体の研究論文に比べて多くはないこと，日本の経済学分野においては海外と比較しても高い割合の新型コロナウイルス感染症をテーマとした研究論文が発表されたことが確認できた。また，発表論文数から見たコロナ禍における研究活動は，停滞するどころか，むしろ多くの分野において増えていたことが確認された。

3.2 研究助成

研究論文数に関して行った分析と同様の分析を，日本学術振興会の科学研究費補助金の助成数に関して見てみよう。各研究分野（経済学・経営学，政治学，社会学，教育学，法学，心理学）において，2019 年以降に新型コロナウイルス感染症に関連するテーマで何件の研究助成が行われたのかを確認しよう。

表 1.2 は，日本学術振興会の科学研究費補助金のうち，挑戦的研究（萌芽），基盤研究（A），国際共同研究加速基金（国際共同研究強化（B））のそれぞれにおいて，2021 年度から 2022 年度に助成が開始された研究課題の総数，および新型コロナウイルス感染症を対象として含む研究課題の数をまとめたもので

表 1.2　科学研究費補助金におけるコロナ関連研究課題

	コロナ関連課題	内，医療系参画	総数	割合
経済学・経営学およびその関連分野				
挑戦的研究（萌芽）	6	1	47	12.8%
基盤研究（A）	3	0	21	14.3%
国際共同研究加速基金（国際共同研究強化（B））	0	0	11	0.0%
政治学およびその関連分野				
挑戦的研究（萌芽）	0	0	8	0.0%
基盤研究（A）	2	1	18	11.1%
国際共同研究加速基金（国際共同研究強化（B））	2	0	8	25.0%
社会学およびその関連分野				
挑戦的研究（萌芽）	7	2	54	13.0%
基盤研究（A）	2	0	10	20.0%
国際共同研究加速基金（国際共同研究強化（B））	2	0	8	25.0%
教育学およびその関連分野				
挑戦的研究（萌芽）	10	2	142	7.0%
基盤研究（A）	1	0	22	4.5%
国際共同研究加速基金（国際共同研究強化（B））	0	0	14	0.0%
法学およびその関連分野				
挑戦的研究（萌芽）	0	0	13	0.0%
基盤研究（A）	0	0	7	0.0%
国際共同研究加速基金（国際共同研究強化（B））	0	0	4	0.0%
心理学およびその関連分野				
挑戦的研究（萌芽）	0	0	52	0.0%
基盤研究（A）	0	0	15	0.0%
国際共同研究加速基金（国際共同研究強化（B））	0	0	2	0.0%

ある。挑戦的研究（萌芽）とは，一人または複数の研究者で組織する研究計画であって，これまでの学術の体系や方向を大きく変革・転換させることを志向し，飛躍的に発展する潜在性を有する研究であり，探索的性質の強い，あるいは芽生え期の研究も対象とするものである。研究期間は 2 〜 3 年間であり，助成金の総額は 500 万円以下である。そのため，緊急性・新規性の高い新型コロナ関連の研究課題の応募カテゴリーとして，多くの申請があったことが予想される。次に，基盤研究（A）は一人または複数の研究者が共同して行う独創的・先駆的な研究であり，研究期間は 3 〜 5 年間，助成金の総額は 2,000 万円以上 5,000 万円以下である。このカテゴリーはコロナ禍の以前から中心的な研究助成のカテゴリーであり，このカテゴリーの研究課題に占める新型コロナ関

連の研究割合は，その他の研究課題を「クラウドアウト」していないかを見る
上でも役に立つのではないかと考えられる。国際共同研究加速基金（国際共同
研究強化（B））は，複数の日本側研究者と海外の研究機関に所属する研究者
との国際共同研究の推進を目的として，学術研究の発展とともに，国際共同研
究の基盤の構築やさらなる強化，国際的に活躍できる研究者の養成も目指すも
のである。助成機関は 3 〜 6 年間で，助成金総額は 2,000 万円以下である。新
型コロナ関連の研究によって，海外の研究者との共同研究が促進されたのか，
それとも抑制されたのかを窺い知ることができる。なお，2023 年度からは名
称が「海外連携研究」と変更されている。新型コロナウイルス感染症を対象と
して含む研究課題とは，研究課題名に「コロナ」「COVID-19」「感染症」のキ
ーワードが含まれている課題としている。

　初めに，法学分野，および心理学分野を見てみる。これらの分野においては，
いずれの助成カテゴリーにおいても新型コロナウイルス感染症に関連する研究
課題の採択数は 0 であった。ここでの数字からだけでは，新型コロナウイルス
感染症に関連する研究課題の申請がないことが原因なのか，それとも，新型コ
ロナウイルス感染症に関連する研究課題が採択されないことが原因なのかは定
かではないが，その他の分野では複数の新型コロナウイルス感染症に関連する
研究課題が採択されている状況から見ると特徴的である。

　次に研究助成のカテゴリーごとに新型コロナ関連の研究課題割合を見て行こ
う。挑戦的研究（萌芽）における新型コロナ関連の研究課題割合が高い分野は
社会学（54 件中 7 件，13.0%）と経済学・経営学（47 件中 6 件，12.8%）であ
った。次に多いのは教育学（142 件中 10 件，7.0%）である。なお，政治学分
野では 8 件の採択課題のいずれも新型コロナ関連の研究課題ではなかった。

　次に基盤研究（A）を見てみると，社会学分野では 10 件中 2 件（20.0%）が，
政治学分野では 18 件中 2 件（11.1%）が，さらに経済学・経営学分野では 21
件中 3 件（14.3%），教育学分野では 22 件中 1 件（4.5%）が新型コロナ関連の
研究課題であった。社会学分野および経済学・経営学分野，さらには教育学分
野では挑戦的研究（萌芽）と同様に基盤研究（A）においても新型コロナ関連
の研究課題が一定割合を占めており，その割合は挑戦的研究（萌芽）と近い値
となっているが，挑戦的研究（萌芽）では新型コロナ関連の研究課題の割合が

0であった政治学分野において，基盤研究（A）では新型コロナ関連の研究課題が見られているのが特徴的である。

　さらに，国際共同研究加速基金（国際共同研究強化（B））を見てみよう。この助成カテゴリーで新型コロナ関連の研究課題が採択されている分野は社会学と政治学のみであり，社会学では8件中2件（25.0%），政治学では8件中2件（25.0%）が新型コロナ関連の研究課題であった。これらのことは，新型コロナウイルス感染症に対する社会および政治の対応を研究する上で，国際比較が重要視されており，その結果，これらの分野での国際共同研究の加速が企図されたためではないかと思われる。

　最後に，これらの社会科学分野における新型コロナウイルス感染症に関連する研究課題で，医療・保健・薬学系の研究機関に所属する研究者が参画している課題がどれだけあるのかを見る。3つの研究助成のカテゴリーにおいて，経済学・経営学，社会学，教育学の分野においては，医療系研究者が研究代表者または研究分担者として参画している研究課題が見られ，それらは挑戦的研究（萌芽）における研究課題であった。例外として，政治学分野では基盤研究（A）での新型コロナウイルス感染症に関する2件の研究のうち，1件に医療系部局の研究者の参画が見られた。全体に占める割合は決して高いとはいえないが，新型コロナウイルス感染症に関連する研究が遂行された社会科学分野において，医療系研究者の参入や共同研究が行われていることが窺える。

　以上をまとめると，2019年以前においては新型コロナウイルス感染症に関する研究はなかったことを考えると，ここで確認された社会科学分野における研究動向の変化は新型コロナウイルス感染症のパンデミックによって引き起こされた結果であると解釈できる。分野によっては大きな変化の見られないものもあるが，このことは，社会科学の多くの分野において，パンデミックが研究課題および研究アウトプットとしての論文の量に何らかの影響を与えたことを示唆している。また，これらの観察された変化は，学術的知見の供給者としての研究者と，パンデミックに対する学術的知見の需要者である社会（ここでは論文出版の編集者や研究助成の審査員がその代表例と考えられる）の交差する場所で生み出されたものであるが，社会科学研究に対する社会の要請が変化し，それに対して研究者も反応を示したことを物語っており，社会科学研究の臨床

的側面を象徴しているといえよう。

4. おわりに

　パンデミックによって，社会科学がこれからどのように変化して，その結果，社会はどのような影響を受けるのだろうか。前節の議論は，かつての市民革命や世界大戦ほどの大きな影響はなくとも，一定の変化がありそうだということを示唆している。

　しかし，たとえ数年で公衆衛生上のパンデミックの問題が終わったとしても，その社会科学への影響が徐々に出てくるということは十分にありえるということを指摘しておきたい。このことは，需要サイドと供給サイドの状況に依存した均衡によって，社会科学の状態が定まるため，その変化は需要と供給の緩やかな調整プロセスに依存するということによって部分的に説明される。現在は，新しい長期均衡の移行プロセスの途中かもしれないのである。結局のところ，現時点で行える，2020〜2022年の3年分だけの検討によって，その影響を完全にはかり知ることは難しい。

　だが，上述の均衡とのアナロジーは追加的にいくつかのことを示唆する。第1に，均衡の変化の仕方は，社会によって異なるかもしれないという点である。つまり，パンデミックが社会科学に与える影響はすべての国で同じとは限らない。このことは，戦争の影響がアメリカと日本で異なっていたことからも理解できる。第2に，分野によっても異なるかもしれない。社会科学だけでなく，自然科学も含めて，それぞれの研究分野は，それぞれ補完しあっている場合もあれば，代替しあっている場合もあるだろう。大豆の生産量が一時的に下がる影響が，財によって異なるように，パンデミックの影響が分野によって異なるかもしれないのである。

　第3には，均衡の不安定性や需要曲線・供給曲線の不連続性の問題が挙げられる。安定性や連続性が保証されているならば，たとえ時間がかかったとしても，徐々に社会科学の状況はもともとあったところと近いところに落ち着いていく傾向がある。しかし，社会科学の需要と供給のいずれかに何らかの不連続性がある場合には，たとえパンデミックの社会への影響が戦争や革命ほど大き

くなくとも，均衡は大きく飛躍する可能性がある。あるいは，需要と供給が不安定な均衡にある場合は，小さなショックでも大きく変化することとなる。

　最後の点はより一般的な示唆である。社会科学（あるいは科学）のあり方自体が，1 つの社会現象だということである。たとえ，知識が人間あるいは社会と独立に存在するとする実在論的な立場をとったとしても，学術のコミュニティに参加して，研究を行うのは，社会生活を持った人間なのである。何を研究すべきと考えるかは，社会の状況に応じて意識的あるいは無意識的に選択されることになる。また，人々が社会科学者を信用するかどうかは，彼ら自身の社会活動に依存する場合もある。社会科学の変化は，それ自体が社会現象であるからこそ，社会科学にとって意味のある問題なのである。

謝辞：研究補助をしてくださった榊原清玄氏（東京大学大学院博士課程）に感謝します。

参考文献

Arrow, K. J. (1951; 1963; 2012), *Social Choice and Individual Values*, 1st ed. (1951), Wiley, New York, NY; 2nd ed. (1963), with "Notes on the theory of social choice," Wiley, New York, NY; 3rd ed. (2012), with "Foreword to the third edition" by Eric Maskin, Yale University Press, New Haven, CT. （長名寛明訳『社会的選択と個人的評価　第三版』勁草書房，2013 年）

Bell, D. (2014), "What is liberalism?" *Political Theory*, 42 (6), pp. 682-715.

Chung, H. (2015), "Hobbes's State of Nature: A Modern Bayesian Game-Theoretic Analysis," *Journal of the American Philosophical Association*, 1 (3), pp. 485-508.

Coyle, D. (2015), *GDP: a brief but affectionate history-revised and expanded edition*, Princeton University Press. （高橋璃子訳『GDP──〈小さくて大きな数字〉の歴史』みすず書房，2015 年）

Craver, E. and Leijonhufvud, A. (1987), "Economics in America: the Continental Influence," *History of Political Economy*, 19 (2), pp. 173-182.

Okasha, S. (2002), *Philosophy of science: A very short introduction* (Vol. 67), Oxford University Press.

Rawls, J. (2007), *Lectures on the history of political philosophy*, Harvard University Press.

石田雄 (1984)，『日本の社会科学』東京大学出版会。

石田雄 (2007)，「社会科学研究所の 60 年と日本の社会科学」『社会科学研究』59 (1)，133-148 頁。

岩井克人 (1985)，『ヴェニスの商人の資本論』筑摩書房。

宇野重規（2006），「1990 年代日本の社会科学―自己反省とその継承―」『社会科学研究』58
　　（1），99-123 頁。

ケインズ，J. M.（1996），『雇用・利子および貨幣の一般理論』［普及版］，東洋経済新報社，
　　塩野谷祐一訳。

田中浩（2016），『ホッブズ：リヴァイアサンの哲学者』岩波書店。

永見瑞木（2018），『コンドルセと〈光〉の世紀：科学から政治へ』白水社。

ポパー，K. R.（1971），『科学的発見の論理（上）』恒星社厚生閣，大内義一・森博訳。

ラッセル，B.（1969），『西洋哲学史』みすず書房，市井三郎訳。

吉田敬（2021），『社会科学の哲学入門』勁草書房。

I　情報と信頼

第2章

国民の政治意識の変遷

ケネス・盛・マッケルウェイン，澁谷遊野

本章のハイライト

1. 有権者のパンデミックに対する政治意識を，同じ回答者に対して2020年から2022年にかけてサーベイ調査した。
2. パンデミック初期は国政よりも地方政治家が高く評価されていたが，中央政府に対する信頼は，特にワクチン供給開始後，高まった。
3. 同時に，2021年衆院選から2022年参院選にかけて，投票時にコロナ対応を重要視する有権者の割合も着実に減っていった。

---

1. はじめに

　新型コロナウイルス感染症（以下，新型コロナ）の拡大に伴い，事業所閉鎖，行動制限および水際対策など，世界各国で前例のない規模での政策的対応が求められた。しかし，感染拡大初期は効果的な緩和策や治療法に関する科学的根拠が不足し，コロナ対策には大きな不確実性が伴うこととなった。感染症対応では，自分自身を守る行動が他人の命を救うこともあるなど，社会的な「外部性」があることが知られる（Cato et al. 2020）。特に新型コロナは，感染者の多くが無症状であり，知らず知らずのうちにウイルスを他人に広げてしまう可能

性があったため，この外部性は顕著であった。他方，人々が考える感染症のリスクと実際のリスクには差異があり，したがって，国民の行動抑制レベルも個人間で異なっていた可能性がある。例えば，社会経済的資源が少ない人（若年層，低学歴）はソーシャル・ディスタンスをとらない傾向があり（Shoji et al. 2021），ソーシャルメディアに依存している人は，効果が疑わしいリスク回避行動をとる傾向があることが報告されている（Cato et al. 2021）。

　こうした個々人のコロナ対応における外部性と多様性は，規制遵守を確保するための政府介入の重要性を高めた。多くの国の政府は，マスク着用の義務化や自宅待機命令，渡航や経済活動の制限などの行動介入に頼った。一方で日本では，憲法による個人の権利の保護が強く，緊急事態条項は存在しないため（マッケルウェイン 2022），他国のような強制力の強い措置はとられなかった。その代わり，自粛要請によって人々の意識に訴えたり，経済コスト軽減のための金銭的な誘引策を講じたりした。

　しかし，強制力を持つ他の国よりも日本政府が不利だったというわけではない。世界保健機関（WHO）の「WHO コロナウイルスダッシュボード」のデータによれば，新型コロナによる累積感染者数および死亡者数（人口 10 万人当たり）は，政府が個人の行動を抑制するより抜本的な措置を講じた多くの西欧諸国に比べ，日本のほうが少ない。日本政府の対応に改善の余地があったことは間違いないが，本章の目的は最適な政策介入を検討することではない。むしろ，新型コロナを 2 つの政治学的テーマを検証するための研究事例として用いる。

　第 1 に，政党支持のような政治的態度は，政策主体や政策内容に対する信頼度にどのような影響を与えたのだろうか。強制力を伴って行動変容を促す通常の法を「ハードロー」と対置して罰則を伴わない任意の要請の法的立ち位置や有効性について，法社会学でも「ソフトロー」という観点から研究が進んでいる（飯田 2022）。政治学でも，政府の要請やガイダンスの効果についてさまざまな分析がなされてきた。ソフトローの有効性は，政府に対する信頼に依存するため，すべての国民が従う保証はなく，特に政党帰属意識が強い予測因子となることが知られている。米国では，感染症に対する情報が不足していたパンデミック初期に，多くの人が「政府」による対応を「トランプ大統領」による対応と同一視し，国民は党派性に基づいて肯定的または否定的に反応した

(Druckman et al. 2021)。日本では，無党派層が多いことに見られるように，他の民主主義国に比べて政党帰属意識が弱い。しかしながら，人々の政治的信条が政府のソフトロー的介入に対する信頼に影響を与えたのかを分析することは，将来同様の危機が発生した際に，ソフトローの有効性を理解する上で極めて重要だと考える。

　2つ目のテーマは，有権者の異なる政治社会的アクターに対する評価の変化である。新型コロナ対応は，多くの国で，中央政府や地方政府などさまざまな政府レベルで行われたが，おそらく日本で最も注目すべき点は，都道府県が果たした役割である（竹中 2020）。特に，保健所による感染症患者数の調査，病床の確保，企業への補償などの対応で地方自治体が果たした役割は大きい。加藤（2020）によると，コロナ対応の主役は首相を含む中央政府ではなく知事であるという認識がコロナ初期では強かった。経済活動の制限要請や，学校・公園・文化施設等の運営方針などは国と都道府県間で異なるケースもあった。

　このような政府レベル間での責任の重複により，政治学の観点から新型コロナが重要なケーススタディとなる。中央政府と地方政府への信頼の差とその要因は，政治学でも研究されてきた。しかし，政府レベルや地域間で重視する政策領域が異なるため，政策評価を直接比較することは困難であった。例えば，外交政策は主に内閣に委ねられているが，社会インフラ関連の分野は都道府県や市町村レベルで扱われる。さらに，大都市圏では人口過密や住宅価格の高騰が課題となる一方，地方では観光客減少や過疎化などが課題となるなど，地域によっても取り組む課題は異なる。東日本大震災のような類似する国家的危機下でも，直接的・間接的な影響は地域によって異なるスピードで現れた。このように課題が表面化するタイミングの違いから，異なるアクターへの評価を同時に比較することは難しい。しかし，コロナ感染症拡大は（深刻さの違いはあるにせよ）同時に全国各地に影響を及ぼし，中央政府と地方政府で重複した権限や責任を負ったことから，同じ政策課題に対する評価の比較を可能とする貴重な機会となった。

　本章では，さまざまな政策アクターのコロナ対応が国民にどのように評価されたのかを検証する。2020 年 12 月から 2022 年 7 月にかけて 4 回実施したパネルサーベイ調査のデータを主に用いて論じる。パネルサーベイ調査の実施期間

は，緊急事態宣言や水際対策，東京 2020 オリンピック，GoTo トラベルや Go
To イートキャンペーン，ワクチン接種などが行われた時期をカバーする[1]。こ
のデータを用いて，(1) さまざまな政治社会的アクターのコロナ感染症関連対
応に対する国民の信頼の程度，(2) 国民や政治家がコロナ対応を他の政策課題
と比べてどのように重視したのかを分析した。特に，党派性が世論に与えた影
響や，ワクチン接種状況とコロナ感染症対応の政治評価の関連性に注目する。
さらに，国民のみならず，政治家サイドがコロナ関連の課題をどのように優先
づけていたのかを明らかにするため，国会議員のソーシャルメディア（Face-
book と Twitter）での投稿内容を分析し，政党間の違いを比較した。

2. コロナ関連の政治課題

　新型コロナの脅威が明らかになるにつれ，世界各国の政府は，迫る危機に対
処するために，対策をそれぞれに講じた。海外では強制力を伴うソーシャル・
ディスタンス政策が展開され，学校や飲食店の閉鎖，行動制限，自宅待機指示
などが実施された。2020 年 4 月までに，米国，カナダ，欧州連合（EU）諸国
などで，外出禁止措置が導入された。また 2021 年 1 月までに，米国，英国，
オーストラリア，中国，韓国を含む多くの国が公共の場でのマスク着用を義務
付けたほか，一時的には約 55 か国がワクチン接種を義務化した（Cameron-Blake
et al. 2023）。人命と公的医療体制の保護に当初の重点が置かれ，その代償と
して経済活動は著しく制限されることになった。
　しかしながら，日本は他国と同じような強制力のある対策を導入しなかった。
日本国憲法は職業選択および移転の自由（第 22 条）や財産権（第 29 条）を具
体的に保障しており，企業の営業活動や個人の国内外への移動を制限するよう
な厳格なロックダウン策を実施することは，政府にとって困難だった。また，
世界中で 90％以上の国が緊急事態条項を憲法に盛り込んでいるが，日本国憲

---

1) 2020 年 3 月〜9 月のパンデミック初期期間のデータに関する説明と分析については，次を参照。
　飯田高，石田賢示，伊藤亜聖，勝又裕斗，加藤晋，庄司匡宏，ケネス・盛・マッケルウェイン「新
　型コロナウイルス感染症に関する壮年パネル調査―概要と記述統計分析―」『社会科学研究』第 73
　巻第 2 号，2022 年，95-125 頁。https://jww.iss.u-tokyo.ac.jp/jss/pdf/jss7302_095125.pdf

法にはそのような規定が明記されていない。そのため，政府は通常の統治制度
の枠組みを超えた政策をとれなく（マッケルウェイン 2022），結果的に自粛要請
＝「ソフトロー」に頼るしかなかった。これら自主的な処置は，利他性や同調
性が強い人々に受け入れられても，法的強制力がないため，楽観的な人々や感
染リスクを許容している人々などは行動を改めないことが考えられる（Cato et
al. 2020; Cato et al. 2022）。

　日本での自粛要請には，2つの課題があった。第1に，国民に対して自主的
な行動変容を促すためには，首尾一貫した政府のコミュニケーションがより重
要となったが，感染拡大のレベルが地域によって異なるため，地方自治体ごと
に方針に違いが見られたことである。例えば，公共交通機関の運行や，学校の
運営方針やガイドラインなどで地域によっては中央政府が想定していたよりも
緩かったり厳しかったりすることもあった（竹中 2020 参照）。しかし，憲法上
の制約もあり，中央政府がコントロールできる範囲にも限りがあった。さらに，
GoTo トラベルキャンペーンの是非のように，経済活動と公衆衛生のどちらを
どの程度優先させるかについては，与党と野党の間に違いがあった。こうした
政党間の差は，ワクチン接種が進むにつれ，感染リスクに対する評価が分かれ，
より鮮明になっていった。一般に，自公連立政府はオリンピック開催を含む経
済活動の回復を重視し，野党は自民と政府による感染症対応施策の不十分さを
強調し，それらが選挙の争点となっていった（Maeda 2023）。

　第2に，コロナ感染症に関連するさまざまな情報が交錯し情報過多となり，
また情報の不確実性が相まることで，国民は誰のアドバイスに従うべきかが明
確ではないケースもあった。もともと医療サービスでは患者は治療法について
医師より情報を持っていないため，医療従事者への信頼に依存している。しか
し，コロナ感染症のような新しい疾患の場合，患者は必ずしも医療従事者の評
価を信じるとは限らない。例えば，Heinzel and Liese（2021）によるドイツと
英国でのサーベイ実験によると，保健省や公衆衛生機関の専門性が高いと認め
ている回答者の間でのみ，それらの公的機関による感染症対策への支持が高ま
ることが示された。

　実際，公衆衛生委員会や医師会など，政治家以外のアクターも積極的な情報
発信を行った。国や地方自治体は，感染症や公衆衛生の専門家を含む諮問委員

会を設置し，これらの専門家委員会が感染症対策について提言を行ってきた。
尾身茂氏など専門家委員の中には，感染拡大を抑制する方法について国民と直
接対話しようとする姿勢で著名になった人もいる（河合 2021 参照）。しかし，
第一線の医療従事者や，公衆衛生を優先した厳格な規制を支持する医師会から
も，専門家委員の見解は否定されることもあった。このような専門家同士の意
見の相違から，多くの市民はインターネットでその答えを探そうとした。特に
医療従事者に中立性や専門性がないと不信感を抱いた場合，身近なソーシャル
メディア（SNS）上で情報に頼ることは自然なことかもしれない。コロナ関連
のニュースを SNS で確認していた人は，ソーシャル・ディスタンス（社会的
距離を置く）などの防御策をとる傾向が強いが，納豆を多く食べるなど，科学
的に確認されていない行動をとる傾向も強かったことが明らかになっている
（Cato et al. 2021）。

　本章では，こうしたコロナ禍における社会内での意見の相違に注目し，2 つ
の側面から考察を行う。第 1 に，コロナ感染症関連対応に関して，地元の政治
家と国の政治家のどちらがより信頼されていたのか。第 2 に，有権者と政治家
のそれぞれにとって，問題の優先順位はどのように変化したのかを見ていく。

3.　研究方法

　本章の分析では，2 つのデータを用いる。第 1 に，国民の意識の測定のため
に，東京大学社会科学研究所「新型コロナウイルス感染症に関するパネル調
査」のデータを使用する。この調査は，同じ回答者に 4 回にわたって回答を依
頼しており，個人の選好の経時変化を追跡することができる。対象は 18 〜 70
歳の回答者で，2015 年国勢調査の性別，年齢，都道府県の分布に合わせたサ
ンプリング層別になっている。実施日，サンプルサイズ，回答率（調査継続者
の割合）については以下のとおりである。

東京大学社会科学研究所「新型コロナウイルス感染症に関するパネル調査」
　　●第 1 回調査：2020 年 12 月　　　　　　　　　　　　n=7080（100％）
　　●第 2 回調査：2021 年 3 月　　　　　　　　　　　　　n=5304（74.9％）

●第 3 回調査：2021 年 11 月（第 49 回衆議院議員総選挙後）

n=4808（67.9％）

●第 4 回調査：2022 年 7 月（第 27 回参議院議員通常選挙後）

n=3974（56.1％）

　第 2 に，政治家によるソーシャルメディアへの投稿データを用いる。国会議員のうち Twitter（現在は「X」に改名）もしくは Facebook のアカウントを党の公式ホームページ等で公開している議員を対象として，上記パネル調査の 4 回をカバーする 2020 年 1 月から 2022 年 8 月までの 2 年 8 ヶ月間の投稿データを収集した。データは，学術利用のための Twitter API と CrowdTangle API を用いて収集した。分析対象は，自民党所属議員の 466 アカウント（Twitter：246，Facebook：220）と最大野党である立憲民主党議員の 339 アカウント（Twitter：219，Facebook：120）からの投稿データである。アカウントを保有しているものの投稿が当該期間内にない議員は分析から除外した。

4.　結果

　本章の分析は，2 つのトピックに焦点を当てる。第 1 に，政策の立案や実施に関わるアクターに対する国民の信頼はどのように差異があり，また，時間の経過とともにどのように変化したのかを検討する。第 2 に，他の政策課題に比べた新型コロナ対策の優先度はどのように変化したのかを見る。

4.1　政策アクターに対する信頼感

　4 つの調査回すべてで，回答者に「以下の機関や人物による新型コロナウイルスへの対応を，評価しますか，それとも評価しませんか」と質問をし，2021 年 9 月に総理大臣に就任した岸田文雄を新たな質問項目として第 3 回調査以降追加した。回答は，「全く評価しない（1）」から「とても評価する（5）」までの 5 段階評価とした[2]。

---

[2]　回答者は，各項目について「わからない・答えたくない」と回答することができた。以下の分析では，これらの回答は省略した。

表 2.1　新型コロナウイルス対応の評価

	W1	W2	W3	W4
菅義偉	2.29	2.33	2.78	2.98
岸田文雄			2.78	2.88
都道府県知事	2.94	2.94	3.06	3.06
市区町村首長	2.87	2.83	2.92	2.96
政府の専門家会議	2.95	2.85	2.84	2.79
病院・医療従事者	4.20	4.07	4.03	3.96
マスメディア	2.40	2.37	2.32	2.42

　表 2.1 は，各調査回の回答をまとめたものである。平均すると，「病院・医療従事者」の評価が最も高く，平均スコアは 4 以上である。一方，「政府の専門家会議」のスコアは低く，第 4 回調査回の評価は第 1 回調査回の 2.95 から 2.79 に低下している。このスコアよりも低いのは，マスメディアだけである。これらの結果から，回答者はコロナ感染症における医療従事者の尽力に感謝しつつも，政府の専門家会の役割や提言には疑問を持っていたことが示唆される。

　最も興味深いのは国レベルと地方レベルで選出された政治家へ評価の差が開いたことである。市区町村首長と都道府県知事の評価には高い相関があるため（相関係数は第 1 回調査時の 0.59 から第 4 回調査時の 0.71 まで），ここでは総理大臣（第 1-2 回調査時は菅義偉，第 3-4 回調査時は岸田文雄）と回答者の居住地の都道府県知事の評価の差に着目する。調査前半では首相の評価は知事の評価に大きく引き離されていた。評価の平均値は都道府県知事のほうが第 1 回調査で 0.65，第 2 回調査時は 0.61 高い。しかしその後，第 3 回調査では 0.29，第 4 回調査時は 0.19 と，都道府県知事と首相に対する評価の差は小さくなっていった。これは知事の評価が下がったというよりも（2.94 から 3.06 で変化は横ばい），首相への評価が高くなったことが影響している。第 1 回調査時の菅首相への評価の平均値は 2.29 だったが，第 4 回調査時の岸田首相への評価平均値は 2.88 まで上昇した。第 1 回調査時では，首相が知事と同等かそれ以上の評価平均点を得ていたのは 4 県（石川，奈良，兵庫，千葉）しかなかったが，第 4 回調査時では 11 県（大分，京都，奈良，静岡，神奈川，沖縄，富山，岐阜，香川，徳島，岡山）にまで改善された[3]。

　首相に対する当初の批判も，評価向上も，党派性によって完全に説明するこ

とはできない。第 1 回調査では，首相と知事の平均評価差は，自民党支持層で
－0.28，野党支持層で－0.79，無党派層で－0.79 だった。第 4 回調査では，そ
れぞれ＋0.04，－0.24，－0.36 に増加している。つまり，党派性によって首相
評価のベースラインに差があるものの，時間の経過とともに，政治的範囲を超
えて国民が首相をよりポジティブに評価するようになった。

　首相への評価が上昇した背景にはさまざまな要因があることは間違いないが
（Thies and Yanai 2023 を参照），2021 年 2 月に日本で新型コロナワクチンの供給
が始まったことも大きな要因の 1 つである。2020 年 1 月にウイルスの遺伝子配
列データが公開された直後，2020 年初頭から新型コロナワクチンの開発が始ま
った。しかし，多くの国が 2020 年後半までに緊急承認を与えた一方で，日本
では日本人を対象とした臨床試験を実施する必要があったため，欧米の多くの
国よりも 2 ～ 5 ヶ月遅れてワクチン接種が開始された。さらに，当初はワクチ
ン量が不足し，自治体によって接種開始時期や年齢層別の優先順位に差があっ
たため，政府の接種計画に対する混乱や批判もあった。しかし，政府は，延期
された 2020 年東京オリンピックが 2021 年 7 月に，衆議院の任期満了が 2021
年 10 月に予定されていることから，ワクチン接種を成功させることが選挙に
有利になると考えていた。菅首相（当時）は，ワクチン接種率の最大化と政府
のコロナ対応への評価を改善するため，衆議院議員総選挙を可能な限り延期し
た。衆院選は 2021 年 10 月 31 日に行われたが，この頃にはワクチンの 2 回目
や 3 回目の接種が可能となり，国民全体のワクチン接種率も向上した。今回の
調査の回答者においては，2021 年 11 月までに 1 回以上接種した人は 82.2％だ
ったが，2022 年 7 月には 84.5％に増加した。

　図 2.1 は最も新しい，2022 年参議院議員通常選挙直後に実施した第 4 回調査
時における「岸田総理のコロナ対応評価」の得点分布を示す。左図はベースラ
イン支持率が高いと予想される自民党支持層の分布，右図は野党支持者と無党
派層が含まれる非自民党支持層の分布である。また，回答者のワクチン接種状
況と首相への評価の関係性を比較するために，ワクチン接種を一回でも接種し

3）　この都道府県内の平均点については，慎重に扱う必要がある。本調査のサンプルサイズはそれな
　りに大きいが（第 1 回調査：n=7,080，第 4 回調査：n=3,974），小規模な都道府県では回答者が足り
　ず，代表性や外的妥当性のある分析ができない場合がある。

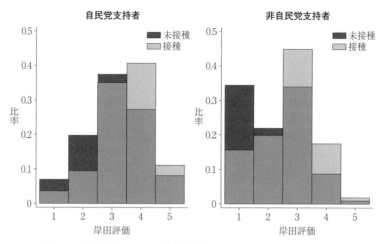

図 2.1 総理大臣のコロナ対応評価とワクチン接種（2022 年 7 月）

た人（淡色）と未接種者（濃色）のスコアを分けている。自民党支持層・非自
民党支持層のどちらの層でも，ワクチンを接種した人は，接種していない人に
比べて首相への評価が高いことがわかる。自民党支持層では，接種者の平均評
価が 3.47 であったのに対し，非接種者では 3.10 にとどまった。非自民党支持
層でも同様に，接種した場合は 2.70，接種していない場合は 2.20 と開きがあっ
た。両グループとも，ワクチン接種率による差は p<0.001 の水準で統計的に有
意であった。

　この結果は，ワクチン接種が中央政府の評価を向上させたことを確実に証明
するものではないものの，迅速なワクチン接種を優先するという自民党の戦略
が，政治的にプラスの影響を与えた可能性が高いことを示唆している。

　実際に，政治家の間でのワクチン接種の優先度は，ソーシャルメディアによ
るコミュニケーションにも反映されている。**図 2.2** は，自由民主党の国会議員
と最大野党である立憲民主党の国会議員のワクチン関連のソーシャルメディア
投稿の割合（縦軸）を比較したものである。2021 年から，自由民主党と立憲
民主党の両国会議員間でワクチンに関する投稿の割合が増えた。全体としては，
調査期間全体を通じて自由民主党でワクチンに関する投稿が多い傾向が見られ
る。特に，2021 年 5 月下旬から 6 月上旬にかけては自由民主党と立憲民主党

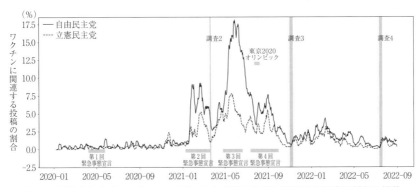

図 2.2　政治家によるソーシャルメディア上でのワクチンに関する投稿の割合の推移
（移動平均（ウィンドウ 7））

の投稿間でのワクチンの出現割合は 10 ポイント以上の差があり（最大で 12.8
ポイントの差），この差は衆院選が終わる 2021 年 11 月頃まで見られた。議員
の投稿内容としては，自由民主党議員で，円滑なワクチン供給のための努力や
ワクチン接種が進みその成功を強調する内容が多く，立憲民主党議員では，ワ
クチン供給の遅れや与党のコロナ対応策全般の批判などが主である。

4.2　政治的優先度 / ポストコロナ政治

　もう 1 つ，コロナ対応に関する国民意識の特徴的な変化として挙げられるの
は，当初は公衆衛生を優先する姿勢があったものの，徐々に個人の自由を重視
する傾向へと変遷していった点である。パンデミック初期，政府は個人の行動
を自主的に制限するように求め，また金銭的なインセンティブによって企業活
動の制限も促した。こうした促しは，コロナ感染症の感染拡大を防ぐためだけ
でなく，コロナ感染症以外の患者の治療を継続できるよう，公衆衛生システム
全体を維持するためにも必要とされた。ただし，このような国民の自主性に委
ねる施策が機能するためには，国民が個人の幸福や企業利益などよりも公衆衛
生を優先させることをいとわないという意識を持っていることが必要である。
　そこで，パネル調査では回答者にこの点について，以下の質問への回答を求
めた。

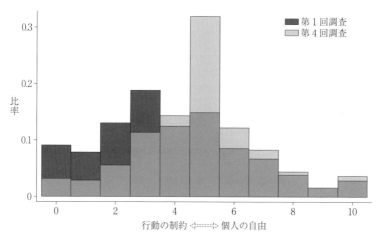

図2.3　コロナ禍における行動の制約と個人の自由の重要性の対比

個人の自由を制限をしたとしても，新型コロナウイルスの問題の解決のために個人の行動を強く制約すべきである」という人もいれば，「新型コロナウイルスの問題解決に時間がかかったとしても，個人の自由を優先させるべきである」という人もいます。コロナウイルスと個人の自由の問題のどちらが重要だと思いますか。0は「コロナウイルスの問題の方が断然重要である」を，また10は「自由の方が断然重要である」を示すとして，0から10までの数字からお選びください。

質問の目的は，人々の優先順位が，行動制限により公衆衛生の効用を最大化することから，個人の意思決定の尊重にどの程度変わったかを確認することである。ソーシャル・ディスタンスをとることは，仕事や家庭生活，精神衛生などへの負の影響が生じうるほか，経済的・社会的コストもかかる。これらを考慮すると，パンデミックの経過，とりわけワクチンの登場によって，人々の選好が後者にシフトする可能性が高い。実際，このようなパターンがパネル調査結果からも確認できる。図2.3は，第1回調査（濃色）と第4回調査（淡色）の回答分布を示している。右方向に分布が平均で1点ほど移動しており，時間の経過とともに，行動の制約よりも個人の自由に対する許容度が高まっていること

がわかる。4 つの調査回を通して，平均回答は第 1 回調査時の 3.9 から第 2 回調査時の 3.9 までは比較的安定していたが，第 3 回調査時の 4.2 と第 4 回調査時の 4.9 で個人の自由に向かってシフトし始めた。

　ただし，このような個人の自由へのシフトは，回答者間で一様に見られるわけではない。第 4 回調査と第 1 回調査の回答の差を従属変数とし，さまざまな人口統計学的要因と政治的態度を独立変数として，重回帰分析を行った[4]。まず，子どもと同居している人の間では，その傾向が 0.14 ポイント強くなっている。これは，子どもを外でのびのびと遊ばせたいという願望，あるいは自分たちがパンデミック前の生活や仕事を取り戻したいという願望を反映していると考えられる。また，非正規雇用者でも個人の自由を優先させる傾向が 0.22 ポイント強く，これは，政府のさまざまな施策による景気後退の影響を最も受けた層であることが影響していると考えられる。なお，興味深いことに，ワクチン非接種者ほど個人の自由を 0.25 ポイント優先する傾向があり，これはコロナ関連情報に対する一般的なリスクの受容や不信感を反映していると考えられる。驚くべきことに，第 1 回調査から第 4 回調査までの回答の変化は，健康リスクに対する態度に影響を及ぼすと考えられる性別や年齢と相関が弱かった。また，党派性の影響は比較的小さく，例えば，自民党支持者と立憲民主党支持者の間には，統計的に有意な差は見られなかった。

　また，全体的な個人の自由の重視へのシフトは，人々の政治的な優先順位にも反映されている。第 2 回，第 3 回，第 4 回調査で，回答者に選挙での投票選択に影響を与える政策課題の上位 3 つを尋ねた。第 2 回調査時（2021 年 3 月）は将来の衆院選で最も重要になるのはどの問題と質問をし，衆院選直後の第 3 回調査，参院選後の第 4 回調査では，実際にどの争点に最も影響を受けたかを質問した。調査項目は，東京大学谷口研究室・朝日新聞社共同調査の項目[5]を参考にした，16 の具体的な政策選択肢である[6]。

---

4)　説明変数はすべて 2 値であり，含まれるのは：(a) 性別；(b) 年齢層（10 年単位）；(c) 安定した仕事についているかどうか（自営業＋会社役員＋正規職員 vs. それ以外）；(d) 同居者の有無（祖父母・義祖父母，親・義親，子ども）；(e) ワクチンを 1 回以上摂取しているか；(f) 政党支持（政党別）。標準誤差は都道府県レベルでクラスタリングした。

5)　東大朝日調査の詳細については以下を参照。http://www.masaki.j.u-tokyo.ac.jp/utas/utasindex.html

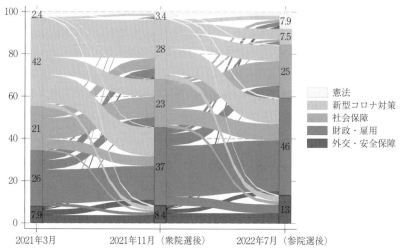

図2.4　選挙時における政策への注目度

　上のサンキー図（**図2.4**）は，異なるトピックへの注目度が調査回ごとにどのように変化していったかをプロットしたものである。回答者が重視したトピックの割合と，調査回ごとに異なる重視するトピックが変化する様子を示す。線の太さは，各グループの回答者の割合を反映している。表示を簡単にするために，各トピックを最優先事項として選択した回答者の割合のみを示した他，回答オプションをトピックごとに分類し，回答者が比較的少ないトピックは図中から省いた。

　調査回ごとに回答者が重視するトピックの変化，特にコロナ対応への重視の

---

6)　本調査で用いた具体的な質問文は以下のとおりである。

　第2回調査：年内に衆議院議員総選挙が予定されています。その際，あなたが最も重視する政策はどれでしょうか。また2番目，3番目はどうですか。

　第3回調査：投票したかどうかは別として，衆議院選挙に際して，あなたが最も重視した政策はどれでしょうか。また2番目，3番目はどうですか。

　第4回調査：投票したかどうかは別として，参議院選挙に際して，あなたが最も重視した政策はどれでしょうか。また2番目，3番目はどうですか。

　具体的な回答オプションは：外交・安全保障，財政・金融，産業政策，農林漁業，教育・子育て，年金・医療，雇用・就職，治安，環境，政治・行政改革，地方分権，憲法（護憲・改憲），震災復興・防災，社会資本（インフラ整備），原発・エネルギー政策，新型コロナ感染症対策，その他

低下は顕著である。2021 年 3 月時点では，42％の回答者がコロナ対応を最優先の政策課題と回答している。しかし，2021 年の衆院選では 28％，2022 年の参院選ではさらに 7.5％まで低下している。一方，先の調査回でコロナ対応を重視すると選択した回答者も含め，経済関連項目（財政・金融，産業政策，雇用・就職）を重視した人が多い。この割合は，第 2 回調査時の 26％から，第 3 回調査時の 37％，第 4 回調査時の 46％へと増加した。社会保障関連項目（教育・子育て，年金・医療）を重視する割合は，21 〜 25％の間で推移している。外交・安全保障や憲法改正など，より思想的な関連性の高い他のトピック（Miwa et al. 2021）では，重視度は徐々に高まった傾向があるが，それぞれ 13％，7.9％にとどまる。重視するトピック間の変化は，コロナ対応から経済課題への変化が最大であり，より一般的な社会保障に移動する回答者もいた。第 2 回調査でコロナ対応を優先した人のうち，第 4 回調査では 46.9％が経済に，24.8％が社会福祉関連に軸足を移した。

　もちろん，新型コロナを全く気にしなくなったというわけではない。図 2.4 のように優先度のトップだけでなく，回答者の政策優先順位トップ 3 を見ると，第 2 回調査の 56.5％から大きく後退したものの，第 4 回調査では 20.0％がコロナ対応を含んでいる。しかし，第 2 回調査で新型コロナを優先した人の 42.2％が第 4 回調査で優先しなくなり，第 2 回調査で気にしなかったが第 4 回調査で新たに COVID を優先した人は 4.6％しかいなかった。

　では，コロナ対応重視から他のトピックへの重視に変化した人たちはどのような層なのか。被説明変数を第 2 回調査から第 4 回調査への新型コロナの優先順位の変化（順位が上がった・変わらなかった・下がった）とする多項ロジスティック回帰モデルで分析をした。独立変数は，前述の「個人の自由」の優先順位を予測するモデルに含まれるものと同じである。優先順位付けを変更しなかった人と相対的に，女性（男性に比べて−5.8％），野党支持者（自民党支持者に比べて−5.0％），高年齢層（20 歳代に比べて 60 歳以上は−16.9％）がコロナ政策を重視しなくなる傾向が強いことがわかった。これは，これらの層がもともとコロナ対応を重視する傾向が強かったことを反映している。また，図 2.3 中で行動制限の優先から個人の自由の優先へシフトした人も，コロナ対応の優先度を 1.4％下げる傾向があった。さらに，政策的な介入という点では，1 回で

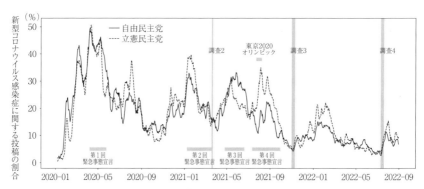

**図 2.5　政治家によるソーシャルメディア上での新型コロナウイルス感染症に関する
投稿の割合の推移（移動平均（ウィンドウ 7 ））**

もワクチンを接種していることがコロナ対応の優先度を 5.5 ％低くしている。

　これらの結果のうち，政治学的に最も興味深いのは，党派による違いのなさ
であろう。自由民主党支持者の 52 ％は，第 2 回調査ではコロナ対応をトップ 3
の優先事項として挙げていたが，第 4 回調査では 23 ％に減少している。立憲
民主党支持者は 56 ％から 15 ％，共産党は 59 ％から 14 ％，維新の会は 57 ％か
ら 18 ％と，主要野党ではさらに顕著に低下した。無党派層でも，60 ％から 21
％に減少している。政治的な隔たりを越えて，COVID に対する回答者の関心
は，選挙の優先事項としては崩壊し，ポストコロナ，もしくはコロナ以前の政
策への回帰を示唆する。

　コロナ対応重視からの変化は，単に有権者の関心が薄れたというだけの問題
ではない。政治家の間でも，コロナ対応への注目度が低下していることがわか
る。**図 2.5** は，2020 年 1 月から 2022 年 9 月までの政治家のソーシャルメディ
アへの投稿をプロットしたもので，国会議員の発信内容から，緊急事態宣言や
2020 年の東京オリンピックの動向を反映したサイクルが確認できる。第 1 回緊
急事態宣言（2020 年 4 月 7 日から 5 月 25 日）期間中では最も新型コロナに関
連する言及が多く，自由民主党，立憲民主党ともに 48.2-50.6 ％の投稿で言及
している。その後第 2 回，第 3 回緊急事態宣言でもコロナ関連投稿の割合が増
えているものの，第 4 回緊急事態宣言期間中，特にオリンピック開催期間では
自民と立民のコロナ関連投稿の割合の差が最も大きくなり，自民党は 10.7-

18.3％の投稿がコロナ関連に言及しているのに対して，立憲民主党は 19.7-34.5 ％の投稿でコロナ関連が占めた。しかし，これらの数字は時間とともに着実に減少し，2021 年参院選と 2022 年衆院選で最も低くなった。政治家も，新型コロナが有権者を動かす政治的なメッセージとして限界と感じたのであろう。

5.　考察・結論

　本章では，新型コロナ感染症に対する国民の意識に関連する 2 つの問いを探った。第 1 に，日本国民はパンデミックへの対応において誰を最も信頼していたのか。第 2 に，他の政策課題に対する新型コロナ対応の優先順位は，時間の経過とともにどのように変化したのか，である。これらの問いは，強い規制を課すことが憲法で制限されているにもかかわらず，日本のパンデミック対策が欧米の事例と比較して感染者数と死亡者数を最小限に抑えることに成功した理由を理解する上で極めて重要である。

　本章で得た第 1 の知見は，パンデミック初期に多くの人々が国政を信頼しなかった一方で，知事や市長といった地元の政治家をより高く評価していたことである。パンデミック対策が地方分権的であったことに加え，首長がメディアで定期的に発信していたことが，多くの有権者に地方自治の重要性を初めて認識させたと思われる。このことは，今後の災害においても，地方政府の行動が国民の信頼を得るために大きな役割を果たす可能性を示唆している。

　しかし，中央政府に対する信頼は，特にワクチン供給開始後，着実に高まっていることもわかった。ワクチンの年齢層別配布や配布スピードは自治体が決めるが，最初の輸入は内閣が主導し，特に菅義偉首相（当時）や河野太郎「新型コロナウイルスワクチン接種推進担当大臣」（当時）の活躍が取り沙汰された。また，自民党の政治家は，ソーシャルメディア上でワクチン接種の方針を喧伝する傾向が強かった。外交や国際交渉が必要なこれらの介入は，中央政府の政策領域であり，有権者は内閣の対応を肯定的に評価したと考えられる。

　第 2 に，政治的な問題としてのコロナ対応の重要性が後退していることである。パンデミック初期には，個人が自由に行動する権利よりも，社会全体の福祉やパンデミックへの対応のほうが急務であるという社会的合意が強くあった。

もちろん，このことは，グローバル・ダイニング事件のような法的権威を欠く政府の強引な対応を正当化するものとして，一部で批判されてきた[7]。このような懸念は正当なものであるが，パンデミックの状況とともに国民の意識も変化していることがわかる。まず，社会福祉と個人の選択のバランスをとることを望む国民が増えた。もう1つは，投票時にコロナ対応を重視する有権者の割合が，2021年3月の40％以上から2022年7月には10％未満に縮小していることである。これは，政治家サイドからの情報発信でも反映されており，コロナ対応に関連するSNS投稿も着実に減少した。

　本章の結果から示唆されることは，2022年半ばまでに，日本の有権者はコロナ対応からからほとんど「移行」したということである。その後，ロシアのウクライナ侵攻や子育て・少子高齢化対策などが政策関心課題となっている。新型コロナ感染症のリスクが低下したことも重要な要因だが，欧米諸国と比較して，日本では政府のコロナ対応評価に党派的な偏りが比較的少なかったことも一因だと思われる。政策評価で日本が他国より党派性が低かった理由や，今後，地方や国の行政機能が有権者からどのように評価されるかは，今後の研究課題である。

参考文献

Cameron-Blake, E., Tatlow, H., Andretti, B., Boby, T., Green, K., Hale, T., Petherick, A., Phillips, T., Pott, A., Wade, A., and Zha, H. (2023), "A panel dataset of COVID-19 vaccination policies in 185 countries," *Nature Human Behaviour*, 7, pp. 1402-1413.

Cato, S., Iida, T., Ishida, K., Ito, A., McElwain, K. M., and Shoji, M. (2020), "Social distancing as a public good under the COVID-19 pandemic," *Public Health*, 188, pp. 51-53.

Cato, S., Iida, T., Ishida, K., Ito, A., Katsumata, H., McElwain, K. M., and Shoji, M. (2021), "The bright and dark sides of social media usage during the COVID-19 pandemic: Survey evidence from Japan," *International Journal of Disaster Risk Reduction*, 54, 102034.

Druckman, J. N., Klar, S., Krupnikov, Y., Levendusky, M., and Ryan, J. B. (2021), "How Affective Polarization Shapes Americans' Political Beliefs: A Study of Response to the COVID-19 Pandemic," *Journal of Experimental Political Science*, 8 (3), pp. 223-234.

Heinzel, M. and Liese, A. (2021), "Expert authority and support for COVID-19 measures in

---

7)　倉持麟太郎「コロナ禍の日本社会の異常と倒錯感を問うた「グローバルダイニング訴訟」」『論座』2022年8月27日。

Germany and the UK: a survey experiment," *West European Politics*, 44 (5-6), pp. 1258-1282.

Maeda, Y. (2023), "Public Opinion and COVID-19," in Pekkanen, R. J., Reed, S. R., and Smith, D. M. (eds.), *Japan Decides 2021: The Japanese General Election*, Springer International Publishing, pp. 167-182.

Miwa, H., Reiko A., and Taniguchi, M. (2021), "Detecting Voter Understanding of Ideological Labels Using a Conjoint Experiment," *Political Behavior*, 45, pp. 635-657.

Shoji, M., Cato, S., Iida, Takashi, I., Kenji, I., Asei, and McElwain, K. M. (2021), "Variations in Early-Stage Responses to Pandemics: Survey Evidence from the COVID-19 Pandemic in Japan," *Economics of Disasters and Climate Change*, 6 (2), pp. 235-258.

Thies, M. F. and Yanai, Y. (2023), "Did COVID-19 Impact Japan's 2021 General Election," in Pekkanen, R. J., Reed, S. R., and Smith, D. M. (eds.), *Japan Decides 2021: The Japanese General Election*, Springer International Publishing, pp. 219-236.

飯田高 (2022),「ソフトローとは何か」『法学教室』497, 10-14 頁。

加藤創太 (2020),「なぜ安倍政権は支持率が低下したのか：データから分析するコロナ禍の各国首脳支持」『中央公論』134 (9), 61-71 頁。

河合香織 (2021),『分水嶺 ドキュメント コロナ対策専門家会議』岩波書店。

竹中治堅 (2020),『コロナ危機の政治——安倍政権 vs. 知事』中央公論新社。

マッケルウェイン, ケネス・盛 (2022),『日本国憲法の普遍と特異——その軌跡と定量的考察』千倉書房。

第3章

政府要請による社会的信念の変化[*]

加藤晋，飯田高，石田賢示，伊藤亜聖，ケネス・盛・マッケルウェイン

本章のハイライト

1. 不確実な状況に置かれたとき，人々は将来の見込みや他者の行動を予想しながら社会的信念を形成しつつ行動する。
2. 本章では，パンデミック初期（2020年3月）に実施したオンライン調査の回答受付期間中に行われた小池都知事の会見が，回答者の社会的信念に与えた影響を分析する。
3. 小池会見は，感染拡大や経済活動についての悲観的な見通しを強めたことで，強制を伴わずに一定の行動変容を導いた可能性があることが明らかになった。

---

1. はじめに

　2019新型コロナウイルス感染症（COVID-19）のパンデミック初期における日本の緩慢な感染拡大は，政策的なパズルを投げかけた。政府は2020年1月

＊　本章は，2020年4月にワーキングペーパーとして公刊した The Effect of Soft Government Directives About COVID-19 on Social Beliefs in Japan というタイトルの論文（Cato, Iida, Ishida, Ito, and McElwain 2020）を下敷きにして，修正・加筆したものである。コロナ感染拡大初期の状況の記録としての側面も重視して，最低限の追加修正にとどめている。

に渡航勧告の警告と出入国管理を開始したが，国内活動に対する制限は当初慎重なものであった。これに対して，安倍内閣は 2 月 27 日に小中学校の休校を要請した。さらに，3 月 10 日に大規模な公共イベントの中止を要請し，3 月 24 日に 2020 年夏季オリンピックの開催を延期した。しかし，日本では，東アジアやヨーロッパの多くの地域や米国の多くの州で行われていたようなロックダウン措置は実施されなかった。なぜなら，日本国憲法には緊急事態条項がなく，普段から保障されている営業の自由や移動の自由を一時的にも制限することが憲法違反である恐れがあったためである（マッケルウェイン 2022）[1]。そのため，国や自治体には営業停止や避難勧告を行う憲法上の権限がなく，日本政府は「要請」や「誘導」によって，個人的な対応を求めるにとどまっていた。これは，強制力を伴って行動変容を促す通常の法「ハードロー」と対置して，「ソフトロー」と呼ばれるものの一種と捉えられる（飯田 2022）。

　通常，法的強制力を伴わない要請は強制力を伴う措置に比べて，その効果が弱いと考えられる。それにもかかわらず，2020 年 4 月 1 日の新型コロナ陽性者の累積件数は 2,178 件に過ぎず，米国の 189,633 件，イタリアの 105,792 件，フランスの 52,836 件，韓国の 9,887 件を大幅に下回っていた[2]。パンデミック初期で，日本は強制力のない要請のみで感染拡大を遅らせた，興味深いケースだったといえよう[3]。では，このような政府要請はどのような役割を担ったのだろうか。

---

1)　居住や移転の自由（移動の自由），職業選択の自由（営業の自由）は憲法第 22 条で保障されている。2020 年 3 月 13 日の感染症法改正により，内閣が緊急事態を宣言し，都道府県知事に新型コロナウイルスを封じ込めるための権限をより多く委譲することが可能になった。その場合でも，それぞれの都道府県知事にとって可能なことは限られており，企業や国民にその指示に従うよう促すことにとどまった。

2)　"COVID-19 Map," Coronavirus Resource Center, Johns Hopkins University（available at: https://coronavirus.jhu.edu/map.html）に基づく。2023 年 3 月 10 日でデータ収集を止めている。

3)　これは部分的には，日本で検査が限定的だったことに起因したといえる。日本の政府は，COVID-19 クラスターの検出と公衆衛生システムに過大な負担をかけるコストとのバランスを意図的に図り，軽度または無症状の患者に対するポリメラーゼ連鎖反応（PCR）検査を見合わせた。このため，新型コロナウイルスの感染拡大が過小評価されている可能性が高い。しかしながら，一方で COVID-19 による死亡者数は 4 月 1 日時点で 57 人と，依然として少なかったことも無視し難い事実である。感染拡大の本質的な指標とは何かという規範的にも重要な問題があるが，感染者数と死亡者数の二者択一であるならば，社会厚生の観点からより妥当な指標は後者ではないだろうか。この意味で，検査の限定性は大きな反論の要因とはならない。

　本章は，強制力を伴わない政府の要請や指示によって，感染予防のための行動に関する人々の「社会的信念」（social beliefs）がどの程度修正されるかを検証する。社会科学において「信念」という言葉は，日常会話におけるそれよりも広い意味合いを持つ。不確実な状況で人々の行動が互いにとって利害の対象となる際に，真の社会状態は何か，そして，他者はそれらを踏まえてどう行動するのかといったことを，自分の情報を踏まえて予想することによって「信念」は形成される。日常会話で信条，信念という場合には変化しにくい確固たる考えと捉えられがちだが，社会科学において「信念」という場合には，むしろ変化しやすいものとなる。人々は日々の生活の中で，この意味での「信念」を形成し変化させているため，さまざまな種類の「信念」がありえるわけだが，ここでは社会全体のマクロ状況を含めた「信念」という点を強調して，「社会的信念」という言葉を使っている。もちろん，この意味での社会的信念にも幅広いものが含まれるが，本章ではパンデミックの文脈を踏まえて，特に，公衆衛生に関する人々の考え方や社会・経済的なコストに関する予想について検討したい。これらは，人々の行動を規定する大きな要因の１つであるため，それらの変化がどのように導かれるかを部分的にでも明らかにすることは，政策上の意義がある。

　政府による要請は，多くの場合，内閣や地方公共団体の首長などの政策担当者による公式アナウンスメントという形をとるが，これは広く用いられる政策手段だといえる。既存の研究結果や理論によれば，法的な強制力がないからといって，政府要請の効果がないわけではないことが示唆されている。社会的信念は，社会の人々の期待の集合体であり，もしアナウンスメントが新型コロナウイルス感染のリスクやコストに対する認識を変えることができれば，社会的結果を変える可能性がある[4]。こうしたことは，人々の行動のあいだで調整が求められるような社会的状況においては，特に重要である（Morris and Shin 2002）。パンデミックとは異なる文脈でも，このことはすでにかなり論じられている。アマルティア・センによれば，飢饉は多くの場合，食料の不足ではなく資源配分の社会的失敗によって起こる（Sen 1982）。銀行取付などの危機も

---

4)　期待の役割の重要性は，ロバート・ルーカスの貨幣の研究以来経済学では広く認識されている（Lucas 1972）。

調整の問題である。多くの人が銀行の破綻が起こると予想し，預金引き出しをするとすれば，健全な銀行であっても実際に破綻してしまうのである。こういった自己実現的な予想を人々が持ってしまうことで，調整の失敗が起きた結果，社会的損失が起きるという現象はパンデミックの下でも実際に起きた。パンデミック初期では，トイレットペーパー，マスク，あるいは食料を買い占められるかもしれないという情報が流れ，すぐに必要でない人々もそれらを購入しようとすることにより，店頭から消えてしまうという現象が起きた。当然，これらの物資が本当に必要な人の手に渡りにくくなるため，社会的な損失となるのである。制度的な「調整の失敗」や政策的な間違いは，社会に十分な資源がある場合でも，飢饉などの社会災害を引き起こすことがある。公的なアナウンスメントは，適切な情報を提供することで，このような調整の失敗を未然に防いだり，緩和させたりするかもしれない。

　調整の問題は，さまざまな社会的・経済的状況で起きる一般的な課題であるが，公衆衛生上の「危機」は，特に複雑な問題を抱えている可能性がある。これは，医療サービスの市場が特殊な性質を持っているからである。医療サービスの市場は本質的なところで「信頼」に依存している。患者は潜在的な治療法について医師ほど詳しくなく，治療効果を事後的にしか観察できないからである。ケネス・アロー（Arrow 1963; 2001）が指摘するように，医者と患者，つまり，サービスの供給者と需要者の間で情報の非対称性が存在すると，適切な治療が行われない可能性を生み出してしまう。情報の非対称性自体は医療サービスに特有なものではなく，さまざまな経済取引に観察される。しかし，医療市場の場合は通常の経済取引の契約のような結果に応じたインセンティブ契約のようなものは機能しにくく，医療サービス提供者への信頼と需要者への義務などの社会関係に頼ったものになりがちである。

　さらに，パンデミック下では，医療サービスにおける需要者と供給者の通常の関係が幾分か揺らぐ可能性がある。具体的には，COVID-19のような新しいウイルス感染症の場合，患者は医療関係者が情報面で優位に立っていることを認めないかもしれない。こうした点からも，症状，治療法，物資に関する知識を共有する政府からの公式なアナウンスメントは，誤った情報による行動を減少させ，公衆衛生の社会的なシステムを保護することができる。

　こうしたことから，政府による要請がパンデミック下で感染拡大を防ぐための何らかの役割を果たすということについて，それなりの理論的説得力を認めることができる。しかし，法的な強制力が伴わない場合，個人の信念や性格に応じて行動変容に大きな違いをもたらしうる。例えば，悲観的な人や恐怖心が強い人は，強制力を伴わない要請でも行動を変えるかもしれないが，楽観的な人は要請に影響されず，通常の行動をそのまま続けるかもしれない。こうしたことから，COVID-19 の蔓延を抑えるためには，症状のあるなしにかかわらず，すべての人が日常生活を見直す必要がある。

　また，政府による要請の実践と効果には，政治的な課題もある。Reeves（2011）の研究によると，政治指導者は自然災害時に悪い知らせを伝えることに抵抗を感じることが多い。さらに，Gasper and Reeves（2011）によれば，有権者は自然災害後の投票で現職を罰する傾向がある。このため，より厳しい締め付けではなく，強制力を伴わない行動の要請や指示に頼ろうとする誘惑が生じ，行動の節制が十分に行われない可能性がある。

　本章の残りの部分の構成は以下のとおりである。第 2 節においては，本章で用いるデータについて説明する。第 3 節では，結果を簡単に説明する。第 4 節では，その解釈を述べ，第 5 節で結論を簡単に述べたい。

2. データおよび方法

　まず，分析の背景と本章で用いるデータを説明したい。2020 年 1 月に日本で初めて 2019 新型コロナウイルス（COVID-19）の感染が報告された。その後，多くの感染者が出たクルーズ船ダイヤモンド・プリンセス号が横浜に停泊したことが世界的に大きなニュースになった。こうした中，2 月と 3 月を通じて，感染者の報告は徐々に増えていった。感染拡大が緩やかだったとはいえ，その夏に東京オリンピックを控えていた東京都の新型コロナウイルスの感染拡大への対応は，日本に住む人々の大きな関心事だったといえる。3 月後半に累計陽性者数が 1,000 人を超え，冒頭に述べたように，3 月 24 日に国際オリンピック委員会（IOC）とオリンピック組織委員会はその年のオリンピック開催の延期を発表した。4 月 3 日には，累計陽性者数が 3,000 人を超えて，その月に最初

に 7 都道府県に対して，その後，全国すべての都道府県で緊急事態宣言が出された。移動の自粛要請や飲食店の営業自粛要請など，さまざまな対応が出されていくこととなる。

　本章では，2020 年 3 月 25 日〜27 日に実施したインターネット調査を用いて政府による要請の有効性を検証する。調査時期は，感染が拡大し，緊急事態宣言が出る以前のタイミングである。調査対象は 30 歳から 49 歳の日本人成人（n=2,809）で，国勢調査の結果を反映し，性別と居住都道府県で層化抽出している[5]。

　本分析の核となるのは，調査回答受付期間中に起きた，公式アナウンスメントについての「自然実験」である。本調査の回答受付開始後の 3 月 25 日 20 時，小池百合子東京都知事は全国記者会見を行った。その際，小池都知事は，東京で感染症が大きく拡大しつつあることを発表し，爆発的な感染の可能性を警告した。具体的には，次のような発言である。

　　「今週に入りましてから，陽性の患者さんが増えております。一昨日が 16
　　名でした。そして昨日が 17 名で，今日が 41 名ということで，この 3 日間
　　で合わせまして 74 名でございます。また，本日感染が確認された患者さ
　　んの中には，現時点で感染の経路が不明な方，10 名以上が含まれている
　　ところでございます。感染者の爆発的な増加，いわゆるオーバーシュート
　　と呼ばれていますが，これを防ぐためには都民や皆様のご協力が何よりも
　　重要でございます。お一人お一人が危機意識をもって行動していただけま
　　すように，改めてお願いを申し上げます。先般 23 日の時点で「新たな対
　　応方針」を発表させていただいたわけでございますけれども，その時に皆
　　様方には引き続き，このように 3 つの「密」，「換気の悪い密閉空間」，「多
　　くの人の密集する場所」，「近距離での密接した会話」，これら 3 つの密を
　　避けていただく，そのような行動をお取りいただきたいと存じます。これ
　　を「ノー 3 密」と呼んでおります。」[6]

<hr />

5)　家族構成（親子同居の可能性），収入，コロナウイルスによる年齢的な健康リスクに基づく異質性
　　を低減するため，サンプルの年齢層を制限した。具体的な調査設計や質問文については，飯田・石
　　田・伊藤・勝又・加藤・庄司・マッケルウェイン（2022）を参照。

　さらに，夕方や週末の外出を控えるよう求め，今後，ロックダウンなどより厳しい政策をとる可能性を示唆した[7]。この会見は全国的な注目を集めた。

　本章では，小池都知事の記者会見の前後で，感染拡大への不安や経済状況の見込みについての「社会的信念」を表す指標がどのように変化したかを検討する。25 日 20 時以降に調査を開始した回答者（n=2,188）を処置群，20 時以前に開始した回答者（n=621）を統制群として，これら 2 つのグループを比較することで，「小池アナウンスメント」の効果を分析する[8]。

3．アナウンスメントの効果はあったのか？

　本節では，小池都知事の記者会見が，公衆衛生や経済予測に対する人々の悲観的な見方を増加させたことを示す。

　従属変数（被説明変数）は，パンデミックの状況に関する楽観的見方／悲観的見方をさまざまな指標で示したものである。**図 3.1** の左図は，状況予測が「小池アナウンスメント」の前後でどう異なっているかを示したものである（平均処置効果）。具体的には，「3 ヶ月後の状況を想像してください。新型コロナウイルスがどのような影響を持つかについて，各項目に書かれたことが，どのような確率（パーセント）で起こると思いますか」ということを聞いている。0-100 のスケールで回答された。係数がプラス（マイナス）の場合，小池都知事の発表後に回答した人の悲観度（楽観度）が相対的に高いことを示している。回答者は発表後，失業者の増加（+3.0% pt），物価の上昇（+2.0% pt），フェイスマスクの売り切れ（+2.5% pt），日本での感染者が 10 倍増加（+5.2% pt），外出制限の発令（+7.7% pt），小中学校の閉鎖（+4.2% pt）などの予想へ

---

6)　東京都，都政情報，知事の部屋，小池知事「知事の部屋」，記者会見（令和 2 年 3 月 25 日）（2023 年 4 月 13 日アクセス; https://www.metro.tokyo.lg.jp/tosei/governor/governor/kishakaiken/2020/03/25.html）。

7)　週末の外出自粛要請「感染爆発の重大局面」」朝日新聞（2020 年 3 月 25 日アクセス; https://www.asahi.com/articles/ASN3T6S4LN3TUTIL05W.html）。

8)　具体的には，ベイズ線形回帰により，「小池アナウンスメント」のサンプル平均処置効果（Average Treatment Effect: ATE）を分析する。パラメータの推定には，STATA のギブスサンプリング・アルゴリズムを使用する。調査デザインおよび記述統計の完全な説明は，Cato et al.（2020）を参照されたい。

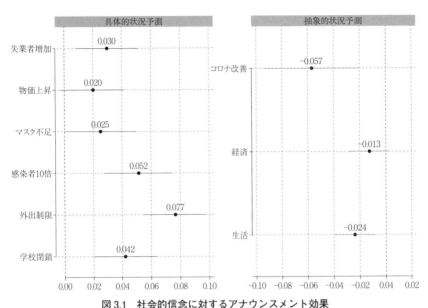

図3.1　社会的信念に対するアナウンスメント効果

従属変数の範囲：0-1。マーカーは事後平均を，線は90％ベイズ信用区間を示している。記述統計はCato et al.（2020）を参照のこと。

と傾くかたちで，より悲観的になっている。学校閉鎖やマスクの売り切れは，調査時期にはすでに現実として起きていたが，外出制限は日本ではまだ行われていなかった。そのため，外出制限の予想は，他のものよりも政府の新しい情報に影響されやすく，アナウンスメント効果が大きくなっている。

図3.1の右側の図は，公衆衛生と経済に関する予想に対する，小池アナウンスメント効果を示したものである。公衆衛生と経済に関する予想には，次の3つの質問を用いている[9]。

コロナ改善：「6ヶ月後，新型コロナウイルスに感染する危険は，今と比べて改善していると思いますか，悪化していると思いますか」

---

9)　「コロナ改善」の質問は5段階（1〜5），残りの2つの質問は11段階（0〜10）で質問した。「コロナ改善」の質問は，「改善する」，「やや改善する」と回答した場合に1の値をとるかたちで2値化した。「経済」と「生活」の質問は0-1の尺度に正規化（Min-Max法）した。「経済」と「生活」の質問については，読みやすさのために文言を整理している。

　経済：「3ヶ月後は今と比べ，世間の景気は良くなると思いますか，悪くなると思いますか」

　生活：「3ヶ月後は今と比べ，あなたの暮らしは良くなると思いますか，悪くなると思いますか」

　図によって示されているように，アナウンスメントによって，コロナウイルスの状況が6ヶ月後に改善するとの期待は，5.7％ポイントの低下となった。3ヶ月後の経済状況の見方に関しても同様の傾向が見られた。具体的には，経済全体が改善する期待にについて1.3％ポイントの低下，個人の生活の状況が改善する期待について2.4％ポイントの低下が見られた。

　これらのことから，政府による要請は人々の考え方を変えたように思われる。しかし，法的な強制力がないため，指示に従う人と全く従わない人が出てきてしまい，効果に大きなばらつきが生じるかもしれない。政策メッセージを真剣に受け止めず，行動を一切変えない人々が全体の一部にすぎなかったとしても，新型コロナウイルスの感染力を考えると，社会全体には多大な悪影響を及ぼす可能性がある。このことを念頭に置きつつ，小池アナウンスメントの効果に異質性をもたらしうる2つの特徴を検討してみたい。

　第1の特徴は，回答者の健康状態である。新型コロナウイルス感染症の場合，健康上の問題を抱えた人ほど感染した場合の重症化リスクが高い。こうしたことに基づき，自己申告に基づく主観的な健康状態が低い人ほどパンデミックの社会的被害を悲観的に捉えているかどうかを検証した。本調査では，東京大学社会科学研究所・壮年パネル（JLPS-M）から抜粋した心身の健康に関する10問の質問項目を使用している[10]。この10項目を用いて，1つの「健康変数」を構成した[11]。そして，健康変数の違いがアナウンスメント効果の違いにどのような影響をもたらすかについて分析を行った。

---

10)　JLPS-M については，以下を参照："Japanese Life Course Panel Survey of the Middle-aged (JLPS-M) Wave 1 Basic Data, 2007" Institute of Social Science, The University of Tokyo (2010)（Available at https://ssjda.iss.u-tokyo.ac.jp/chosa-hyo/PM010c.pdf）。JLPS-M の質問項目と近いものとして，精神的健康を短い5つの項目で測る質問票として標準的な WHO-5 も挙げられる。WHO-5 については，以下を参照："Wellbeing measures in primary health care / The Depcare Project," WHO Regional Office for Europe: Copenhagen (1998)（Available at https://www.psykiatri-regionh.dk/who-5/Documents/WHO5_Japanese.pdf）。

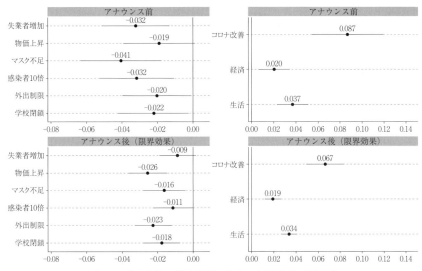

図 3.2　健康変数が将来予想に与える処置効果の異質性

従属変数の範囲：0-1。マーカーは事後平均を，線は 90% ベイズ信用区間を示す。上段は，小池会見前の，潜在的な健康変数が 1 標準偏差増加した場合の回答の変化を示している。下段は，潜在的健康度が 1 標準偏差高い人に対する小池アナウンスメントの効果の違いを示している。

　その結果は**図 3.2** に示されている。図の上段は，小池アナウンスメント以前（統制群）の，健康変数が 1 標準偏差増加した場合の予想の変化を示している。一方で，図の下段は，健康変数が 1 標準偏差増加に対する，小池アナウンスメントの処置効果の差分を示している。まず，小池都知事の発表前（左上図）から，自己申告の健康度が高い人ほど，失業率の増加（−3.2％），マスク不足（−4.1％），感染症の 10 倍増加（−3.2％），外出制限指示（−2.0％），学校閉鎖（−2.2％）について楽観的な期待を持っていたことがわかる。これらは特定の社会・政策課題についての予想だが，そうしたものに限らず，コロナウイルスの状況改善（コロナ改善 +8.7％），マクロ経済全体（経済 +2.0％），個人の生活（生活 +3.7％）などの，より一般的な問題についても（右上図）楽観的

―――――――――
11)　まず項目反応理論（item response theory）に基づき，各個人の潜在特性を予測し，「健康変数」（平均 =0.00，標準偏差 =0.94）を生成した。それをさらに平均 =0.00，標準偏差 =1 になるよう標準化した。ベースとなった回答項目については，Cato et al.（2020）を参照のこと。

に予測する傾向が強かった。これらの傾向は発表後にも強まり（左下図，右下図），政府のメッセージに対する受け止め方に大きなばらつきがあることを示唆している。特に，COVID-19 の全体的な状況改善への期待は，小池都知事の会見前後の違いが，健康変数の大きな回答者のほうがそうでない者より 6.7％高かった。

　第 2 の特徴は，必要な財の「買い占め」に関するものである。初期の感染拡大で起きた社会現象の 1 つは，グローバルサプライチェーンの混乱に対する不安や，投機的な購入による需要の増加による商品不足の恐れであった。実際，2020 年 2 月後半から 3 月の上旬にかけて，マスクやトイレットペーパーといったものが手に入りにくくなった。このような日用品を調達できなかった人々は，より抜本的な対策が必要であるというアナウンスメントに，より敏感に反応する可能性がある。われわれの行った調査では，食品，健康，レジャーの 10 品目について，希望する量を購入できたかどうかを質問している。この 10 品目への回答をもとに，**図 3.2** で使用した「健康変数」と同様の方法を用いて，各個人の購入成功に関する潜在的な特性を「購入成功変数」として構成した[12]。そして，財の購入に成功した経験がアナウンスメント効果にいかなる違いをもたらすかを分析した。

　図 3.3 は，この結果を表したものである。この図の上段は，小池会見以前の回答者について，購入成功変数が 1 標準偏差上昇した（財の購入に比較的成功している）場合の回答の変化を表している。これに対して，下段は，購入成功変数の 1 標準偏差増加に対する処置効果の違い（購入に成功した・しなかった人の間のアナウンス効果の差）を示している。アナウンスメント前においても，購入が成功している人ほど，ネガティブな出来事への期待を減らし（左上図），ポジティブな出来事への楽観を増やす（右上図）傾向があるが，ほとんどの推定値は統計的有意水準には達していない。しかしながら，発表前後の違いは，より一貫している。購入成功した人々は，値上げ（−1.3％pt），マスク不足（−1.5％pt），外出制限指示（−1.3％pt），学校閉鎖（−2.1％pt）の可能性を軽

---

12)　項目反応理論（item response theory）に基づき，「購入成功変数」（平均＝0.00，標準偏差＝0.77）を生成した。それをさらに平均＝0.00，標準偏差＝1 になるよう標準化した。ベースとなった回答項目については，Cato et al.（2020）を参照のこと。

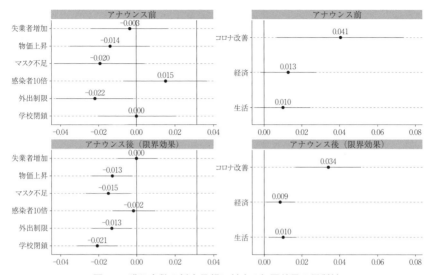

図 3.3　購入変数の将来予想に対する処置効果の異質性

従属変数の範囲：0-1。マーカーは事後平均，線は 90％ベイズ信用区間を示している。左図は，小池氏発表前に購入変数が 1 標準偏差上昇した場合の効果を示している。右図は，潜在的な購入変数が 1 標準偏差高い人について，小池アナウンスメントの効果の違いを示している。

んじる。また，COVID-19 の抑制（＋3.4％pt），経済全体（＋0.9％pt），個人の生活（＋1.0％pt）については，より楽観的な見方を示している。総じて，**図 3.2** で示された健康変数の場合と同様の傾向が見られることがわかった。

4.　アナウンスメントに効果があったのはなぜか？

　前節で示された結果は，たとえ法的な罰則や強制力がなくても，行動を変化させることができることを示唆している。小池知事の記者会見に基づき，人々が予想をアップデートしたことにより，学校閉鎖やフェイスマスク不足の予測に変化をもたらし，公衆衛生や経済的リスクの継続に関するより広範な社会的信念を生み出したと思われる。もちろん，小池都知事が提供した情報の具体的内容だけでなく，都知事がこのような会見を開いたということそれ自体も情報的価値を持つ。

　本章の結果の背後にはどのようなメカニズムがあるのだろうか。アナウンスメント効果のメカニズムは本質的に複雑になるため，今後も詳細な検討が必要となるが，2つの可能性を挙げておきたい。第1には，回答者が，政府によってより積極的に政策・対応が実施されると考える可能性である。第2には，他者が行動を変えることにより，回答者自身へのリスクが変わると考えた可能性である。

　実際，日本では，4月第1週に報告件数が急激に増加したが，4月末には再び減少に転じた。もちろん，この背景には緊急事態宣言をはじめとする多くの要因が考えられる。だが，新型コロナウイルス感染症対策専門家会議が2020年5月1日に発表した資料によると，日本における実効再生産数（一人から何人に広がるかを表す数字）は3月25日に2.0（95％信頼区間：2.0-2.1）だったのが，4月10日に0.7（95％信頼区間：0.7-0.7）まで低下した（新型コロナウイルス感染症対策専門家会議 2020）。東京都の実効再生産数の減少幅はより大きかった。感染者が増え始めた3月14日の実効再生産数は2.6（95％信頼区間：2.2-3.2）だったが，4月20日には0.5（95％信頼区間：0.4-0.7）まで減少している。その結果，前述の専門家会議の資料では，「3月25日に東京都知事が外出を控えるよう呼びかけた前後で，新規感染者数の増加が徐々に鈍化し，その後，新規感染者数が減少に転じた」と記載されている。これは，アナウンスメントが人々の行動に実際に影響を与え，その結果，感染拡大に影響を与えたという仮説を支持している。こうしたことは，アナウンスメントの効果が期待だけでなく，行動にある程度の影響を与えたことを示唆するが，それでもこの効果が短期的な効果以上に影響を及ぼしたかどうかについては，慎重になる必要があるだろう。

　われわれの議論は，ある地域（東京）で起こった出来事が，あるいは，そのニュースが，全国的な社会的信念に影響を与える可能性は十分にあることを前提としている。この点を確かめるために，東京都民（サンプルの11.2％）とその他の地域住民の間で小池アナウンスメントの効果の違いがあるかどうかについて分析を追加的に行った。また，首都圏在住者（サンプルの30.4％）とその他の間にアナウンスメント効果の違いがあるのかも分析した。結果的に，回答に大きな違いは見受けられなかった。そこで，総じて，パンデミックに際して，

東京の人々と，日本の他の地域の人々は同じような感覚を持っていたといえよう。もちろん，日本の面積の広さや，経済・社会的な相対的類似性が背景にあることが考えられるが，東京は，多くの人々が日本全国からビジネスやレジャーで訪れるため，東京を中心にしてパンデミックが全国に広がる可能性があったことも重要だろう。こうしたことから，東京以外の地域に住む人々にとっても，自分たちにとって関わりのあるものと捉えられたとしてもおかしくはない。さらに，小池都知事の記者会見は全国ネットのテレビ局が生中継し，翌日の新聞でも大きく報道されたため，東京以外の人々も会見の内容にアクセスしたはずである。ある意味で，社会通念の形成におけるメディア発信の価値が確認されたといえる[13]。

　さらに，われわれの知見が実際の行動データとも整合的であることは強調しておく必要がある。例えば，2020 年 1 月 20 日〜 24 日と比較して，朝ラッシュ時の東京都営地下鉄の推定利用者数は，3 月 16 日〜 19 日にはすでに − 24.0 ％だったが，3 月 30 日〜 4 月 3 日には − 34.5 ％となっている。

　ここで，いくつかの政策的な含意を述べておきたい。まず，健康状態に伴う異質な効果は，政府のアナウンスメントによって予測の分散を増大させることを意味する（**図 3.2**）。具体的には，健康状態が悪い人は家に閉じこもり，健康状態が良い人は外出を続ける可能性がある。無症状保菌者の割合が高い新型コロナウイルスの感染拡大を防ぐという目的のためには，こうした状況は望ましいとは言い難い。解決策の 1 つは，健康状態の異なる人たちに対して，異なる公衆衛生メッセージをデザインし，ターゲットを絞ることだろう。こうしたアプローチは，米国のように健康状態や医療アクセスの不平等が著しい国では，より重要となるかもしれない。

　第 2 に，経済的経験と行動との間に強い関連性があることがわかった。製品不足へのパニックが，マスクや消毒液の投機的購入につながり，公衆衛生の潜在的リスクを上げた。**図 3.3** は，政府の発表が，すでにこれらの商品の購入が困難であった人々の警戒心を深めることを示唆している。

　一般的に，人々は経済的リスクと公衆衛生リスクの間でトレードオフに直面

---

13)　関連する研究として，Engelberg and Parsons（2011）を参照されたい。

する。健康や金銭に関する選好は人によって異なるため，これは社会的対立の原因となりうる。もし，裕福な人々や健康的な人々が，パンデミックの影響が自分たちにはあまり関係ないと考えるならば，街全体を封鎖するなどのより思い切った政策手段を支持する可能性は低い。本章の分析は，公共のメッセージが，そのメッセージに最も無関心な人々に向けられる必要があることを強調している。

　最後にパンデミック感染拡大の初期段階で，われわれの分析と近いことを行った研究を2つほど挙げておきたい。実際，アナウンスメント効果のメカニズムの確認は，Barari et al.（2020）のイタリアにおける政府のメッセージに関する同様の調査ベースの分析を補完するものである。また，Gadarian et al.（2021）による米国に関する研究では，その効果は政治的信条によって緩和される可能性があることが示唆されている。

5.　おわりに

　本章では，COVID-19パンデミックの初期ステージにおけるエビデンスから，社会的信念と強制なき政府の要請の関係を検証した。パンデミックなどの社会的危機の状況下で，政治家や政府によるアナウンスが有効であることを示唆する結果が得られた。

　当然のことながら，強制力を伴わないアプローチには限界がある。感染した場合の影響が人によって異なることと，これに関連するインセンティブは重要な問題となる。これは，ソーシャル・ディスタンスやその他の感染予防の行動を無視するような人々が存在し，感染拡大を非常に深刻化させる可能性があるためである。特に，症状が重くなることが予想されない人は，ソーシャル・ディスタンスを置く措置に従う強い動機がない傾向がある。そのため，強制なき政府の要請は，感染拡大を緩やかにすることはできても，完璧にパンデミックをコントロールするには十分とはいえない。実際，2020年6月中旬以降，特に東京で患者報告数が増加した。小池都知事をはじめ，各都道府県知事からの発表も多く行われ，それ以降，さまざまな政府の指示や要請があったが，法的強制力を伴わないものであった。

　結局のところ，新しい感染症をコントロールするためには，何らかの強制力が必要なのではないだろうか。しかし，これは強制力を伴わないアプローチが効果的でない，あるいは重要でないということを意味するものではない。これに関して，少なくとも 2 つの理由を挙げることができるだろう。第 1 に，感染拡大を緩やかにすることは，それだけで大きな意義がある。例えば，ワクチンを開発，入手したり，マスクなどの新しい生産ラインを確立したりするための時間を稼ぐことができる。新型コロナウイルスのワクチンは驚くべきスピードで開発され，マスクの不足も程なく解消された。さらに，対症療法が徐々に広まっていくことで，感染した場合の死亡率が下がるなど，感染拡大を少しでも緩やかにすることは大きなメリットがあったといえよう。結果として，日本の 100 万人当たりの累計死亡者数は，西欧諸国に比べて少ない数字にとどまっている。

　第 2 に，強制力を伴わないアプローチと組みわせることで，強制的なアプローチをより効果的に実施できるということである。法的な強制力があっても，すべての人々がソーシャル・ディスタンスを守ったり，保護措置に従ったりするわけではない。例えば，手洗いや社交の制限などの行動は，第三者によって観察しにくく，そのような行動を強制するためには高いコストがかかる。さらに，政府は医療システムに急速に多大なリソースを投入すべきであり，ある特定の行動を強制するために必要なリソースの機会費用は途方もなく高額になりうる。一方で，強制力のない政府の要請は，このようなコストを削減する一助となる可能性がある。つまり，「要請」と「強制」を補完的に使用することで，感染制御を大幅に改善することができるのである。

謝辞：本章は，科研費（18K01501），科研費（17H02478），東京大学社会科学研究所グループ共同研究プロジェクト助成（「デジタル化の社会科学」）の支援を受けている。また，庄司匡宏氏（東京大学社会科学研究所）のさまざまなアドバイスに感謝したい。

参考文献

Ahmed, F., Ahmed, N., Pissarides, C., and Stiglitz, J. (2020), "Why inequality could spread COVID-19," *Lancet Public Health*, 5 (5), e240.

Arrow, K. J. (1963), "Uncertainty and the welfare economics of medical care," *American*

Economic Review, 53, pp. 941-973.

Arrow, K. J. (2001), "Reflections on the reflections," *Journal of Health Politics, Policy and Law*, 26, pp. 1197-1203.

Barari, S., Caria, S., Davola, A., Falco, P., Fetzer, T., Fiorin, S., Hensel, L., Ivchenko, A., Jachimovicz, J., King, G., Kraft-Todd, G., Ledda, A., MacLennan, M., Mutoi, L., Pagani, C., Reutskaja, E., Roth, C., and Slepoi, F. R. (2020), "Evaluating COVID-19 public health messaging in Italy: Self-reported compliance and growing mental health concerns." (Available at: https://doi.org/10.1101/2020.03.27.20042820).

Case, A. and Deaton, A. (2015), "Rising morbidity and mortality in midlife among white non-Hispanic Americans in the 21st century," *Proceedings of the National Academy of Sciences*, 112, pp. 15078-15083.

Cato, S., Iida, T., Ishida, K., Ito, A., and McElwain, K. M. (2020), "The effect of soft government directives about COVID-19 on social beliefs in Japan," Available at SSRN 3577448.

Engelberg, J. E. and Parsons, C. A. (2011), "The causal impact of media in financial markets," *The Journal of Finance*, 66, pp. 67-97.

Gadarian, S. K., Goodman, S. W., and Pepinsky, T. B. (2021), "Partisanship, health behavior, and policy attitudes in the early stages of the COVID-19 pandemic," *Plos one*, 16 (4), e0249596.

Gasper, J. T. and Reeves, A. (2011), "Make it rain? Retrospection and the attentive electorate in the context of natural disasters," *American Journal of Political Science*, 55, pp. 340-355.

Lucas, R. E., Jr. (1972), "Expectations and the neutrality of money," *Journal of Economic Theory*, 4, pp. 103-124.

Morris, S. and Shin, H. S. (2002), "Social value of public information," *American Economic Review*, 92, pp. 1521-1534.

Reeves, A. (2011), "Political disaster: Unilateral powers, electoral incentives, and presidential disaster declarations," *The Journal of Politics*, 73, pp. 1142-1151.

Sen, A. (1982), *Poverty and Famines: an Essay on Entitlement and Deprivation*, Oxford University Press.（黒崎卓・山崎幸治訳『貧困と飢饉』岩波書店，2000 年）

飯田高 (2022),「ソフトローとは何か」『法学教室』497, 10-14 頁。

飯田高, 石田賢示, 伊藤亜聖, 勝又裕斗, 加藤晋, 庄司匡宏, ケネス・盛・マッケルウェイン (2022),「新型コロナウイルス感染症に関する壮年パネル調査—概要と記述統計分析けい」『社会科学研究』73 (2), 95-125 頁。

新型コロナウイルス感染症対策専門家会議 (2020),「新型コロナウイルス感染症対策の状況分析・提言」(2020 年 5 月 1 日), https://www.mhlw.go.jp/content/10900000/000627254.pdf

マッケルウェイン, ケネス・盛 (2022),『日本国憲法の普遍と特異——その軌跡と定量的考察』千倉書房。

第 4 章

パンデミック初期の SNS 利用と人々の行動

庄司匡宏

本章のハイライト

1. 新型コロナウイルスの感染拡大により，SNS 上でこのウイルスに関する不確実性の高い情報が多く拡散された。
2. 本章では，感染拡大初期における人々の SNS 利用と感染予防行動との関係を，独自のアンケートデータを用いて分析した。
3. SNS 利用は，ソーシャル・ディスタンス行動を促す一方，科学的根拠の弱い感染予防行動を促す傾向もあった。

---

1. はじめに

　2019 年 12 月 31 日に中国で初めて確認された新型コロナウイルス（COVID-19）は，瞬く間に世界各国に広がった（WHO 2020）。翌年 1 月 13 日にタイで初めて国外の感染例が報告されると，続いて 1 月 15 日に日本でも感染者が確認され，3 月 11 日までに 113 か国で感染者が確認された。同日，世界保健機関（WHO）は，この感染爆発が世界的大流行を意味する「パンデミック」に相当すると発表した。その後も各国で感染者は増え続け，2023 年 3 月末現在，確認されただけでも世界で計 7.6 億人が感染し，680 万人の死者が出ている。この

中には所得水準も高く医療体制の整った先進国の犠牲者も多く含まれている。

　これまでの歴史においても，疫病は人類にとって最大の脅威の1つであった。ベルギーのルーベン・カトリック大学災害疫学研究センター（CRED）のデータベース（EM-DAT）によれば，20世紀に世界で発生した災害の中で，犠牲者数ワースト10に挙げられた災害のうち4つは疫病であった。ただし，そのような多くの犠牲者を出した疫病はいずれも，インフラも医療体制も整備されていない100年以上前の途上国であり，これらのケースと比較しても，COVID-19パンデミックの脅威が深刻なものであることがわかる。

　また，インターネットの普及した現代社会に発生したパンデミックは，これまでにない新たな問題も引き起こした。無症状感染や長い潜伏期間など，特殊な性質も多い未知のウイルスであったCOVID-19の急速な感染拡大を受け，インターネット上，とりわけSNS上で，このウイルスに関する不確実性の高い情報が多く拡散された。こうした情報には，マスクの感染予防効果のように，疫学者の間でも見解が分かれたことが原因で生じた不確実性に起因するものや，人々の勘違いに起因するもの，また誤情報と理解しながら意図的に拡散されたものなどが含まれる。こうした情報の氾濫により，信頼できる情報を判断することが難しく，人々が感染予防対策の意思決定に困難をきたすようになった。WHOはこの現象を「インフォデミック（Infodemic）」と呼び，人々が適切な感染予防行動をとる上で障害となる可能性があるとして，特にSNSを通じた誤情報の蔓延に対し警戒を促した[1]。

　しかし，これまでの知見では，SNSの利用が人々の感染予防行動にどのような影響を及ぼしたのか，十分なエビデンスは得られていない。SNSは，利用者が目にする情報の内容によって，ソーシャル・ディスタンスのような望ましい感染予防行動を促す可能性も，抑制する可能性も，あるいは全く効果の期

---

1)　WHOによると，インフォデミックは以下のように定義される。"An over-abundance of information—some accurate and some not—that makes it difficult for people to find trustworthy sources and reliable guidance when they need it". つまり，比較的信憑性の高い情報も不確実な情報も入り混じって存在しており，これにより信頼できる情報を判断しにくい状態である。ただし，実際にはいかなる情報にも多少の不確実性は存在するなど，WHOによるインフォデミックの定義は抽象的である。したがって，どのような状況がインフォデミックに当てはまり，どのような状況が当てはまらないのか，厳密に定義することは難しいということに注意が必要である。

待できない誤った予防行動を促す可能性もある。したがって，SNS が利用者にもたらしうる影響は多様であり，詳細なデータを用いて精緻にこの疑問を明らかにすることは重要である。

　そこで本章では，感染拡大初期の 2020 年 3 月に日本で独自に収集したアンケートデータを用いて，人々の SNS 利用と感染予防行動との関係を明らかにすることを目的とする。ただし，前述のように SNS 上で広まった不確実な情報には，意図的に拡散された誤情報もあれば，疫学者の間での見解の相違によるものもあり，利用者の行動は SNS 上で目にしたこれらの情報の内容や頻度に依存するはずである。したがって本来であれば，SNS 上のそれぞれの情報が行動に及ぼした影響を分析することが望ましい。しかし，本研究ではデータの制約上，これらを区別することは不可能である。そのため，あくまで SNS 利用の平均的な効果を分析する。また，SNS 利用の効果は利用者によっても大きく異なるが，本章の分析では，利用者一人一人に対する影響を明らかにすることはできない。本章ではあくまで各利用者への影響の平均値を示していることにあらかじめ注意が必要である。

2.　不確実な情報の拡散事例

　過去の歴史を遡れば，災害発生時に不確実性の高い情報が拡散され，人々が混乱に陥ることは珍しくない。例えば，1923 年の関東大震災の際には井戸に毒が投げ込まれたという誤情報が広がった。より最近の事例でも，2011 年の東日本大震災の際には，一部の人々がヨウ素入りのうがい薬を飲むことで放射線被害を防ぐことができると勘違いし，一時的にうがい薬が入手困難となったこともあった。2016 年の熊本地震では，動物園から動物が脱走したという誤情報が SNS 上で拡散された。

　しかし今回のパンデミック時において，インフォデミックの問題がこれまで以上に懸念された背景には，主に 3 つの原因が挙げられるだろう。第 1 に，COVID-19 が未知のウイルスであり，従来のウイルスとは性質が大きく異なったことである。したがって，そもそもこのウイルスに関して真偽不確かなことが多く，疫学者の間でも共通した見解を得ることが難しかった。第 2 に，かつ

ての大規模災害やパンデミックと異なり，現在は世界中でSNSが普及してお
り，誰でも簡単に科学的根拠が弱く真偽不確かな情報を発信・入手できる環境
であった。第3に，地震や台風などの局地的な災害と異なり，世界中の人々が
COVID-19のリスクに曝されていた。そのためSNSによって発信された情報が，
一瞬で世界中に拡散されやすい環境にあった。

　実際，パンデミック初期には，世界各国で科学的根拠の弱く真偽不確かな情
報がインターネット上，特にSNSで拡散された。WHOはそれらの例をホー
ムページ上で掲載し，いずれも誤情報であると明記している。これらの誤情報
は大きく4つのタイプに分類できる。第1のタイプは，感染経路に関する誤情
報である。例えば，蚊やプール，5G電波を通じて感染リスクが高まるといっ
たものなどが挙げられる。第2のタイプは，感染予防策に関する誤情報であり，
これにはアルコールやニンニクの体内摂取，日光浴，入浴などが含まれる。第
3のタイプは，マスクやアルコール消毒など，その感染予防効果が科学的に確
認され推奨されている感染予防策が，実は人体に悪影響をもたらすと主張する
ものである。そして第4のタイプは，赤外線センサーや深呼吸のしやすさなど
によって，自身が現在感染しているかが簡単にわかるといった誤情報の存在で
ある。

　日本国内においても，2020年2月下旬には，納豆が免疫力を高め，COVID-
19感染リスクを低下させるという情報がSNS上で広まった（総務省 2020）。こ
の情報は，当時茨城県の感染者数が偶然周囲の県と比べて少なかったことに起
因しており，それ以外に納豆が感染リスクを低下させることを裏付ける科学的
根拠はなかった。また同じく2月下旬には，トイレットペーパーが入手困難に
なるという情報がSNSで拡散された。これは，中国の多くの工場がロックダ
ウンで閉鎖されたことで，日本への輸入が減少するだろうといった予想に基づ
いていた。この情報は新聞やテレビでも繰り返し報道され，その結果，多くの
店舗でトイレットペーパーの品切れ状態が続いた。

　こうした事例で重要な点は，どちらの情報も根拠がないにもかかわらずSNS
を通じて広まったことである。こうした情報拡散を受け，日本家庭紙工業会は
2月28日，国内で流通するトイレットペーパーはほぼすべて国産であり，主
要原料であるパルプも中国からの輸入に頼っていないことを発表した。続いて

消費者庁は3月10日，納豆が感染予防効果を持つ科学的根拠はないことを注意した（消費者庁 2020）。

3.　リスク回避行動における情報アクセスの重要性

　前節で述べたように，災害のような緊急時には，不確実性の高い情報が拡散されることがある。特にSNS利用者は，信憑性の高い情報にも真偽不確かな情報にも多く曝されることになる。では，SNS上におけるこのような情報は，利用者の行動にどのような影響をもたらしうるのだろうか？　本節ではこの点を理論的に考察する。まず3.1項では，心理学の防護動機理論（Protection Motivation Theory）を用いて，個人がリスクを回避するための行動をとる条件を整理する。続いて3.2項，3.3項では，これまでの災害事例やCOVID-19の事例をもとに防護動機理論の妥当性を検証する。最後に3.4項では，SNSが利用者の行動に及ぼしうる潜在的影響を考察する。

3.1　心理学理論による考察

　災害リスクや健康リスクが存在する下で，人々がリスクを回避する行動（避難行動・感染予防行動）を促すには何が必要なのか。この問いについて，これまで多くの理論的，実証的研究が行われてきた。心理学理論の1つである防護動機理論によると，個人がリスク回避行動をとる上で，2つの認識を高く持つことが重要であると提案されている（Rogers 1975; Rogers and Prentice-Dunn 1997）。

　第1の認識はリスク認識であり，これは，(1) 災害発生確率や，(2) 発生時に自身が被災する確率，また (3) 被災した際の被害の深刻さに対する主観的な評価によって形成される。さらに，サイクロンの避難行動を体系的にまとめたDash and Gladwin（2007）は，災害に関する情報アクセス，災害に対する知識，被災経験，社会経済的環境，政府・行政への信頼，住居の立地や強度などの特性といった6つの要因が，人々のリスク認識を決定し，それが避難行動の意思決定に影響すると議論している。

　第2の認識は，リスク回避行動の有効性を高く認識することである。この認

識は，（1）回避行動をとった場合の便益（例：生存確率）に対する認識，（2）
自分は回避行動を実行することが可能であるという認識（例：数百メートル離
れた高台まで走れるという認識），そして（3）回避行動を実行することによる
金銭的，時間的，労力的コストへの認識によって決定されると考えられる。

3.2　過去の災害事例による検証

　COVID-19 以前の実証研究では，リスクや回避行動の有効性の認識がソーシ
ャル・ディスタンスやワクチン接種など，感染症に対する予防行動と強く相関
していることが示されている（Bennett et al. 2015; Bish and Michie 2010; Gidengil
et al. 2012; Lakdawalla et al. 2006; Schaller et al. 2019）。また，この理論と整合的
な事例が国内外における過去の災害からも確認されている。例えば 2011 年の
東日本大震災で 831 名もの人々が犠牲になった宮城県南三陸町では，地震の直
後に高さ 6 メートルの大津波警報が出された。その後，高さ 10 メートルの警
報に修正されたが，実際はそれをはるかに超えた 23.9 メートルもの津波が襲っ
た。また，地元住民は 1960 年に地域を襲ったチリ地震の際の津波被害を想定
して避難したが，東日本大震災ではそれ以上の津波が内陸部まで押し寄せた。
そのため，多くの住民が避難した地域にも津波が押し寄せ，多くの犠牲者が出
た。

　海外の事例に目を向けると，2004 年 12 月に発生したインド洋津波では震源
地から約 2,000 キロ離れたインドのタミル・ナドゥ州でも約 8,000 人の犠牲者
が出た。津波から半年後に行った現地調査によると（澤田ほか 2011），この地域
の海岸部の住民は，これまで津波被害を経験することがなかったため，津波の
存在を認識していなかった。そのため，適切な避難行動をとることができず，
むしろ沿岸部から襲ってくる「黒い壁」を見に海岸部まで来る人々もいた。

　これに対し，同じくインド洋津波で被災したインドネシアのシムル島では，
震源地から 60 キロしか離れていないにもかかわらず，津波による犠牲者はた
ったの 7 名だった。この地域はもともと地震や津波の発生リスクが高く，1907
年の大津波では島民の多くが犠牲になった。これを受け，島民は津波の恐ろし
さや即座に高台へ避難することの重要性を「スモン」という歌に残し，代々子
どもたちに聞かせてきた。そのおかげで島民は従来からリスク認識が高く，津

波時の適切な避難行動も理解していた。そのため，2004年の津波発生時には多くの島民がこの歌を思い出し，迅速に避難した（高藤 2013）。

最後にバングラデシュの事例を挙げる。インド洋に面しガンジス川下流に位置するこの国は，サイクロンや洪水の多発地域である。過去にサイクロン被災地で行った現地調査によると，事前にサイクロンの早期警報が出されていたにもかかわらず，実際にシェルターへ避難した人々は一部だった。その理由をインタビューすると，多くの住民が「これまでの早期警報には誤報が多かったため，その精度を信用していない」，「シェルターが遠い」，「避難してしまうとその間の収入が失われる」，「火事場泥棒が怖い」といった回答が返ってきた（Shoji and Murata 2021）。つまり，不確実性の高い情報に曝されたことによるリスク認識の低さ，また回避行動の有効性に対する認識の低さが原因と解釈できる。

このように，これまでの災害事例では，情報アクセスの弱い人々のリスク認識や回避行動への認識が低く，災害時対応の遅れや誤った対応をとる傾向があった。つまり情報弱者が災害弱者となりやすいことが指摘されてきた。では，COVID-19パンデミックでも同様な傾向が見られたのだろうか？　次項では，COVID-19と過去の災害事例との共通点，相違点を検討する。

3.3　COVID-19パンデミック初期における情報アクセスと感染予防行動

パンデミック初期の人々の行動パターンについても，研究者は多くの実証分析を行ってきた。本項ではその中でもリスク認識や回避行動への認識に関連する研究を紹介する。まず，Barrios and Hochberg（2021）がアメリカのインターネット検索データやスマートフォン利用者のGPSデータを用いて行った分析によると，トランプ大統領支持率が高い地域では感染リスクを軽視し，ソーシャル・ディスタンスを無視した行動をとる傾向があった。当時の大統領はCOVID-19を軽視する発言をSNS上で繰り返しており，これを信じた支持者の認識も低下したことが原因と考えられる。

筆者らが行った日本の実証研究からも，人々の感染リスクに対する認識がソーシャル・ディスタンス行動と相関する傾向が示されている（Shoji et al. 2022）。この研究では，本章と同じアンケートデータを用いて，2020年1月から3月における人々のソーシャル・ディスタンス行動の変化を分析した。これによる

と，人々は都道府県内における感染拡大とともに徐々に外食頻度や対面での会
話頻度を減少させる傾向があった。この傾向には個人差も大きかったが，それ
は主にリスク認識の個人差から生じたものであった。一方，職業や所得水準の
違いではソーシャル・ディスタンスの個人差を説明することはできなかった。

　このように，COVID-19 パンデミックにおいても過去の災害事例と整合的な
パターンが確認された一方，相違点もあった。それは今回のパンデミックでは，
新聞やテレビといったマスメディアからの情報入手頻度が，リスク認識や回避
行動への認識と必ずしも相関していなかったという点である。この原因の 1 つ
として，不確実性の高い情報が広まっていたことにより，何が正しいのか判断
できなくなっていた可能性（インフォデミック）が考えられる。

3.4　SNS がリスク回避行動に及ぼす潜在的影響

　SNS は，利用者のリスク認識および回避行動に対する認識の両方を変化させ
ると考えられる。まず，利用者は SNS を通じて COVID-19 に関する情報に触
れ，これにより感染リスクの確率や症状の深刻さへの認識が決定される。また，
SNS はソーシャル・ディスタンスや消毒薬といった感染予防手段の有効性に
関する情報を利用者に提供することで，回避行動の有効性に対する認識にも影
響する。しかし，SNS で入手した情報の内容や頻度によっては，必ずしも利用
者が適切な回避行動をとるとは限らない。例えば，感染リスクやソーシャル・
ディスタンスの効果を軽視する情報を多く目にした利用者は，リスク認識およ
び回避行動の有効性に対する認識が非利用者よりも低下するかもしれない。ま
た，利用者が誤った感染予防行動（納豆など）の効果を信じた場合，効果の期
待できない予防行動をとることになる。

　さらに，SNS 上で不確実性の高い情報や専門知識を必要とする難解な情報
など，認知負荷の高い状況下で判断する場合には，さまざまな認知バイアスが
生じることが知られている（Kahneman and Tversky 1972）。中でも正常性バイ
アスは，感染リスクや感染時の症状を過小認識させるため，これが感染予防行
動の妨げとなる（Drabek 1986）。

4.　パンデミック初期のオンラインアンケート調査

　本章の分析には，東京大学の加藤晋氏，飯田高氏，石田賢示氏，伊藤亜聖氏，ケネス・盛・マッケルウェイン氏，勝又裕斗氏（当時），筆者による研究チームが実施した全国規模のオンラインアンケート調査データを用いる。この調査の目的は，日本に住む 30 歳代〜 40 歳代の約 2,500 名から，パンデミック初期における人々の行動や意識に関するデータを収集し，その変化を明らかにすることである（Cato et al. 2021）。このデータは以下のプロセスで収集された。はじめに，楽天インサイトの調査協力登録者 220 万人から，性別，年齢層，居住地の分布が日本全体の分布と同等となるように調整しながら，無作為に 5 万人を抽出した。次に，2020 年 3 月 25 日，抽出された 5 万人に対して，調査への協力依頼文を e メールで送った。その際，必要な回答者数が得られた時点で回答募集を終了することも伝えた。その結果，依頼文を送ってから 50 時間後には 2,822 人が調査に参加し目標人数に達したため，募集を打ち切った。このうち，関連するすべての質問に回答したのは 2,262 人だった。その後，4 月 27 日から 5 月 7 日にかけて，調査協力者 2,822 人を対象に再調査を行い，回答者の利他性や協調性，勤勉性といった性格・価値感など追加情報を収集した。合計 1,823 人が両調査に参加し，そのうち 1,804 人がこの研究に関連するすべての質問に回答した。

　この調査ではパンデミック初期におけるソーシャル・ディスタンス行動の変化を数値化するため，2020 年 1 月から 3 月までの各月における，「1 日あたりの対面での会話人数」，「1 週間あたりの昼食の外食頻度」，「1 週間あたりの夕食の外食頻度」を質問した。具体的には，会話人数の質問では，「普段の生活や仕事の中で，1 日あたり何人と対面で会話をしていますか？　1.　ほとんどない，2.　1 〜 2 人，3.　3 〜 5 人，4.　5 〜 10 人，5.　11 人以上，6.　答えたくない」という質問をした。外食頻度の質問では，昼食，夕食それぞれについて「通常の週に，昼食（夕食）で外食する頻度はどれくらいですか？　1.　めったにない，2.　1 〜 3 回，3.　4 〜 6 回，4.　毎日，5.　答えたくない」という質問を用いた。これらの行動による感染リスクは，マスクの使用や相手との物理的

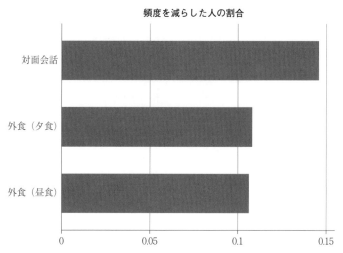

図 4.1　感染拡大初期におけるソーシャル・ディスタンス行動

な距離といったさまざまな状況によって異なるが，回答者の回答負担を軽減し，より高い回答率を確保するために，このような詳細な質問は行わなかった。本章では，これらの行動の 2020 年 3 月時点の頻度が 2020 年 1 月と比較して減少した場合にソーシャル・ディスタンス行動をとったと定義した。この定義に基づくと，2020 年 3 月時点では，ソーシャル・ディスタンス行動をとった人は 10 ～ 15% 程度にとどまった（**図 4.1**）。

　ソーシャル・ディスタンス行動に加え，本研究ではトイレットペーパー，生鮮食品，米，マスクなど 8 品目の需要の変化について，「この商品に対する需要が例年と比較して変わりましたか？　1. いつもより少ない，2. 同じくらい，3. いつもより多い」という質問を行った。マスクや消毒薬は当時入手困難であったことから，購入の増加ではなく需要（購入意欲）の増加について質問した。**図 4.2** はその回答結果を表したものである。これによると，回答者のうち約半数がマスクを，3 割が消毒薬を例年以上に購入しようとした。その他の品目への需要も 1 割前後の回答者で増加していた。

　最後に，9 種の SNS についてその利用頻度を質問し，少なくとも週に 1 回利用する場合，その SNS の利用者であると定義した。この定義によると，LINE

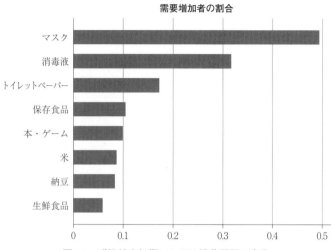

図 4.2　感染拡大初期における消費需要の変化

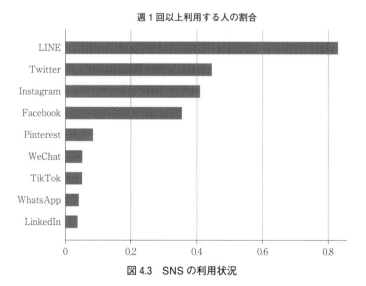

図 4.3　SNS の利用状況

（83％），Twitter（45％），Instagram（41％），Facebook（36％）の利用率が高いことがわかる（**図4.3**）。ただし人々のLINEの利用目的は情報共有というよりは，主に家族や友人，同僚に個人的なメッセージを送ることが主であるため，本章では分析対象としない。残りの5つのSNSの普及率は10％未満であるため，こちらも分析に用いない。これらの議論から，本研究ではTwitter，Facebook，Instagramのいずれかを週に1回以上利用する人々をSNS利用者と定義する。この定義に基づき，SNS利用者と非利用者の個人特性を比較すると，利用者のほうが相対的に若く，女性で大卒・大学院卒の確率が高く，感染拡大以前は定期的に外食する傾向があった（**表4.1**）。

5.　分析

5.1　手法

　SNS利用が人々の行動に及ぼした影響を分析する際に，大きな課題となるのが，利用者と非利用者とで年齢や職業，性格などの個人特性が異なるという点である。SNSの利用以外にも特性の異なる回答者間を比較してしまうと，両者の行動パターンの相違が，SNS利用によるものなのか，あるいは個人特性の相違によるものなのかを識別することができないからである。例えば，SNS利用者のほうが非利用者よりも若く，かつ若者は高齢者よりも積極的に外出する傾向があるとする。すると，SNS利用者の外出頻度が非利用者より平均的に高かったとしても，それはSNS利用の効果ではなく，利用者の中に若者が多く含まれているからかもしれない。したがって，精緻な分析を行うためには，年齢，職業などの個人特性がすべて等しい下でSNS利用者と非利用者の行動を比較しなければならない。

　そこで本章では，両者の特性の違いによる影響を軽減するために，Hainmueller（2012）のEntropy Balancing Modelを採用した。この手法では，**表4.1**に示したパンデミック前の個人特性の平均値および分散が両者で一致するように，非利用者のサンプルをウェイト付けする。ウェイト付けされたサンプルで両者を比較することで，上記の問題を軽減することができる。両者の行動の平均値の比較には，加重最小二乗法を利用する。

表 4.1　回答者の個人特性と行動

	利用者	非利用者 （ウェイト無し）	非利用者 （ウェイト有り）
経済・社会的特性			
年齢	39.97	41.87	39.98
女性	0.5	0.44	0.5
大卒・大学院卒	0.57	0.52	0.57
短大・専門卒	0.23	0.25	0.23
中卒・高卒	0.2	0.23	0.2
既婚	0.64	0.63	0.64
親と同居	0.22	0.23	0.22
子どもと同居	0.49	0.5	0.49
役員・経営者・自営業	0.08	0.09	0.08
正規雇用	0.59	0.57	0.59
非正規雇用	0.19	0.18	0.19
専業主婦・主夫	0.1	0.1	0.1
無業	0.03	0.04	0.03
学生・その他	0.01	0.02	0.01
年収 0～200 万円	0.06	0.09	0.06
年収 200 万～400 万円	0.18	0.18	0.18
年収 400 万～600 万円	0.28	0.27	0.28
年収 600 万～800 万円	0.22	0.21	0.22
年収 800 万～1000 万円	0.12	0.13	0.12
年収 1000 万～1200 万円	0.08	0.07	0.08
年収 1200 万円～	0.06	0.05	0.06
心理的特性			
外向性	3.84	3.57	3.84
協調性	4.67	4.58	4.67
勤勉性	3.89	3.94	3.89
神経症傾向	4.03	4.07	4.03
解放性	3.97	3.71	3.97
(A)「虎穴に入らずんば虎子を得ず」			
(B)「君子危うきに近寄らず」			
(B) に近い	0.27	0.31	0.27
やや (B) に近い	0.32	0.31	0.32
どちらとも言えない	0.12	0.13	0.12
やや (A) に近い	0.2	0.16	0.2
(A) に近い	0.09	0.09	0.09

表 4.1　回答者の個人特性と行動（つづき）

	利用者	非利用者 （ウェイト無し）	非利用者 （ウェイト有り）
パンデミック以前の行動			
2020 年 1 月の外食頻度（夕食）			
ほとんどしない	0.48	0.59	0.48
週に 1 〜 3 回	0.33	0.24	0.33
週に 4 〜 6 回	0.09	0.09	0.09
ほぼ毎日	0.1	0.08	0.1
2020 年 1 月の外食頻度（昼食）			
ほとんどしない	0.54	0.65	0.54
週に 1 〜 3 回	0.36	0.26	0.36
週に 4 〜 6 回	0.03	0.02	0.03
ほぼ毎日	0.07	0.07	0.07
2020 年 1 月の対面での会話人数			
ほとんどない	0.06	0.08	0.06
1 〜 2 人	0.14	0.13	0.14
3 〜 5 人	0.25	0.27	0.25
6 〜 10 人	0.27	0.21	0.27
11 人以上	0.28	0.31	0.28
ソーシャル・ディスタンス行動			
対面での会話人数の減少	0.17	0.1	0.11
外食頻度（夕食）の減少	0.13	0.07	0.09
外食頻度（昼食）の減少	0.12	0.08	0.08
消費需要の増加			
本・ゲーム	0.12	0.06	0.08
消毒液	0.35	0.25	0.29
マスク	0.52	0.45	0.5
納豆	0.1	0.06	0.06
トイレットペーパー	0.19	0.15	0.19
米	0.09	0.07	0.06
生鮮食品	0.06	0.05	0.06
保存食品	0.11	0.09	0.09

　ただし，この手法で平均や分散を揃えられるのは，回答者の年齢や性別など，データとして数値化可能な変数のみである。われわれのデータには回答者の外向性や勤勉性などの性格特性（Big 5），パンデミック前の所得や職業といった詳細な情報も含まれているため，それらの分布も両者で揃えることができるが，それでもデータ化できない情報は存在する。したがって，それらの変数の分布は Entropy Balancing Model を使っても完全に揃えることはできない。つまり，すべての個人特性において両者で等しいとはいえないため，次項の分析結果を解釈する上で注意が必要である。

　分析対象とした行動は，対面での会話人数や外食頻度（昼食・夕食）といった 3 つのソーシャル・ディスタンス行動，およびマスク，消毒薬，本・ゲーム，トイレットペーパー，納豆の 5 品目の需要の変化である。マスクや消毒薬は，政府が感染予防対策として推奨したものであり，SNS でも頻繁に言及された。これに対し，本やゲームは直接的な感染対策とはならず SNS 上でも広まっていない。しかし，もし SNS によってソーシャル・ディスタンスが促され，在宅時間が増えれば，これらへの需要が増加した可能性もある。最後の 2 品目は，SNS で拡散された不確実な情報に対する利用者の反応を調べるために分析対象に加えた。ここで分析対象としていない米，生鮮食品，保存食の 3 品目については，後の分析に使用する。

5.2　分析結果：SNS が利用者の行動に与えた影響

　図 4.4 は，Twitter，Instagram，Facebook，およびそれらのいずれかの SNS を週に 1 回以上利用することが利用者の行動に及ぼした影響を表している。図中の点は SNS 利用の平均的な効果の大きさを表し，横に伸びた線はその 90% 信頼区間（比較的高い確率で起こりうる推定誤差の範囲）を表す。これによると，SNS の利用はソーシャル・ディスタンス行動を促す効果があった。非利用者と比較して，何らかの SNS 利用者は，感染拡大初期に対面会話人数を減少させた確率が 6 パーセンテージポイント高かった。もともと SNS 利用者の間で会話人数を減少させた割合が 17% と低かったことをふまえると（表 4.1），この推定結果は，もし利用者が仮に SNS を利用していなかったとしたら，彼らの中で会話人数を減少させた割合は 11% 程度に過ぎなかったであろうというこ

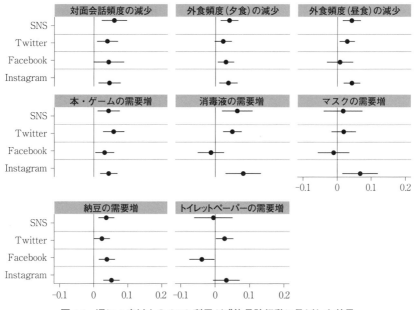

図 4.4　週に 1 度以上の SNS 利用が感染予防行動に及ぼした効果

とを示唆する。同様に，もし SNS を利用していなかったら，夕食の外食頻度を減らした利用者は 13％から 9％に低下，昼食は 12％から 8％に低下していたと予想される。また，SNS は利用者の本・ゲームや消毒液の需要を増加させる効果もあった。前者の行動変化は，SNS 利用によってソーシャル・ディスタンス行動が促され，在宅時間が増えたためと思われる。最後に，これらの効果とは対照的に，マスク需要への効果は確認されなかった。上記の行動パターンは，個々の SNS に限定して分析しても同様な傾向が得られた。

　次に，SNS 利用者は，納豆への需要を増加させるなど真偽不確かな情報にも反応していることがわかる。SNS 利用者の 10％が納豆の需要を増加させたが，もし彼らが利用していなければ，この値は 6％にとどまったと推定される。この傾向は，個々の SNS ごとに分析しても変わらない。一方，トイレットペーパーの需要については，安定的な効果は確認されなかった。

　ただし注意すべきことに，納豆の需要の増加は，在宅時間の増加および自炊

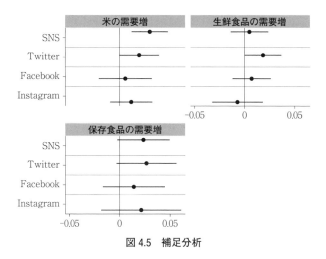

図 4.5 補足分析

頻度の増加の影響を捉えているおそれもある。また，これらの推定結果が，利用者と非利用者間における観測不可能な個人特性の相違によって引き起こされている可能性もある。そこで，これらの懸念を検証するために，米，生鮮食品，保存食の 3 品目への需要に対する SNS の影響を推定した。これらの品目は，SNS ではあまり言及されなかったが，その需要は在宅時間や自炊頻度の増加とともに上昇するはずである。したがって，推定された納豆への影響が本当に SNS に起因するのであれば，これらの品目への影響はゼロとなるはずである。逆に，もし自炊頻度の増加によるものであれば，これらの品目への需要も増加しているはずである。**図 4.5** はその推定結果を示している。これによると SNS 利用の効果は小さく，統計的にも有意ではない。したがって，これらの懸念だけでは納豆の需要増加は説明できないと解釈できる。

5.3 分析結果：SNS の利用頻度による効果の違い

前項では，SNS を週に 1 日以上利用する人々とほぼ全く利用しない人々の行動を比較し，SNS からの情報の有無による効果を分析した。これに対し本項では，SNS の利用頻度によって，効果がどのように変化するかを分析する。より頻繁に利用することで，不確実な情報に何度も曝されることが予想される。

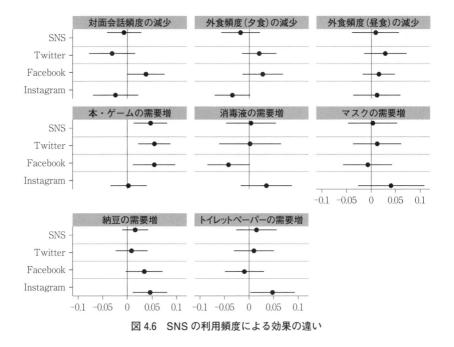

図 4.6　SNS の利用頻度による効果の違い

これにより，人々は SNS の情報をより信じるようになるのだろうか。この問いを明らかにするため，前項と同様に Entropy Balancing Model による推定を行う。ただし本項では SNS をほぼ全く利用していない回答者は分析対象から除外し，SNS を毎日利用する回答者（776 人）とそれ以下の頻度の利用者（408 人）とを比較する。

　図 4.6 はこの推定結果をまとめたものである。SNS からの情報の有無による効果を表した**図 4.4** と異なり，**図 4.6** では情報入手頻度の違いによる影響は全体的に観測されなかった。本・ゲームの需要増加への効果は，SNS 利用頻度によって上昇する傾向があるものの，それ以外の行動については際立った差異は見られない。つまり，情報を目にする頻度にかかわらず，一部の利用者は不確実な情報でも信じてしまう可能性があることを示唆している。

6.　本研究で明らかになったことと残された課題

　本研究では，独自に収集したオンラインアンケートデータとミクロ実証分析の手法を用いて，日本における COVID-19 パンデミックの初期段階において，SNS が利用者の行動パターンに与えた影響を分析した。その結果，SNS の利用は人々に多様な行動変容をもたらすことが明らかになった。まず，利用者の間でソーシャル・ディスタンスや消毒液の使用など，科学的に推奨された感染予防を行う確率が高まった。これは，COVID-19 に関する知識の増加により，感染リスクや感染予防行動の効果に対する認識が高まったことが原因と考えられる。この傾向は，COVID-19 パンデミック初期における，情報アクセス，感染リスクの認識，感染予防行動の関係について分析したこれまでの研究とも整合的な結果である（Cato et al. 2020; Shoji et al. 2022; Xie et al. 2020）。他方，SNS 利用は納豆需要の増加など，科学的根拠の弱い感染予防行動を促す傾向もあった。

　ただし，本研究の分析結果を解釈する上で，以下の 5 点に注意しなければならない。第 1 に，SNS 利用による行動への影響は各個人によって大きく異なる。したがって本章の分析結果は，あくまで各利用者への効果の平均値と解釈すべきであり，すべての利用者が同規模な影響を受けたと解釈すべきではない。

　第 2 に，5.1 項でも言及したように，本章で行った分析では，データ化不可能な個人特性の分布を揃えることはできないため，得られた推定結果が，そういった特性の差異によって生じている可能性を排除することができない。つまり，本研究の結果は厳密な意味では因果関係ではなくあくまで相関として解釈すべきである。

　第 3 に，重症化リスクの高い高齢者層がアンケート調査の対象となっていない点である。高齢者の SNS 普及度やその利用目的，感染リスク認識，行動パターンは若年層とは異なるため，今回の分析結果をもって高齢者世代に議論を一般化させることは不可能である。同様に，本研究の調査対象はパンデミック初期における日本に限定されている。したがって，SNS が人々のパンデミック下での行動に与える影響をより一般的に理解するには，長期化するパンデミッ

ク下での人々の行動や，他の国々，他の年齢層の行動パターンと比較する必要
がある。

　第4に，上記の問題と関連して，本研究のアンケート回答者はオンライン調
査会社に登録した人々の中から抽出されている。つまり日本人の中でも比較的
ネットリテラシーが高い層であることが予想されるため，今回得られた結果を
日本人全体の傾向と解釈することは誤りである。

　第5に，われわれの分析結果によると，フェイスマスクとトイレットペーパ
ーの需要がSNSの利用によって変化しなかった。この原因として以下の3つ
の可能性が挙げられる。第1に，マスクやトイレットペーパーが手に入らない
ことはマスメディアでも報道されていたため，SNSの利用者だけでなく非利
用者も同様な反応を示したのかもしれない。第2に，SNS利用者の中にはマ
スクの感染予防効果に懐疑的な人々もいたため，マスクの需要増加は消毒薬よ
りも少なかった可能性がある。第3に，マスクやトイレットペーパーに対する
政府の対応が，消毒薬や納豆よりも早かったことに起因する可能性もある。当
時，マスクや消毒液は多くの店舗で品切れとなり，インターネット上では高値
で転売されるケースもあった。マスクは2020年3月5日に転売禁止となった
が，消毒液の転売禁止は3月22日からと若干遅かった。同様に，納豆とトイ
レットペーパーの噂はどちらも2月下旬から拡散され始めたが，これらの噂に
根拠がないことが公式に発表されたのは，トイレットペーパーは2月28日で
あったのに対し，納豆は3月10日だった。このように，マスクとトイレット
ペーパーについては，早期の介入により，人々の感染予防効果に対する認識が
迅速に修正されたり，品切れを懸念した過剰な購入が減少したりした可能性が
ある。これら3つの可能性のうち，どれが最も妥当なのかを検証することは，
今後再び起こりうる誤情報の拡散や買い占め行動をコントロールする上で有益
であろう。しかしこの点を明らかにするには，人々がSNSやマスメディアか
ら得た情報の内容や，そのタイミングに関するより詳細な情報が不可欠である。
したがって，われわれのデータからは，この問いに明確に答えることは困難で
ある。

7.　長期化するパンデミックへ向けて

　前項で述べた課題が残されているものの，本研究の結果から以下のような政策的含意が考えられる。第1に，災害時において不確実性の高い情報あるいは明らかな誤情報の拡散によって社会が混乱した歴史は，1923年の関東大震災など，COVID-19パンデミック以前から確認されている。本研究は，これらの問題が現在でも存在すること，そしてSNSの普及が進むにつれて，今後さらに深刻化する可能性があることを示唆している。もちろん，納豆を消費すること自体は経済的コストが高いわけでもなく，健康に有害であるわけでもない。したがって，過去の災害事例と比べれば，このような反応による健康や経済への被害は小さいかもしれない。しかし，SNS上で拡散された科学的根拠の弱い情報が買い占め行動や商品の品切れを引き起こす可能性があるということに対して，政策立案者は注意を払う必要があるだろう。実際，これらの商品の品切れによりアンケート回答者のうち約30％がトイレットペーパーを，約20％が納豆を買えなかったと回答している。

　第2に，ソーシャル・ディスタンスは，感染リスクを軽減する上で有効である。しかし，個人のソーシャル・ディスタンス行動の程度は労働環境，価値観などによって異なり，感染拡大を防ぐだけの行動変容を実現することは容易ではない。したがって，このような状況において人々のソーシャル・ディスタンス行動を促す上で，効果的な政策介入を明らかにする必要がある。これに対し本研究は，SNSのように人々が日常で触れる情報ソースを通じた介入の潜在的可能性を示唆している。

　第3に，情報アクセスの改善が感染予防行動を促す上で効果的であるにもかかわらず，WHOや先行研究は，SNSが利用者の行動に与える負の側面のみを強調している。例えばAllington et al.（2021）やRoozenbeek et al.（2020）は，欧米諸国で収集したデータを用いて，SNS利用と誤情報への感受性との関係を示している。Islam et al.（2021）は，米国，中国，インド，パキスタンでもSNSと買い占め行動との関連性を発見している。イラクでは，SNSが恐怖とパニックを煽り，利用者のメンタルヘルスに悪影響を発生させていることが示

されている（Ahmad and Murad 2020）。こうした研究はあるものの，政策担当者は，SNS が有害であると一概に結論づけるべきではない。本研究で示されたように，SNS には望ましい側面と注意すべき側面の両方があるため，SNS 利用をすべて批判的に捉えるのではなく，後者を最小化しつつ，前者を最大化することを目指すべきである。

　第 4 に，国内では SNS 上での真偽不確かな情報への対処は，利用者の自己責任であると考えられがちである。しかし本研究では，インターネット普及率が高い日本の 30 歳代，40 歳代においても，真偽不確かな情報に反応する人々がいることを示しており，これは，利用者の自己判断のみに依存することが困難であることを意味する。したがって，SNS の負の影響を軽減するには，政策立案者が信頼性の低い情報の拡散を抑制する一方で，信頼性の高い情報の拡散を促すことが不可欠である。例えば，WHO は，SNS プラットフォームへの積極的な関与など，幅広い手法でインフォデミックに対処している。こうした取り組みが有効である可能性がある。

　最後に，本研究の分析は COVID-19 に対する情報が不足していた感染拡大初期の行動に限定されていたが，インフォデミックが発生しうるのはそのような時期だけではない。2021 年には各国でワクチン接種が積極的に進められたが，その際にもワクチンの効果や潜在的リスクについて，さまざまな情報が広まった。このように，パンデミックにおける各フェーズにおいてインフォデミックが発生する可能性はある。したがって，今後も再び起こりうる現象であることを認識する必要があるだろう。

参考文献

Ahmad, A. R. and Murad, H. R. (2020), "The impact of social media on panic during the COVID-19 pandemic in Iraqi Kurdistan: online questionnaire study," *Journal of Medical Internet Research*, 22 (5), e19556.

Allington, D., Duffy, B., Wessely, S., Dhavan, N., and Rubin, J. (2021), "Health-protective behaviour, social media usage and conspiracy belief during the COVID-19 public health emergency," *Psychological Medicine*, 51 (10), pp. 1763-1769.

Barrios, J. M. and Hochberg, Y. V. (2021), "Risk perceptions and politics: Evidence from the COVID-19 pandemic," *Journal of Financial Economics*, 142 (2), pp. 862-879.

Bennett, D., Chiang, C. F., and Malani, A. (2015), "Learning during a crisis: the SARS epidemic in Taiwan," *Journal of Development Economics*, 112, pp. 1-18.

Bish, A. and Michie, S. (2010), "Demographic and attitudinal determinants of protective be-haviours during a pandemic: A review," *British Journal of Health Psychology*, 15 (4), pp. 797-824.

Cato, S., Iida, T., Ishida, K., Ito, A., Katsumata, H., McElwain, K. M., and Shoji, M. (2021), "The bright and dark sides of social media usage during the COVID-19 pandemic: Survey ev-idence from Japan," *International Journal of Disaster Risk Reduction*, 54, 102034.

Cato, S., Iida, T., Ishida, K., Ito, A., and McElwain, K. M. (2020), "The effect of soft govern-ment directives about COVID-19 on social beliefs in Japan," Available at SSRN 3577448.

Dash, N. and Gladwin, H. (2007), "Evacuation decision making and behavioral responses: In-dividual and household," *Natural Hazards Review*, 8 (3), pp. 69-77.

Drabek, T. E. (1986), *Human system responses to disaster: An inventory of sociological find-ings*, New York: Springer Verlag.

Gidengil, C. A., Parker, A. M., and Zikmund-Fisher, B. J. (2012), "Trends in risk perceptions and vaccination intentions: a longitudinal study of the first year of the H1N1 pandemic," *American Journal of Public Health*, 102 (4), pp. 672-679.

Hainmueller, J. (2012), "Entropy balancing for causal effects: A multivariate reweighting method to produce balanced samples in observational studies," *Political Analysis*, 20 (1), pp. 25-46.

Islam, T., Pitafi, A. H., Arya, V., Wang, Y., Akhtar, N., Mubarik, S., and Xiaobei, L. (2021), "Panic buying in the COVID-19 pandemic: A multi-country examination," *Journal of Re-tailing and Consumer Services*, 59, 102357.

Kahneman, D. and Tversky, A. (1972), "Subjective probability: A judgment of representa-tiveness," *Cognitive Psychology*, 3 (3), pp. 430-454.

Lakdawalla, D., Sood, N., and Goldman, D. (2006), "HIV breakthroughs and risky sexual be-havior," *The Quarterly Journal of Economics*, 121 (3), pp. 1063-1102.

Rogers, R. W. (1975), "A protection motivation theory of fear appeals and attitude change1," *The Journal of Psychology*, 91 (1), pp. 93-114.

Rogers, R. W. and Prentice-Dunn, S. (1997), "Protection Motivation Theory," in Gochman, D. S. (ed.), *Handbook of Health Behavior Research 1: Personal and Social Determinants*, Plenum Press, pp. 113-132.

Roozenbeek, J., Schneider, C. R., Dryhurst, S., Kerr, J., Freeman, A. L., Recchia, G., van der Bles, A. M., and van der Linden, S. (2020), "Susceptibility to misinformation about COVID-19 around the world," *Royal Society Open Science*, 7 (10), 201199.

Schaller, J., Schulkind, L., and Shapiro, T. (2019), "Disease outbreaks, healthcare utilization, and on-time immunization in the first year of life," *Journal of Health Economics*, 67, 102212.

Shoji, M., Cato, S., Iida, T., Ishida, K., Ito, A., and McElwain, K. M. (2022), "Variations in

Early-Stage Responses to Pandemics: Survey Evidence from the COVID-19 Pandemic in Japan," *Economics of Disasters and Climate Change*, 6, pp. 235–258.

Shoji, M. and Murata, A. (2021), "Social capital encourages disaster evacuation: Evidence from a cyclone in Bangladesh," *The Journal of Development Studies*, 57 (5), pp. 790–806.

WHO (2020), "Novel Coronavirus (2019-nCoV) Situation Report," https://www.who.int/emergencies/diseases/novel-coronavirus-2019/situation-reports（アクセス日 2023 年 4 月 12 日）.

Xie, K., Liang, B., Dulebenets, M. A., and Mei, Y. (2020), "The impact of risk perception on social distancing during the COVID-19 pandemic in China," *International Journal of Environmental Research and Public Health*, 17 (17), 6256.

澤田康幸，庄司匡宏，サンガ・サラス（2011），「自然災害被害に対して借り入れは有効に作用するか？──南インドにおける津波被災者データの分析から」『経済研究』62 (2)，129-140 頁。

消費者庁（2020），「新型コロナウイルスに対する予防効果を標ぼうする商品の表示に関する改善要請等及び一般消費者への注意喚起について」，https://www.caa.go.jp/notice/assets/200310_1100_representation_cms214_01.pdf（アクセス日 2023 年 4 月 12 日）。

総務省（2020），「新型コロナウイルス感染症に関する情報流通調査報告書」，https://www.soumu.go.jp/menu_news/s-news/01kiban18_01000082.html（アクセス日 2023 年 4 月 12 日）。

高藤洋子（2013），「災害経験伝承が防災教育に果たす役割─インドネシア・シムル島における事例を通じて─」『社会貢献学研究』1 (1)，6-18 頁。

第 5 章

信頼される「専門家」の特性

近藤絢子，ケネス・盛・マッケルウェイン

本章のハイライト

1. サーベイ実験によって，異なる専門家が異なる政策提言を行った場合，評価がどのように変わるかを検証した。
2. 同じ主張内容でも，学者（特に米国ハーバード大学教授）が肯定的に政策を提言すると，回答者もその政策を支持する傾向があった。
3. 主張内容に応じて，どの立場の専門家が信頼されやすいかが異なることが示唆された。

---

1. はじめに

　2020 年春に発生した新型コロナウイルス感染症（以下，新型コロナ）の世界的な蔓延により，社会におけるさまざまな専門家の役割が再注目されている。感染症拡大の初期には，疫学や公衆衛生の専門家が毎日のようにメディアに登場し，未知の感染症に対して最新の知見を一般に伝えた。そして，感染症禍が長引くにつれて，経済活動の再活性化と感染制御という，しばしばトレードオフの関係にある 2 つの課題をめぐって，さまざまな分野の専門家が意見を戦わせることになった。その一方で，マスメディアに登場する一部の「専門家」が

誤った見解を広めてしまったり，専門家に対する不信感から反ワクチン・反マスクといった極端な行動をとる人々が現れたりもしている。

専門家が特に重要な役割を果たすのは，異なる介入の有効性についての不確実性が高いような危機の際だ。とりわけ緊急性が高く，手をこまねいている時間が長引くほど状況が悪化するような場合には，政策立案者が可能な限りの情報を収集してから動くのでは手遅れになりがちである。そのようなときに，さまざまな選択肢の費用と便益を明確にするために，関連領域の専門家による予測シナリオは有益である。実際，政策決定者や報道機関は，危機的状況でないときでも，学者，シンクタンク，国際機関の証言や助言に頻繁に頼っている。

また，専門家の助言は世論にも影響する。新聞などの主要メディア，Facebook や Twitter などの SNS，Wikipedia などのオンラインリソースなど，現代社会には簡単に収集できる情報があふれている。しかし，情報の量が多ければ多いほど，かえって何が正しいかわからなくなりがちなのもまた事実だ。特に，矛盾したアドバイスが流布している場合や，情報のアップデートが急速である場合，ソーシャルメディア等を通じて多くの情報に触れる市民ほどかえって混乱する恐れがある[1]。事実，新型コロナの蔓延に際し，世界保健機関はこの問題をインフォデミックと表現し，正確なものも不正確なものも含めて情報が溢れかえっているため，人々が必要なときに信頼できる指針を見つけることが難しくなっているとした（WHO 2020）。

もし専門家の提言が，ソーシャルメディアに流布する情報よりも信頼できるとみなされるならば，専門家の提言に従うことでこうした混乱を鎮めることができる。発言の信頼性という点において，専門家には 2 つのアドバンテージがあると考えられる。第 1 に，専門家は他者よりも多くの情報や知識を有しているとみなされ，その提言の権威が高まる。第 2 に，専門家は政治家やビジネスリーダーよりも「中立的」であるとみなされやすい。Lupia（1994）は，誠実かつ正確であるとみなされる情報提供者は，意思決定者の行動により影響を与え

---

1)　日本では，Cato et al.（2021a; 2021b）が，ソーシャルメディア利用者は，納豆を多く食べるなど，科学的信頼性が確認されていない予防策をとる傾向があることを明らかにした。ただし本書第 4 章（庄司論文）では，人々の SNS 利用と感染予防行動との関係を分析し，SNS の利用は科学的根拠の弱い感染予防行動を促す一方で，ソーシャル・ディスタンスや消毒液の使用など，科学的に推奨された感染予防を行う確率を高める効果もあることが示されている。

やすいと主張している。つまり，メッセージの発信元は，メッセージの質に関する重要なシグナルとして機能しうるのである。

　とはいえ，専門家の説得力についての実証研究の結果はまちまちである。専門家の影響力に関して懐疑的な例としては以下のような研究がある。Sapienza and Zingales（2013）は，米国のプロのエコノミストと一般人は多くの経済政策で意見が一致せず，前者の意見を後者に伝えても彼らの選好は変わらないことを発見した。また，Case et al.（2022）は，実験デザインを用いて，健康アドバイスに対する一般人の態度は，専門家からの情報でも非専門家からの情報でも変わらず，個人間の違いはほぼ，回答者自身の思想的素養，メディア消費，年齢によって説明できることを示している。より一般的には，Nyhan（2020）は，特に政治争点化した問題については，多くの人が情報の信頼性を疑い，本人の事前の信念に反するエビデンスを拒絶する傾向があるため，専門家の提言により世論を「修正」または「変更」することは困難であると論じている。

　一方，特定の条件の下で専門家の助言が説得力を持つことを示した研究もある。ここで重要な要因の1つに，政党帰属意識（partisanship）がある。例えば，McElwain et al.（2021）は，日本における憲法改正の提言は，自民党ではなく，中立的な専門家のパネルから示された場合に，より世論を揺さぶると示している。米国における新型コロナウイルス感染対策について，Druckman et al.（2021）は，パンデミック発生直後などの情報が乏しい環境では，多くの人が「政府」の発言や政策を「トランプ」のものと同一視し，自らの党派性に基づいてポジティブまたはネガティブな回答をすることを明らかにしている。もう1つ重要な要因は，専門家の権威の認知である。Heinzel and Liese（2021）は，ドイツとイギリスでのサーベイ実験で，保健省や公衆衛生機関によるお墨付きは，それらの公的機関に専門性を認めた回答者においてのみ，感染対策への支持を高めることを明らかにした。

　先行研究からは，専門家が世論を動かせるかどうかは，政治的中立性と専門性の両面から見た専門家の信頼性によって決まり，回答者の個人属性によっても反応が異なることがうかがえる。しかし，既存の研究にはいくつかの限界がある。第1に，日本の憲法改正のように価値観が埋め込まれたトピックや，新型コロナウイルス感染症のように情報の不確実性のレベルが高いトピックでは

党派性がより影響する可能性があるが，異なるトピックに関して専門家の説得力を明示的に比較した研究はほとんどない。第2に，ほとんどの研究は，専門家のタイプを明示的に比較していない。日本では，大学教授や国内・機関研究者，評論家などが，お笑い芸人やタレントと同じテレビの舞台で活躍することが多い。学術的な専門性が高いのは大学教授であるが，政策のプラグマティズムが重視される分野では，機関研究員や評論家のメッセージがより説得力を持つとみなされるかもしれない。第3に，メッセージの信憑性は，それらが発信されるメディアによっても異なる可能性がある。テレビ番組での短いコメント，特にその専門家があまり詳しくない問題については，その専門家がそのテーマについて出版した本一冊と同等の権威を持つとは受け取られないかもしれない。

　本章では，こうした背景を踏まえて，人々の専門家に対する信頼度について分析を試みる。「専門家」と一口にいっても，さまざまな立場の人間がいる。本章では，独自アンケートに基づくランダム化要因配置サーベイ実験（Randomized Factorial Survey Experiment: RFSE）によって，同じ主張を異なる種類の「専門家」がした場合にどう評価が変わるのかを検証する。ここでの「専門家」には狭義の専門家である大学や研究機関に所属する研究者などの他，政策立案の専門的スキルや知識を有し実際に政策を変更する力を持つ国会議員や，必ずしも学術的な資格は持っていないが市民に広く伝わりやすい情報媒体で見解・意見を発信しているコメンテーター的な専門家も含まれる。

　本章の構成は以下のとおりである。次節で，アンケート調査全体について説明し，第3節でRFSEに関わる設問と分析方法について詳述する。第4節では，全体と属性別の結果，メディアの使用頻度別の結果，そして主張内容によって専門家の評価が変わってくるかについての実証結果を述べ，第5節で結論をまとめる。

2.　調査の説明

　本章で用いるデータは，2022年3月にオンラインで実施した「社会科学者のイメージに関する意識調査」のうち，専門家に対する信頼度についてのRFSEに関する部分である。

　「社会科学者のイメージに関する意識調査」は，調査会社（クロスマーケティング社）に依頼し，その登録モニターである，調査時点で日本国内に居住する成人男女約5,000名を対象として行った。サンプリングに際しては，2015年国勢調査に合わせて都道府県・男女・年齢階級（20歳代から60歳代まで10歳刻み[2]）別に割り付けを行い，5,040人から回答を得た。

　アンケート調査全体の構成は以下のようになっている。まず調査の目的を「本調査は，現在の社会情勢やニュースに関する皆様のご意見をお訊きするものです。」と明記した上で参加の可否を問う。ここで参加することにした回答者は，日本の政治に関する意見をきく設問8問，大学教育や学術研究のあり方についての設問6問，回答者自身の普段の考え方についての設問3問，そして新型コロナウイルスへの対応に関する設問に順に答えることが求められる。そののちに，次節で詳述するRFSEに関する設問があり，最後に性別・最終学歴・職業などを答えたのちに，本調査（主にRFSE）についての事後説明（デブリーフィング）が表示されて終わる。

　前半の設問への回答の大部分は本章では使用しないが，日本の政治に関する意見を問う設問から，支持政党と，政治や社会についての情報を得るために各種メディアを使用する頻度のみ，説明変数として用いる。前者は，「多くの人が「長期的に見ると，自分は△△党寄りだ」と考えるようです。短期的に他の政党へ投票することはもちろんありうるとして，長い目で見ると，あなたは「何党寄り」と言えるでしょうか。一つだけ選んでください。」という設問に対して主要政党，その他，どの政党でもない，わからない・答えたくないから1つを選ぶ形式で，「どの政党でもない」を支持政党なし，「わからない・答えたくない」は欠損値として扱う。後者は，新聞，テレビ，ニュースアプリ・まとめサイト，SNS，YouTubeなどの動画サイト，の5つのメディアについてそれぞれ，「ふだん，一週間にどのくらい，以下のメディアから政治や社会の出来事についての情報を得ていますか。」と訊くもので，本章ではメディア間の相関などを考慮して[3]新聞とSNSの使用頻度を用いる。政党帰属意識とメディア使用に関するこれらの変数は，Case et al.（2022）によって，人々の公共政

---

2)　実際に得られたデータには18歳から72歳まで含まれているため，それぞれ29歳以下と60歳以上に合算した。

表 5.1　記述統計量

性別		学歴		支持政党	
男性	49.2%	小中学	2.8%	自民・公明	29.3%
女性	50.8%	高校	30.2%	野党	24.3%
年齢階層		専門	9.3%	支持政党なし	37.2%
20 歳代以下	14.8%	短大高専	11.2%	メディアの利用	
30 歳代	12.8%	大学	42.3%	新聞を毎日読む	38.0%
40 歳代	16.6%	大学院	4.3%	SNS を毎日見る	20.0%
50 歳代	16.3%			回答者数	5,040 人
60 歳代	14.7%				
70 歳代以上	24.8%				

策に対する態度に影響することがわかっており，本章での分析はこれらの要素が結果に影響するかどうかを検証する。

　加えて男女・年齢階級・最終学歴も用いる。これらの変数の記述統計は**表 5.1** のとおりである。

3.　専門家に対する信頼度についての RFSE

　本章の分析の目的は，さまざまな種類の専門家に対する信頼度を定量的に評価することである。このために，RFSE[4] と呼ばれる，複数の要素から構成される 1 つの文章の，各要素をランダムに入れ替えたものに対する評価を同一回答者に複数回繰り返しおこなってもらうことで，文章に含まれる要素の評価に与える効果を推定する手法を用いた。

　具体的には，

「[PERSON] が [MEDIUM] で，[POLICY] と主張しています。この主張に，あなたは賛成ですか，反対ですか？」

---

3)　テレビはほとんどの回答者が頻繁に利用しており，ニュースアプリ・まとめサイトや YouTube などの動画サイトは SNS との相関が強い。

4)　この手法は，コンジョイント分析（Hainmueller et al. 2014）と類似しているが，コンジョイント分析が 2 つの選択肢のどちらを選ぶかを訊く形式であるのに対し，RFSE では 1 つのステートメントに対する評価を訊く点が異なっている。RFSE とほかの手法を比べたより詳しい解説は秦・Song（2020）を参照。

という形式で，賛成，やや賛成，やや反対，反対の4段階評価，あるいは「わからない・答えたくない」を選択する質問を回答者1人当たり6回ずつ尋ねた。

　[PERSON]と[MEDIUM]には以下のうちそれぞれ1つがランダムに挿入される。

[PERSON]：1. 国会議員，2. 東京大学教授，3. 米国ハーバード大学教授，4. 国際機関の職員，5. テレビでよく見る経済評論家／弁護士／医師（[POLICY]に合わせる）

[MEDIUM]：1. NHKニュース，2. お昼のワイドショー，3. 自身のブログ，4. 自身の著書

　[POLICY]には下記の6項目が，ランダムな順序で[5]1回ずつ挿入される。

1. 政府は貧困家庭の子どもへの食糧援助を手厚くすべきだ
2. 政府は消費税を直ちに20%まで引き上げるべきだ
3. 政府は再生可能エネルギーとして太陽光より地熱の活用に重点を置くべきだ
4. 政府は選択的夫婦別姓を法律で認めるべきだ
5. 政府は成人の二重国籍保持を法律で認めるべきだ
6. 政府は新型コロナウイルスの3回目のワクチン接種（ブースター）を迅速に推進すべきだ

　[PERSON]と[MEDIUM]の組み合わせが全部で20通り（5×4）あるが，それぞれの回答者にはそのうちの6つの組み合わせを，6つの[POLICY]のそれぞれと組み合わせたものがランダムに表示される。実際に表示される質問の例を3つ挙げる。以下はわかりやすくするため，ランダムに表示される[PERSON]に下線を引き，[MEDIUM]を斜体字にしたが，実際の設問画面では特に強調はされていない。

---

5)　6つの主張の順序をランダムに入れ替えることにより，前の質問の影響を無視できるように設計している。

例1：テレビでよく見る経済評論家が*NHK* ニュースで，政府は消費税を直ちに 20％まで引き上げるべきだと主張しています。この主張に，あなたは賛成ですか，反対ですか？

例2：国会議員が*自身のブログ*で，政府は選択的夫婦別姓を法律で認めるべきだと主張しています。この主張に，あなたは賛成ですか，反対ですか？

例3：東京大学教授がお昼のワイドショーで，政府は新型コロナウイルスの3回目のワクチン接種（ブースター）を迅速に推進すべきだと主張しています。この主張に，あなたは賛成ですか，反対ですか？

　[PERSON]，[MEDIUM]，[POLICY] のそれぞれに入る具体的な選択肢は，これまでの研究で専門家のアドバイスの説得力に関連するとされてきたさまざまな要因を勘案して設定した。まず，[PERSON] に入る5つの選択肢はそれぞれ異なる種類の専門家に対応する。国会議員は政策立案の直接の経験や責任を有する存在として採用され，党派的なフレーミングを避けるため，あえて所属政党を明記しなかった。より専門的な知識を有する学者の代表として国内および国外の大学教授を，より実践的な政策経験がある国際的な専門家として国際機関の職員を入れた。最後に，テレビでよく見る評論家（各種）は，マスメディア，特に昼間のワイドショーでよく見かけるような，その話題に詳しいかもしれないが学術的な資格は持っていないようなコメンテーターを想定した。

　[MEDIUM] には4つの異なる発信媒体が入る。より堅実で信頼度の高いテレビ番組として NHK ニュースを，より娯楽性を重視したテレビ番組としてお昼のワイドショーを設定した。テレビ番組については製作側による介入があるのに対し，より本人の意見がストレートに出る媒体として，自身のブログと著書を入れた。ブログと著書を比較すると，著書のほうが発行にあたっての敷居が高く分量も多いため，より権威が高いと受け止められる可能性がある。

　[POLICY] に入る6つの主張はそれぞれ，1は大多数が賛成しそうなもの，2は反対が多そうなもの，3はイデオロギーよりは科学技術の知識が重視されそうなもの，4と5は回答者本人に直接利害がある可能性は低いが政治的信条が強く反映されやすいもの，6は新型コロナウイルスに関するもの，として設定した。異なる政策提言に対する反応を比較することで，専門家に対する信頼

度が普遍的なものであるのか，トピックに依存するものであるのか検証できる。また，これにより，ほかのトピックと比較して新型コロナ関連のトピックが持つ特徴も把握できる。

　このRFSEにより，5,040人に6回ずつ，合計30,240の回答データが得られる。専門家の種類は5種類あるため，それぞれの種類の専門家が現れるのは回答データの1/5ずつに相当する。発信媒体や主張内容は発言する専門家の種類と関係なく同じように割り当てられるため，それぞれの種類の専門家の発言の評価の平均値をとって比較することで，異なる種類の専門家に対する平均的な評価の差を見ることができる。同様にして，発信媒体（4種）や主張内容（6種）についての平均的な評価の差も見ることができる。

　実際の分析に際しては，以下の式[6]を，回答者ごとに標準誤差をクラスターした最小二乗法で推計する。

$$Conj_{iq} = \alpha + \sum_{a=1}^{4} \beta^a 1(person_{iq} = a) + \sum_{b=1}^{3} \gamma^b 1(medium_{iq} = b) + \theta_q + \varepsilon_{iq} \qquad (1)$$

$Conj_{iq}$ は回答者 i の主張 q についての設問の答えで，賛成ならば4，反対ならば1の4段階の数値をとる。β^a と γ^b は，それぞれ，回答者 i の主張 q についての設問に割り当てられた［PERSON］が a であるダミー変数と［MEDIUM］が b であるダミー変数の係数である。［PERSON］は「テレビでよく見る経済評論家／弁護士／医師」，［MEDIUM］は「NHKニュース」をリファレンスグループとし，その他の選択肢についてのダミー変数が［PERSON］は4つ，［MEDIUM］は3つあり，それぞれの係数が推計される。θ_q は6つの主張それぞれの固定効果で，実際の推計にあたっては「政府は貧困家庭の子どもへの食糧援助を手厚くすべきだ」をリファレンスグループとする。

　β^a，γ^b，θ_q は，それぞれの要素を持つリファレンスグループと比べてどれだけ賛成されやすいかを示す。より厳密には，これらの係数は平均限界要素効果

6)　［PERSON］，［MEDIUM］，［POLICY］に相当するダミー変数以外の説明変数は制御していない。［PERSON］と［MEDIUM］の割り当てはランダムで［POLICY］は全回答者に全種類が1回ずつ割り当てられている。そのため，他の説明変数と［PERSON］，［MEDIUM］，［POLICY］の間に相関はなく，理論上，追加の説明変数の有無で β や γ の推計値は変わらないはずである。実際に全サンプルをプールした推計に性別・最終学歴・年齢階層を加えてみても係数も標準誤差もほとんど変わらなかったため，本章で報告する結果はすべて説明変数を加えていないもので統一した。

(average marginal component effect: AMCE) と呼ばれる。例えば β^a であれば，[MEDIUM] と [POLICY] を固定したときに [PERSON] を「テレビでよく見る経済評論家／弁護士／医師」から a に変化させるとどれだけ賛成されやすくなるか（限界要素効果）が [MEDIUM] と [POLICY] ごとに存在する。この限界要素効果の [MEDIUM] と [POLICY] の同時分布上の平均値（今回の調査設計ではすべての選択肢の出現確率は同じなので単純平均値に等しい）をとったものが AMCE である。推計された β^a が正の値であれば，[PERSON] を「テレビでよく見る経済評論家／弁護士／医師」から a に変化させることで，発信媒体や主張内容が同じであってもより賛成が得られやすくなることを意味する。

　ところで，異なる種類の専門家や発信媒体を評価するためのもっと素朴なやり方として，例えば「テレビでよく見る評論家に比べて国会議員はより信頼できると思いますか？」のように，評価したい対象について，リファレンスグループと比べた評価を直接尋ねる方法もある。こうした直接的な質問に比べて，RFSE には，主に 2 つの利点がある。

　第 1 に，RFSE では，回答者 1 人当たりの設問数を抑えながら複数の要素について評価できる。例えば今回の調査では，専門家の種類が 5 種類，発信媒体の種類が 4 種類，主張内容が 6 種類ある。直接的な質問では，それぞれの要素について独立に評価するだけでも 15 問必要になる。さらに，RFSE であれば，(1) 式に [PERSON]，[MEDIUM]，[POLICY] それぞれのダミー変数の交差項を加えることで，例えば発信媒体によって専門家の種類の評価が異なるか，など見ることができる。これを直接的な質問でやろうとすると交差項の数だけ質問を増やす必要があり，回答者にかかる負荷が大きくなり過ぎてしまう。

　第 2 に，直接的な質問に比べると，回答者が調査の意図を読み取ってしまい，その期待に応えるような回答をしようとして回答がゆがんでしまうバイアスがかかりにくくなる。例えば，「テレビでよく見る評論家に比べて国会議員はより信頼できると思いますか？」「テレビでよく見る評論家に比べて東京大学教授はより信頼できると思いますか？」といった設問が並んでいるのを見た回答者が，この調査を行っているグループは「テレビでよく見る評論家」の評価を下げたい（あるいは上げたい）のではないかと深読みしてしまい，本心とは異

なる回答をしてしまうことがある。RFSE の場合，すべての選択肢が提示されるわけではないため，こうした深読みをしにくくなり，より客観的で正確な回答を得ることができるのだ（Horiuchi et al. 2022）。

4.　推計結果

4.1　全体の傾向

　最初に，全サンプルをプールして（1）式を推計した結果を**図 5.1** に示す。それぞれの点は，β^a, γ^b, θ_q の推計値，その左右に広がる横線は 95 ％水準信頼区間を示す。横軸が 0 のところの縦線と 95 ％水準信頼区間が交わっていなければ統計的に有意，交わっていれば有意でない。

　まず，それぞれ異なる種類の発言者が，「テレビでよく見る評論家」と比較して，どの程度賛成を得られやすいかを見たのがグラフ左上の部分である。（1）式の β^a，［PERSON］の各要素の AMCE の推計値に相当する。米国ハーバード大学教授は「テレビでよく見る評論家」に比べて，統計的に有意に賛成を得られやすい。他は統計的に有意ではないものの，東京大学教授と国際機関の職員も賛成を得られやすい傾向がある。ただし，統計的に有意な米国ハーバード大学教授でさえも，テレビでよく見る評論家に比べて 20 人に 1 人くらいが 1 段階高い評価をしているという程度であり，効果は小さい。

　左下の発信媒体の AMCE を見ると，NHK ニュースと比べた相対的な差はいずれも統計的に有意でなく，推計値自体もゼロに近い。発信媒体は賛成の得られやすさにほとんど影響していないことがわかる。

　右側は，それぞれの主張への賛同の得られやすさである。比較対象が「政府は貧困家庭の子どもへの食糧援助を手厚くすべきだ」という多くの人が賛成しそうな主張であるため，推計された係数はワクチン接種を迅速に推進すべきという主張以外はすべて統計的に有意に負である。予想どおり，消費税増税がもっとも賛成されにくく，食糧援助を手厚くすべきという主張に比べると 1.5 ポイント以上小さくなっている（右側は左側とスケールが違うことに注意）。

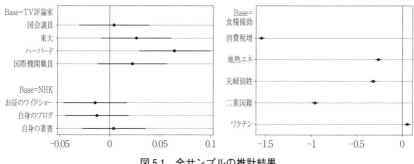

図5.1　全サンプルの推計結果

4.2　主張内容によって専門家の評価が変わるか

　第3節で述べたように，(1) 式に複数の要素の交差項を加えることで複数の要素の相互効果を簡単に検証できるのが RFSE の利点の1つだ。3つの要素それぞれについて，他の要素との交差項をとって推計してみたところ，発信者である専門家の種類と主張内容の交差項のうちのいくつかが統計的に有意にゼロと異なった。それ以外の交差項はほとんどが有意ではなかったので，発信者である専門家の種類への評価が主張内容によって変わるか，に着目する。

　図 5.2 は，主張内容でサンプルを分けて，それぞれ (1) 式を推計[7] し，得られた β^a を図示したものだ。主張によってかなりパターンが違うことが見て取れる。

　「貧困家庭の子どもへの食糧援助を手厚くすべき」という主張では，すべての AMCE が有意に正である。つまり，すべての選択肢が，テレビでよく見る評論家よりも統計的に有意に賛成されやすい。自分の元からの選好と整合的な主張であるほど，より専門性の高い人物からの意見が尊重される傾向を反映しているのかもしれない（Nyhan 2020）。

　消費増税については，国会議員が発言すると賛成が得られにくく，米国ハーバード大学教授が発言すると賛成が得られやすい。国会議員が賛成を得られにくいのは，国会が増税を実際に決定する機関だからだろう。東京大学とハーバ

---

7)　厳密には (1) 式から θ_q を除いたもの。(1) 式の [PERSON] と [MEDIUM] それぞれのダミー変数と主張内容のダミー変数の交差項を加えた推計と同値である。

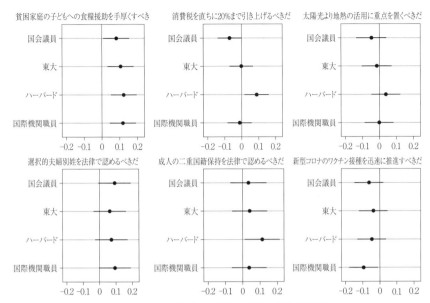

図5.2　主張内容別の発信者に対する評価推計値
（テレビでよく見る評論家をゼロとした場合）

ード大学で差がある理由はわからないが興味深い。

　イデオロギーよりも科学技術の知識が重視されそうな主張として採用した
「太陽光より地熱の活用に重点を置くべきだ」という主張では，いずれの
AMCE も統計的に有意でなく絶対値も小さい。この結果は，政策の影響につ
いての不確実性が高く，かつイデオロギーや感情的な要素が少ない場合ほど，
専門家の意見が尊重されるという先行研究の知見に照らすと意外な結果である。
客観的事実によってのみ判断すればいい事項に関しては，他者の助言は誰から
のものであっても同じような影響を持ち，発言者の種類はあまり重要でないと
いうことかもしれない。

　「選択的夫婦別姓を法律で認めるべきだ」もすべての選択肢の AMCE の値
が正であり，テレビでよく見る評論家の評価が相対的に低いことが示された。
国会議員や国際機関職員など，政策立案に直接関与する立場のほうがより評価
が高い傾向も見られる。対照的に，「成人の二重国籍保持を法律で認めるべき

だ」は米国ハーバード大学教授のみ AMCE が有意に正である。どちらも，回答者本人に直接利害がある可能性は低いが政治的信条が強く反映されやすいタイプの主張として採用したのだが，両者の違いは統計的に有意ではないものの，パターンが若干異なっている。

　最後に，新型コロナのワクチンについてのみ，すべての AMCE が負である。この主張のみ，リファレンスグループが「テレビでよく見る医師」なので，ワクチンに関しては医師が信頼されているということかもしれない。その一方で国際機関職員の評価が低いが，これは WHO の評判と関与が物議を醸していることを人々が連想しているからかもしれない。

4.3　メディア使用頻度別の分析結果

　第 2 節でも説明したが，本調査では RFSE とは独立に，新聞，テレビ，ニュースアプリ・まとめサイト，SNS，YouTube などの動画サイト，の 5 つのメディアについてそれぞれ「ふだん，一週間にどのくらい，以下のメディアから政治や社会の出来事についての情報を得ていますか」と尋ねた。このうち，テレビはほとんどの回答者が頻繁に利用しており，ニュースアプリ・まとめサイトや YouTube などの動画サイトは SNS との相関が強いため，対照的な 2 つのメディアとして新聞と SNS について，それぞれ使用頻度の高いグループと低いグループを比較する。

　図 5.3 に，新聞と SNS それぞれの使用頻度によってサンプルを分けて，それぞれ（1）式を推計し，得られた β_a を図示する。

　まず，図 5.3 の左側は新聞を毎日見る人と毎日は見ない人に分けて比較したものである。新聞は定期購読の有無で差が出るため，毎日は見ない人の大半はほとんど見ない人である。ただし，50 歳未満で毎日見るのは 17％しかいないのに対して 50 歳以上では 54％が毎日見ており，新聞の利用頻度は年齢と強い相関がある点に留意が必要である。

　この点を踏まえて推計結果を見ると，両グループの差は統計的に有意ではないものの，新聞を毎日見る人は東京大学教授と米国ハーバード大学教授を同じ程度に評価するのに対して，新聞をあまり見ない人は東京大学教授の評価はテレビ評論家と同等だが米国ハーバード大学教授は 95％水準で有意に評価する

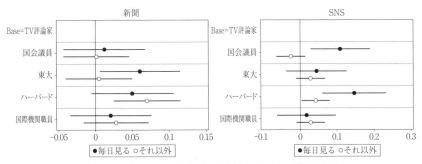

図 5.3 メディア使用頻度別・発信者に対する評価推計値
（テレビでよく見る評論家をゼロとした場合）

という違いがある。この差がどこから来るのか，本調査だけではわからないが，興味深い違いではある。

　同様に，**図 5.3** の右側は情報を SNS から得る頻度別に分けた比較結果を示している。ちなみに SNS の利用頻度は，新聞とは逆に若い人のほうが多く，毎日見るのは 50 歳未満で 28％，50 歳以上では 14％である。全体的に，新聞に比べると「毎日見る」割合は低い。新聞同様，毎日は見ない人の大半はほとんど見ない人で，50 歳未満でも 46％，50 歳以上では 72％が「ほとんど見ない」と回答している。

　推計結果を見ると，SNS を毎日見るグループでは，国会議員と米国ハーバード大学教授の AMCE が 95％水準で有意に正であり，係数も 0.1 ポイント強とかなり大きくなっている。米国ハーバード大学教授の AMCE は**図 5.1** の全サンプルの結果でも有意に正で，係数は小さいものの SNS を毎日は見ないグループでも有意に正なので，とりたてて SNS を毎日見るグループに特有の現象ではないが，国会議員の AMCE が有意に正なのは，本章で分析した中ではこのグループだけである。一部の国会議員が SNS を使った情報発信をしている影響かもしれない。

　なお，**図 5.3** からは省略したが発信媒体の AMCE はグループによらず有意でなく数値自体も小さい点は全体の結果と変わりない。主張別の AMCE の差は，4.5 項で説明する年齢別の結果に似た傾向があり，メディアの利用と年齢の強い相関を拾っている可能性が高い。

4.4　支持政党別の結果

　図 5.4 は，支持政党別に 3 つのグループに分けたものである。専門家の種類や発信媒体について，グループ間の差は統計的に有意ではないものの興味深いパターンが観察される。まず，与党支持者は，東京大学教授と米国ハーバード大学教授を同程度に高く評価しており，テレビで見る評論家に比べた差はいずれも 95％水準で統計的に有意である。一方，野党支持者は東京大学教授よりも米国ハーバード大学教授を高く評価しており，国際機関職員の評価も高い。野党支持者は海外からの意見をより重視する傾向があるのかもしれない。

　支持政党なしのグループは，全体的に評価が低い，つまりリファレンスグループであるテレビ評論家の評価が相対的に高い。特に国会議員への評価が低いことは，政治家に対する信頼度が低く支持に値する政党がないということを示唆しているかもしれない。発信媒体についても，支持政党なしグループは全体的に評価が低い，すなわち NHK ニュースの評価が相対的に高い。特に，お昼のワイドショーと NHK ニュースの差は 95％水準で統計的に有意である。

　図 5.4 右側の，主張内容別の係数は，野党支持者と支持政党なしではほとんど差がなく，自民・公明支持者のみ，増税に肯定的で夫婦別姓や二重国籍導入には否定的である。与党の政策に照らして自然な結果といえる。

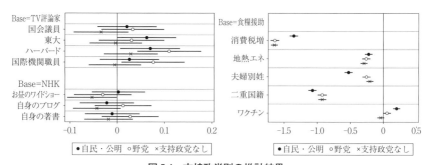

図 5.4　支持政党別の推計結果

4.5 その他の属性別の結果

続いて，属性別にサンプルを分けて，傾向に違いがあるかどうかを見ていこう。発信者と発信媒体についての評価を**表 5.2** にまとめる。

まず，男女別に見ると，男性のほうが米国ハーバード大学教授に対する評価が高いが他には大きな違いはなかった。続いて，50 歳未満と 50 歳以上に分けると，50 歳以上でのみ東京大学教授と米国ハーバード大学教授に対する評価が有意に高い。また，表からは割愛したが，50 歳未満のほうが全体的に係数の値が小さくなっており，相対的にリファレンスグループであるテレビ評論家の評価が高くなっていた。ただし，両グループの差は統計的に有意ではない。最終学歴が短大卒以下か大卒以上かで分けた場合，両グループの差は統計的に有意ではないものの，短大卒以下は東京大学教授と米国ハーバード大学教授を同程度に評価しているのに対して大卒以上では両者に差があるのは興味深い。

発信媒体の影響は性別・年齢・学歴によらず有意でない。

表では割愛したが，主張内容ごとの差を見ると，性別や学歴によって大きな差はなかった。年齢別のみ若干異なる傾向があり，若い世代のほうが消費増税や夫婦別姓，二重国籍に対して肯定的で，高齢世代のほうがワクチン推進に積極的である。概ね直観に沿った結果といえる。

表 5.2　回答者の属性別・発信者と発信媒体への評価まとめ

	性別		年齢		教育	
	男性	女性	50 歳以上	50 歳未満	大卒以上	短大卒以下
[PERSON]*						
国会議員						
東京大学教授			+			+
米国ハーバード大学教授	+		+		+	+
国際機関の職員						
[MEDIUM]**						
お昼のワイドショー						
自身のブログ						
自身の著書						

(注) *[PERSON] は TV 評論家をゼロとしたときに 5% 水準で統計的に有意に正ならば +，負ならば−。
　　**[MEDIUM] は NHK ニュースをゼロとしたときに 5% 水準で統計的に有意に正ならば +，負ならば−。

5. まとめ

　本章では，RFSE を用いて，同じ主張内容でも発信する専門家や発信媒体の種類によって賛同される確率がどう異なるかを検証した。まず調査回答者全体では，米国ハーバード大学教授は「テレビでよく見る評論家」に比べて，統計的に有意に賛成を得られやすく，統計的に有意ではないものの，東京大学教授と国際機関の職員も賛成を得られやすい傾向があることが確認された。年齢別に見ると 50 歳未満のほうがテレビ評論家の評価が高めで，学歴別に見ると短大卒以下のほうが東京大学教授の評価が高めで大卒以上は著書に対する評価が高めだった。

　支持政党別に分けて見ると，野党支持と支持政党なしでは傾向が異なり，支持政党なしは大学教授などの評価が低く NHK ニュースの評価が高めだった。主張内容ごとの評価は与党支持者が与党の政策に合わせた方向で他と異なるが，野党支持と支持政党なしの間に大きな差はなかった。

　メディアの利用頻度別に見ると，新聞を見る人は米国ハーバード大学教授と東京大学教授の信頼度に差がない一方，SNS を毎日見る人は国会議員と米国ハーバード大学教授との評価が高かった。また，主張内容によって，どういった立場の専門家が信頼されやすいかが異なることも示唆された。新型コロナウイルスに関する情報では「テレビでよく見る医師」のほうが大学の研究者や国際機関職員よりも信頼度が高く，比較的マスメディアの影響を受けやすいトピックであった可能性が示唆される。そもそも，新型コロナウイルスの感染拡大によってメディアで「専門家」を目にする機会が増えたことが本章で用いた調査を行うきっかけであったが，本来の専門分野での業績よりもメディアへの露出の仕方が人々からの評価を左右してしまいやすいトピックでもあったのかもしれない。

　総じて，同じ主張内容であっても誰がどの媒体で発信するかによって人々の評価はある程度左右されることがわかった。ただし，専門家の種類や発信媒体について推計された AMCE のほとんどは統計的に有意ではなかった点には留意が必要である。属性別の結果も，多くの場合属性間の差は統計的に有意では

ない。より精度の高い推計をするには，サンプルサイズをより大きくし，設問の設計も工夫する必要があるだろう。この点は今後の課題としたい。

参考文献

Case, C., Eddy, C., Hemrajani, R., Howell, C., Lyons, D., Sung, Y., and Connors, E. C. (2022), "The Effects of Source Cues and Issue Frames During COVID-19," *Journal of Experimental Political Science*, 9 (3), pp. 369-378, doi: 10.1017/XPS.2021.3.

Cato, S., Iida, T., Ishida, K., Ito, A., Katsumata, H., McElwain, K. M., and Shoji, M. (2021a), "The bright and dark sides of social media usage during the COVID-19 pandemic: Survey evidence from Japan," *International Journal of Disaster Risk Reduction*, 54, 102034, doi: https://doi.org/10.1016/j.ijdrr.2020.102034.

Cato, S., Iida, T., Ishida, K., Ito, A., Katsumata, H., McElwain, K. M., and Shoji, M. (2021b), "Social media infodemics and social distancing under the COVID-19 pandemic: public good provisions under uncertainty," *Global Health Action*, 14 (1), doi: 10.1080/16549716.2021.1995958.

Druckman, J. N., Klar, S., Krupnikov, Y., Levendusky, M., and Ryan, J. B. (2021), "How Affective Polarization Shapes Americans' Political Beliefs: A Study of Response to the COVID-19 Pandemic," *Journal of Experimental Political Science*, 8 (3), pp. 223-234, doi: 10.1017/XPS.2020.28.

Hainmueller, J., Hopkins, D. J., and Yamamoto, T. (2014), "Causal Inference in Conjoint Analysis: Understanding Multidimensional Choices via Stated Preference Experiments," *Political Analysis*, 22 (1), pp. 1-30, doi: 10.1093/pan/mpt024.

Heinzel, M. and Liese, A. (2021), "Expert authority and support for COVID-19 measures in Germany and the UK: a survey experiment," *West European Politics*, 44 (5-6), pp. 1258-1282, doi: 10.1080/01402382.2021.1873630.

Horiuchi, Y., Markovich, Z., and Yamamoto, T. (2022), "Does Conjoint Analysis Mitigate Social Desirability Bias?" *Political Analysis*, 30 (4), pp. 535-549, doi: 10.1017/pan.2021.30.

Lupia, A. (1994), "Shortcuts Versus Encyclopedias: Information and Voting Behavior in California Insurance Reform Elections," *American Political Science Review*, 88 (1), pp. 63-76, doi: 10.2307/2944882.

McElwain, K. M., Eshima, S., and Winkler, C. G. (2021), "The Proposer or the Proposal? An Experimental Analysis of Constitutional Beliefs," *Japanese Journal of Political Science*, 22 (1), pp. 15-39, doi: https://doi.org/10.1017/S1468109921000025.

Nyhan, B. (2020), "Facts and Myths about Misperceptions," *The Journal of Economic Perspectives*, 34 (3), pp. 220-236.

Sapienza, P. and Zingales, L. (2013), "Economic Experts versus Average Americans," *American Economic Review*, 103 (3), pp. 636-642, doi: 10.1257/aer.103.3.636.

WHO Coronavirus disease 2019 (COVID-19) Situation report - 86; 2020 [cited 2020 June 23].

Available from: https://www.who.int/emergencies/diseases/novel-coronavirus-2019/
situation-reports

秦正樹・Song, Jaehyun（2020），「オンライン・サーベイ実験の方法」『理論と方法』35（1），
109-127 頁，https://www.jstage.jst.go.jp/article/ojjams/35/1/35_109/_pdf.

Ⅱ　健康と家族

第6章

パンデミックと主観的ウェルビーイングの軌跡

石田賢示

本章のハイライト

1. 新型コロナウイルス感染症による不安やストレス負荷は，生活満足度などの主観的ウェルビーイングの低下をもたらすのかについて，国内外で研究がなされてきた。

2. コロナ禍以前の状況も考慮できるパネル調査データの分析からは，女性や，幼い子どものいる者の主観的ウェルビーイングがより低下しており，変化の仕方が人々のあいだで一様ではないことがわかった。

3. 個人を追跡するパネル調査であっても短期的に状況が変化することには十分に対応しづらい面もあり，将来的には SNS など多様なデータとの組み合わせが有用である。

---

1. 問題の所在

2020 年 1 月 16 日に日本で初めて新型コロナウイルス感染症（COVID-19）の陽性者が確認されてから 3 年以上が経過した。とりわけ 2020 年，2021 年にかけては，都道府県により違いはあるものの，複数回にわたる緊急事態宣言，まん延防止等重点措置（「まん防」）が発出された。海外のロックダウンとは異なり人々への行動制限は自粛の要請が主だったものであったが，多くの人々は要

請に沿った行動をとった。飲食店などの営業時間短縮の影響もあり，コロナ禍の人々の日常生活は制約されたものであったといえる。

　本章では，生活全般に対する満足度と自分自身の仕事や生活に対する希望を取り上げて，コロナ禍で人々の主観的ウェルビーイングがどのように変化したのかを検討する。主観的ウェルビーイングとは，生活における特定の領域，活動，あるいは生活全体に対する，人々の認知的ないし情緒的な評価を意味する概念である（National Research Council 2013; Oishi et al. 2016）。COVID-19への罹患，行動制限に伴う失業や収入減の経験やリスク，行動自粛によるストレス，真偽不明の情報など，コロナ禍で人々の生活不安は大きく高まったと思われる。そのような状況下で，自分自身の現在，また将来の生活に対する評価は悲観的なものとなった可能性がある。

　他方，コロナ禍以前から主観的ウェルビーイングの水準には個人の属性や生活状況の間で差が見られることが指摘されてきた。一般的には，恵まれた環境やストレス負荷の小さな環境にいる人のほうが，その水準が高いとされている。そのような差がコロナ禍を通じて拡大したのか，縮小したのかは，社会科学の中でも重要な関心事の１つとなっている。本章では，主観的ウェルビーイング指標としての生活満足度，希望がコロナ禍でどの程度変化したのか，またその変化が個人属性や家族の状況によって異なるのかを検討する。ここでは，性別，学歴，同居末子の年齢に着目する。

　コロナ禍における人々の意識，主観的ウェルビーイングの特徴を記述するためには，コロナ禍以前の状態がわかっているとより望ましい。コロナ禍である特定の個人，または集団の生活満足度の水準が低いことは，コロナ禍で満足度が低下したことを必ずしも意味しない。低下や上昇は水準の変化に関する情報であり，変化を記述するためにはコロナ禍以前とコロナ禍の比較が必要となる。このような問題意識に応えるうえで，同一の個人を継続的に追跡する調査データ（「パネル調査」と呼ぶ）の分析は有用な手段の１つである。そこで本章では，コロナ禍以前から10年以上にわたり継続しているパネル調査データを用いて，コロナ禍以降の主観的ウェルビーイングの水準の変化がどのように特徴付けられるのかを検討していく。

2.　コロナ禍における主観的ウェルビーイング

2.1　主観的ウェルビーイングに注目する意義

　ウェルビーイング（well-being）は文字通り日常生活で「よい状態」であることを意味する概念である。生活を構成する側面は多岐にわたるため，ウェルビーイングも複数に分類されている[1]。その中には，所得や資産などの経済的なもの，身体的・精神的健康にかかわるもの，そして幸福感や生活満足度のように本人の情緒的あるいは認知的評価に基づくものなどがある。主観的ウェルビーイングとは，これらの中でも状態の良し悪しの基準が本人に委ねられているものを指すと考えてよいだろう。

　人々の生活が全体としてうまくいっているか否かを知ろうとするとき，本人の意識とは独立に外的基準によってその水準が定義される「客観的」ウェルビーイングと，主観的ウェルビーイングはともに重要な役割を果たす。主観的ウェルビーイングはそれ自体として重要なものだと考えてしまえばよいのかもしれない（Bartram 2012）。一方，良し悪しの基準が本人次第であることで，人によっては正確さに欠ける指標として映るかもしれない。しかし，例えば「貧困」や「病気」などであるか否かを分類するための諸基準も常に十分であるとは限らない。所得の面では貧困状態に分類されなくとも，例えば生活費の高騰による経済的なストレスの問題は貧困か否かという二項区分では見えにくい。また，社会状況の変化を背景にして診断基準が新たに作られたり改められたりすることで，病気とみなされなかったものが「病気」になるということがある（あるいはその逆もありうる）。つまり，一見すると外的基準に基づくウェルビーイングは誰の目にも明らかであるように映るが，その基準の妥当性は少なからずわれわれの生活の実体験・実感にも依存する。

　外的な基準だけではわれわれの生活の全体的な評価が難しい場合があること，またそれらの基準自体も人々の実際の生活状況と相互作用しながら変化しうることを踏まえると，生活に対する人々の主観的な評価を軽視すべきではないと

---

1)　例えば，アメリカの CDC（Centers for Disease Control and Prevention）のウェブサイトなどが
　　参考になる。URL は https://www.cdc.gov/hrqol/wellbeing.htm（2023 年 3 月 31 日アクセス）。

いえるだろう。本章の問題意識に即していえば，コロナ禍前後での失業率の推移に関する国際比較統計が具体例として興味深い。OECD が 2022 年 4 月 12 日に発表した資料では，ヨーロッパ各国，OECD 平均，アメリカにおいて 2020年 3 月以降に失業率が急増しているのとは対照的に，日本の失業率上昇は緩やかである[2]。それでは，日本で暮らす人々が COVID-19 に関して何事もなく平穏に生活できたのかといえば，そのようなことは決してない。冒頭で述べたとおり，複数回にわたる緊急事態宣言や「まん防」は人々の行動様式を大きく変え，それによりさまざまな損失を被った人々も少なからず生じた。失業率の例はあくまで一例に過ぎないが，より客観的な指標では把握しきれない側面を含む生活の総合評価を，主観的ウェルビーイングにより測ることが可能であるといえる。

2.2　個人の社会経済的背景と主観的ウェルビーイングの関連

　主観的ウェルビーイングをアウトカムとする研究はさまざまな分野で膨大に存在するため，本章の紙幅で網羅的に知見を整理することは不可能である。ここでは次善の方法として，本章で着目する個人属性，家族の状況と主観的ウェルビーイングの関連に焦点を当てているいくつかの社会科学的研究を取り上げ，おおよそ共通してわかっていることを中心に紹介する。

　主観的ウェルビーイングの研究でよく用いられるのは本人の学歴・教育達成水準である。これらは個人のスキル，あるいは能力の指標として解釈されることがある。高学歴であることがその後の生活でのさまざまな有利さにつながりやすいことから，学歴が社会経済的地位（SES）の主要な構成要素[3]として捉えられることも多い。

　先行研究では，学歴と主観的ウェルビーイングの関連の強さは同時に分析する要因との組み合わせや分析手法により微妙に異なるものの（Kamo 1998; Schnittker 2008），学歴水準が高いほうが生活満足度や幸福感が相対的に高いという傾向が報告されている（Chen 2012; 浦川・松浦 2007; Salinas-Jiménez et al.

2）　URL は https://www.oecd.org/sdd/labour-stats/unemployment-rates-oecd-04-2022.pdf（2023 年 3月 31 日アクセス）。
3）　SES の構成要素として，ほかには収入や職業が挙げられる。

2013; Möwisch et al. 2020）。双子データを用いた因果分析では，教育達成度が幸福感に与える影響が確認されなかったという報告もある（Schnittker 2008）。したがってそのメカニズムについては注意深くなければならないが，学歴の高い人ほど，(1) 健康的な生活を送っている，(2) ストレス耐性的な心理特性を備えている，(3) ネットワークサイズの大きさによりさまざまなサポートを得やすい，ということなどが可能性として想定されている（Chen 2012; Möwisch et al. 2020）。

　また，家族の状況にも長い間関心が払われてきた。家族が最も基本的な社会的組織の 1 つと考えられているためである。そして，家族内での活動について誰が何をすべきであるのかを決める際，性別役割分業という考え方が影響力を持つ。典型的な言説は「夫は外で働き，妻は家庭を守るべきである」というものであり，徐々に変化しつつあるものの日本は性別役割分業意識について保守的な社会の 1 つである（Raymo et al. 2015）。

　一方，近年になるほど女性，とりわけ有配偶女性や子どものいる女性の労働市場参加は進んでおり，女性の役割は家族と労働市場の両方に生じている。その結果として，過重な役割負担がストレスとして主観的ウェルビーイングの低下につながるという点が議論されてきた。育児に家族外のメンバーがかかわることが少ない一方，夫の家事・育児参加頻度も高くはない日本では，サポートを得づらい有配偶の母親の主観的ウェルビーイングの水準が高まらない（ブリントン 2022; 松田 2001）。

2.3　コロナ禍での関連する知見

　以上の研究蓄積を背景としながら，コロナ禍における主観的ウェルビーイングの水準の変化についても検討が進んでいる。学歴との関連については，大卒未満の学歴である者のメンタルヘルスの低さや不安の大きさが国内外のデータで報告されている（Huebener et al. 2021; 山本ほか 2021）。また，海外の研究では，自己効力感（self-efficacy）[4] の高い人ほど生活満足度の低下が抑えられていたとするものがある（de Vries et al. 2022）。因果関係の向き，有無には慎重であ

---

4)　自分自身の，ある行動の遂行可能性に関する認識を意味する概念である。

るべきだが，これらの知見を踏まえると，コロナ禍で学歴による主観的ウェルビーイングの水準の格差だけでなく，その変化の仕方にも学歴のあいだで違いがある可能性が考えられる。

　また，子どもの有無による主観的ウェルビーイングの水準の変化についてもいくつかの先行研究が存在する。ロックダウン状況下で学校や託児施設が閉鎖されたことで，子育て中の親であるか否かが主観的ウェルビーイングの変化と関連しているのかが検討されている。これらの施設が利用できないことによる育児負担の増大がストレスとなり（特に女性において）主観的ウェルビーイングの水準がより大きく低下するというのが1つの予想である。一方，ロックダウン中には父親と子どもが一緒に過ごす時間が長くなることにより，育児負担が妻と夫とのあいだで平等化している可能性もある。そうであれば，女性（母親）の主観的ウェルビーイングへの負の影響はないかもしれない。また，男性（父親）にとっても家族との時間が増えるため，コロナ禍の生活が主観的ウェルビーイングにとって必ずしも悪い影響を与えるとはいえないかもしれない。海外の研究では，全体的には前者の傾向が見られるようだが（Schüller and Steinberg 2022），幼い子どものいる男性については後者のシナリオに沿った結果も報告されている（Hudde et al. 2023）。

　日本では，全国の小中学校，高等学校，特別支援学校に対して2020年3月2日からの一斉臨時休校の要請が出された。その後もオンライン授業や分散登校など，コロナ禍以前とは異なる通学の形態が生じ，学齢期の子どもが日中から家で過ごす時間の長い時期が続いた。また，保育園にも休園時期が生じ，学校入学前の子どもを持つ親にもストレスが生じていた可能性がある。

3.　東大社研若年・壮年パネル調査

3.1　働き方とライフスタイルの変化に関する全国調査

　以上の研究動向と問題意識を踏まえ，本章では「働き方とライフスタイルの変化に関する全国調査」（通称「東大社研若年・壮年パネル調査」，JLPS-YM）のデータを用いて検討を進める。JLPS-YMは，2000年代以降の若年，壮年者をとりまく就業，家族形成などの状況がさまざまな格差・不平等とどのように関

連していくのかを明らかにするため, 2007 年に 20 歳から 40 歳の日本在住の
男女（継続サンプル）を対象に第 1 回の調査が行われた[5]。その後, 2011 年
には 24 歳から 44 歳の日本在住の男女（追加サンプル）を新たに追加し（2007
年からの対象者と同一の出生年）, 2019 年には 20 歳から 31 歳の日本在住の男
女（リフレッシュサンプル）を調査対象に加えている。調査は毎年実施してお
り, 2007 年（1 月から 4 月）, 2016 年と 2017 年（4 月から 6 月）を除き各年 1 月
から 3 月が調査時期である。本章では, 2022 年（第 16 回）調査までのデータ
を用いる。

　これらの調査データに加え, 本章では JLPS-YM で実施した「ウェブ特別調
査」のデータを用いる。この調査は, 2020 年 8 月末から同年 11 月初頭（ほと
んどの回答は 2020 年 9 月から 10 月）まで実施したウェブ法によるものである。
毎年実施している調査のうち, 継続サンプルとリフレッシュサンプルは郵送に
より調査票を配布し, 回収は調査員が直接対象者の自宅を訪問して実施してい
た。また, 追加サンプルは調査票の配布, 回収ともに郵送法を用いているが,
いずれの方法も多くの人々の対面での接触を発生させる。コロナ禍での人々の
生活状況をできるだけ捉えた調査データを資料として残すという目的のほか,
2020 年 4 月時点では今後の継続調査の見通しが全く立たず, いかにして調査
の持続可能性を保っていくかという実務的な問題意識も, ウェブ特別調査の企
画・実施の背景であった。調査の概要等については石田ほか（2021a）を参照
されたい[6]。図 6.1 は, JLPS-YM の調査時期と緊急事態宣言の時期, また日別
の新規陽性確認者数をグラフにまとめたものである。「ウェブ特別調査」の実
施時期は, 陽性者の数が比較的少なくなっていた時期と重なっている。

3.2　注目する変数

　以降の分析では, 2 種類の変数をアウトカムとして用いる。1 つは生活全般
に関する満足度であり,「満足している」「どちらかといえば満足している」

---

5)　調査の概要はプロジェクトのウェブサイト https://csrda.iss.u-tokyo.ac.jp/socialresearch/
　JLPSYM/ を参照されたい。
6)　同じ内容は中央調査社のウェブサイト https://www.crs.or.jp/backno/No768/7681.htm でも閲覧
　可能である（2023 年 3 月 31 日確認）。

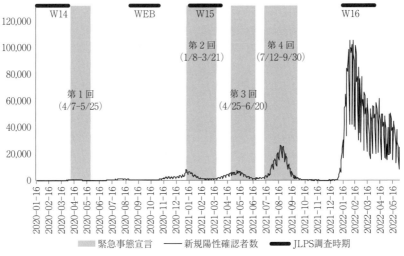

図6.1　調査時期・緊急事態宣言の時期・新規陽性確認者数の関係

「どちらともいえない」「どちらかといえば不満である」「不満である」の5段
階で回答する質問となっている。本章ではそれぞれ5点から1点までのスケー
ルとして分析を行う。

　もう1つは，自分自身の将来の仕事や生活に対する希望である。それに対す
る回答選択肢は，「大いに希望がある」「希望がある」「どちらともいえない」
「あまり希望がない」「まったく希望がない」の5段階である。こちらについて
も，それぞれ5点から1点までのスケールとして分析を行う。

　これらのアウトカムが，調査時点を通じてどのように推移していくのかを本
章では検討する。その際，全体的な推移を男女別に検討することに加え，対象
者本人の最終学歴，同居末子の年齢区分別にも分析を行う。最終学歴は，継続，
追加，リフレッシュサンプルそれぞれの初回調査（2007年，2011年，2019年）
時の回答に基づき，中学校・高等学校，専門学校・短期大学・高等専門学校，
大学・大学院の3区分を作成した。同居末子の年齢区分は，2020年1月から3
月の調査（2007年から数えて第14回）時の同居子のうち，末子の年齢の情報
に基づき作成した。分析では，6歳以下，7歳から15歳，その他（16歳以上，
子どもはいるが別居，子どもなし）の3区分を用いる。

　上記の変数に加え，各調査時点での雇用形態，配偶状況，子どもの有無（同居末子の年齢区分を用いた分析では使用しない），メンタルヘルス（MHI-5）[7]，回答者の世帯の暮らし向きの主観的評価（「豊か」から「貧しい」までの5段階から1つを選択），居住地の都市規模，および居住都道府県での違いを考慮するために，多変量解析[8]においてこれらの変数を共変量として用いる（記述統計や分析結果は割愛）。多変量解析の結果に基づくグラフは，これらの変数の影響を統制した後の結果に基づいている。また，以降の分析結果は，調査期間中に脱落した対象者の特性による影響を補正するためのウェイトを用いたものである（詳細は省略）。

4. 調査データから見える主観的ウェルビーイング水準の変化

　多変量解析の結果の検討に先立ち，アウトカム変数の推移を確認しておく。**図6.2**は1点（不満／まったく希望がない）から5点（満足／大いに希望がある）までの得点の平均値を，調査時期ごとに折れ線グラフで示したものである（グラフ中の垂直線は平均値の95%信頼区間）。

　生活満足度の平均値の推移を見ると，水準の高さでは女性のほうが平均的に高い満足度を示し続けている。調査時点間の差に着目すると，変動はあるものの第14回調査（2020年1月から3月）まではほぼ平坦に推移している。変化の仕方に明確な男女差が見られるのは第14回以降にかけてである。男性についてはほぼ変化が見られないのに対し，女性についてはウェブ特別調査時（2020年8月から11月）に統計的に有意に生活満足度が低下している。一方，その後第15回調査（2021年1月から3月）で女性の生活満足度平均が第14回の水準に戻り，そのまま推移している。記述統計の結果からは，コロナ禍の初期に女性の生活満足度が低下したが，1年後にはコロナ禍以前の水準に戻っていると

---

7)　メンタルヘルスを測定するための質問にはいくつかの種類があるが，JLPS-YM では MHI-5（MHI は Mental Health Inventory の略）の日本語版（Yamazaki et al. 2005）を尋ねている。MHI-5 はもともと38項目あったメンタルヘルス測定の質問群（Veit and Ware 1983）を5項目に省略したものである（Berwick et al. 1991）。

8)　詳細は省略するが，本章では固定効果モデルと呼ばれる方法を用いた分析結果に基づき検討を進める。

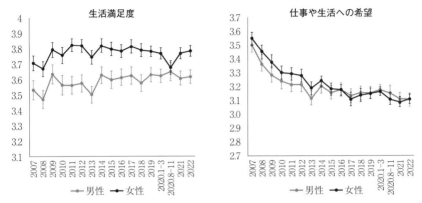

図 6.2　男女別に見た生活満足度と希望の平均値の推移

いえる。

　仕事や生活への希望の平均値については，時期によって男女差の表れ方が若干異なるものの，観察期間を通して男女差は誤差の範囲であると見てよいかもしれない。男女に共通するのは，2010 年代半ばまで平均値が低下していく点である。その後，第 14 回まで微増傾向を示すが，ウェブ特別調査の時点で男女ともに平均値が低下する。低下の程度は，生活満足度と同様に女性のほうが大きい。その後，男女ともに第 15 回（2021 年）にかけても希望の平均値が微減するが，第 16 回調査（2022 年）にかけて下げ止まっているように見える。

　以上の記述統計の結果からは，コロナ禍の比較的初期の時期に女性の主観的ウェルビーイングの水準が低下しているといえる。一方，その低下傾向は 1 年後の 2021 年 1 月から 3 月の時期には見られなくなっている。男性については，女性ほど明確な変化がコロナ禍前後では確認できなかった。

　それでは，各調査時点での働き方や生活状況，あるいは時間を通じて不変の個人特性（例えば性格など）の影響をできる限り統制した上で，**図 6.2** で見たようなアウトカムの推移が見られるのかを，多変量解析の結果から検討しよう。**図 6.3** は，固定効果モデルと呼ばれる方法を用いて，2020 年 1 月から 3 月の調査時点と比較して他の調査時点でのアウトカムの水準がどの程度変化しているのかを折れ線グラフで示したものである（グラフ中の垂直線は推定値の 95%信頼区間）。

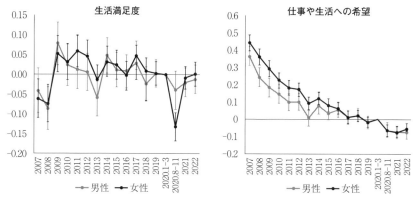

図 6.3　第 14 回（2020 年 1 月から 3 月）との比較（固定効果モデルの推定結果）

　図 6.3 左側の生活満足度に関する分析結果を見ると，女性に関して，2020 年 1 月から 3 月と比べて 2020 年 8 月から 11 月の生活満足度の低下が顕著であることがわかる。2010 年代の推定値のエラーバーがゼロにかかっていることから，2020 年 1 月から 3 月とそれ以前の生活満足度の水準の差が誤差の範囲であり，明確な差が確認できないという解釈となる。一方，コロナ禍初期には水準が大きく低下し，その後はコロナ禍以前とほぼ同じ水準に戻っている。男性については，コロナ禍以降に若干低下傾向を示しているが，2020 年 1 月から 3 月との差は誤差の範囲であるという結果であった。

　変化の男女差に関連して，同じ JLPS-YM を用いた分析から，女性のほうが男性よりも緊急事態宣言時の COVID-19 に対する不安が大きいという結果が報告されている（石田ほか 2021a）。また，同じデータで女性のほうが男性よりも実効再生産数[9] を高く見積もりやすいという分析結果もある（石田ほか 2021b）。以上の知見を踏まえ，女性の主観的ウェルビーイングがより低下しやすかったことの解釈の可能性の 1 つを挙げるならば，女性のほうがより COVID-19 に対して強い警戒感を持ち，それがより大きな心理的ストレス負荷をもたらしていたということなのかもしれない。

　希望については，そもそも全体的な低下傾向が見られる。これは，質問が

9)　ある時点における 1 人の COVID-19 感染者が平均的に何人に感染させるかを表す指標。

「将来の仕事や生活」に対する希望であるために，加齢に伴い自分の将来に良かれ悪しかれ予想がつくようになることを意味している可能性がある。全体的な傾向の理由は断定できないにしても，2020 年 8 月以降の水準低下がコロナ禍の現象として特徴付けられるのかは微妙なところである。ただし，2017 年から 2020 年 1 月から 3 月まではほぼ同水準で推移していたのが，コロナ禍で低下したまま推移していることから，コロナ禍前後で希望の水準の変化の仕方が変わった可能性はあるかもしれない。なお，男女で傾向はほぼ同じといってよいと思われる。

　生活満足度については女性，仕事や生活への希望については男女ともにコロナ禍以降に水準が低下するという結果が**図 6.3** から示されたが，社会経済的地位や家族の状況によって水準変化の異質性が存在するのだろうか。先行研究の知見を踏まえると，学歴についてはその水準が高いほうが主観的ウェルビーイングの水準が低下しにくいという仮説が立つ。所得や労働条件などで平均的に有利な高学歴層では，コロナ禍の悪影響にもある程度耐えられると考えられるためである。また，同居する子どもの状況と主観的ウェルビーイングの水準変化の関連については，2 通りの可能性が考えられる。1 つは，行動制限下で子どもの日中の在宅時間が増えることで，親である回答者のストレス負荷が大きくなることでウェルビーイングが低下するというものである。一方，図らずも家族が自宅でともに過ごす時間が増えることで，ウェルビーイングが改善する可能性もある。以上の暫定的な仮説を念頭に置きながら，JLPS-YM の対象者の最終学歴と同居末子年齢別の分析結果を検討していく。なお，以降の分析は2020 年 1 月から 3 月（第 14 回）以降のデータに限定している。

　図 6.4 は，男女別に 2020 年 1 月〜3 月を基準として，アウトカムがどのように推移したのかを最終学歴と男女別に示したものである。生活満足度に関する分析結果のうち，男性については学歴間で推移の仕方に違いは確認できなかった。女性については，2020 年 8 月から 11 月時点にかけて水準が低下するのは学歴区分を通じて共通している。一方，その後の水準の戻り方には若干の学歴差が見られる。中学・高校学歴の女性は 2021 年，2022 年にかけて生活満足度の水準がコロナ家禍以前に戻っていくが，高等教育学歴の女性はあまり変化していない[10]。一方，**図 6.4** 右側の希望に関する分析結果を見ると，男女とも

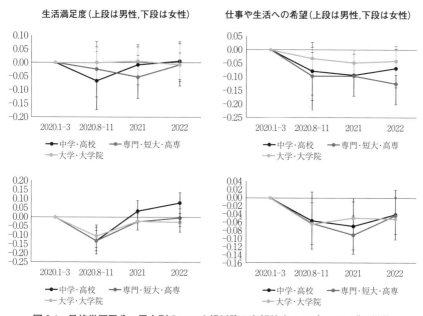

図 6.4　最終学歴区分・男女別のコロナ禍以降の主観的ウェルビーイングの推移

に推移の学歴差は見られず，固定効果モデルの交互作用効果も統計的に有意ではなかった。

　図 6.5 は，**図 6.4** と同様に 2020 年 1 月〜3 月を基準としたときのアウトカムの推移を，同居末子年齢区分と男女別に分析した結果である。分析は，これまでと同様固定効果モデルによる。希望の変化については，同居末子年齢区分のあいだで男女ともに統計的に有意な違いは見られなかった。

　推移の仕方に違いが見られたのは生活満足度についてである。男性サンプルでは，6 歳以下の同居末子がいる場合，2020 年 8 月から 11 月にかけての満足度の低下がより大きく，その後もコロナ禍以前の水準には戻っていない。7 歳から 15 歳およびその他の区分では，そもそもコロナ禍以前とほぼ同等の水準

---

10)　2022 年ダミー変数と専門・短大・高専ダミー変数，大学・大学院ダミー変数の交互作用効果は統計的に有意な負の係数を示していた。すなわち，高校までの学歴の女性が経験した水準の回復分が，高等教育学歴の女性については相殺されていることを意味している。

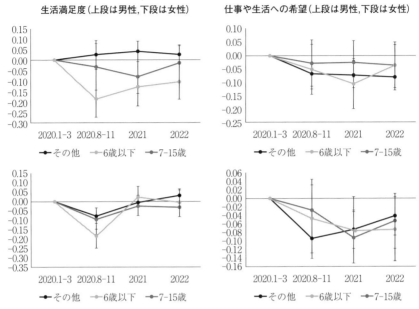

図 6.5　同居末子年齢区分・男女別のコロナ禍以降の主観的ウェルビーイングの推移

で満足度が推移している結果となった。女性についても男性同様 2020 年 8 月から 11 月にかけての満足度の低下が他の区分より大きい。その後は同居末子年齢区分のあいだで差が見られなくなり，コロナ禍以前の水準に戻っている。

　ここまでの分析結果を要約すると，生活満足度についてはその水準変化の仕方が男女間で異なる一方，希望については性別，学歴，同居末子年齢による違いは確認できないというものであった。ただし，希望についてはコロナ禍以前の数年間と比べて低い状態が続いている。

　生活満足度変化の男女差については，全体としては女性のほうがコロナ禍初期に水準をより大きく低下させ，1 年後にはコロナ禍以前とほぼ同水準に戻っている。ただし，部分的には学歴や同居末子年齢による違いが見られる。男性については，6 歳以下の子どもがいる場合にはコロナ禍で低下した生活満足度がそれ以前には戻っていないという結果であった。女性についても，その後元の水準に戻るものの 6 歳以下の子どもがいることで初期の低下の程度がより大

きい。また，高等教育学歴の女性は高校までの学歴の女性と比べて生活満足度水準の回復の程度が若干小さいという結果であった。

5. 生活状況により異なるコロナ禍の主観的経験

　ここまで，若年，壮年者の個人属性や家族の状況により主観的ウェルビーイングがコロナ禍でどのように変化してきたのかを見てきた。本章で用いたJLPS-YM が対象とする日本社会の 20 歳代から 50 歳代半ばまでの人々について，全体として見れば主観的ウェルビーイングの低下は一時的なものであったということになる。しかし，家族や社会経済的な状況の違いによって，人々のコロナ禍での生活実感が異なる可能性も部分的にではあるが示された。日本社会が経験したコロナ禍がどのようなものであったのかを論じるには，全体的な動向と局所的な異質性の両方に目を向けなければ，一面的なものの見方を押し付けてしまう可能性があるかもしれない。

　性別，学歴，同居末子年齢のあいだでの違いについては，今後より専門的な分析を進める余地が残っている。コロナ禍当初の若年，壮年者の中でも，とりわけ幼い子どものいる者にとっての生活不安が大きかったことが，生活満足度の軌跡の違いにつながったのかもしれない。また，高等教育学歴（特に大学・大学院）を持つ女性の生活満足度の回復の程度が小さい点については，彼女らがワーク・ライフ・コンフリクトを経験している可能性も考えられる。しかし，記述統計に戻ると高等教育学歴の女性の生活満足度は性別と学歴を組み合わせた区分の中で最も高い水準で推移しており，それはコロナ禍でもあまり変わらない。つまり，もともとの水準が高いためそれ以上は上がりにくいという天井効果のような状況が生じているのかもしれない。これらの点は，データをさらに蓄積することでより精確に検証できるようになると思われる。

　他方，生活満足度とは異なり，希望についてはコロナ禍以前の数年間とは異なる局面に入りつつあるように見える。2021 年は長期化するコロナ対応への疲弊感，2022 年以降は物価の上昇などによる生活負担などが，今後の社会的，経済的生活への見通しを暗くしていたのかもしれない。今後のポスト・コロナ期において，人々がより明るい展望を持って生活を送れるようになっていくの

か否かも，注視すべき点の1つであろう。

6.　この研究を通して考えた「変化」の見方の変化

　本研究を含め，パンデミック以降の社会科学では短期の社会変動に焦点を当てる調査研究が加速しているように見える。COVID-19に関連するものでは，例えばイギリスのUnderstanding Societyと呼ばれる大規模パネル調査では，2020年4月から7月まで毎月，同年9月から2021年3月までは隔月で追跡調査が行われた。日本でも，労働政策研究・研修機構が2020年5月から2022年3月までのあいだに7回の追跡調査を実施している。これらに比べるとJLPSは頻回とはいえないが，それでもウェブ特別調査と毎年の通常調査を組み合わせることで，主観的ウェルビーイングの格差の軌跡に関するピンポイントでの社会変化をある程度描くことができたと思われる。

　今後も，気候変動や世界情勢，AIを取り巻く状況など，急速で短期的だがインパクトの大きな社会変動が続いていくだろう。それらは，これまでの社会科学，とりわけ社会学でとりがちな世代単位，短く見ても数年単位の時間軸での捉え方では見落としてしまうリスクがある。今後の統計的社会調査研究は，現実社会の動きに対して柔軟に対応できる設計が求められるようになっていくだろう。本研究のもととなる，住民基本台帳に基づくパネル調査の対象者に対するウェブ調査は迅速性において有用である。また，近年インフラ化しつつあるソーシャルメディア（SNS）と調査データをつなげるアプローチも出現しつつある。新しい手法には課題もつきものだが，きめ細やかな設計の調査を数多く重ねていくことで，短期，長期両方の変化を適切に分析できる研究データの創出が可能になっていくと期待できる。

謝辞：本章は，日本学術振興会（JSPS）科学研究費補助金基盤研究（S）（18103003, 22223005），特別推進研究（25000001, 18H05204）の助成を受けて行った研究成果の一部である。東京大学社会科学研究所パネル調査の実施にあたっては社会科学研究所研究資金，（株）アウトソーシングからの奨学寄付金を受けた。調査は一般社団法人中央調査社に委託して実施した。パネル調査データの使用にあたっては社会科学研究所

パネル調査運営委員会の許可を受けた。

参考文献

Bartram, D. (2012), "Elements of a Sociological Contribution to Happiness Studies," *Sociology Compass*, 6/8, pp. 644-656.

Berwick, D. M., Murphy, J. M., Goldman, P. A., Ware, J. E., Barsky, A. J., and Weinstein, M. C. (1991), "Performance of a Five-Item Mental Health Screening Test," *Medical Care*, 29 (2), pp. 169-176.

Chen, W. (2012), "How Education Enhances Happiness: Comparison of Mediating Factors in Four East Asian Countries," *Social Indicators Research*, 106, pp. 117-131.

de Vries, J. H., Horstmann, K. T., and Mussel, P. (2022), "Trajectories in life satisfaction before and during COVID-19 with respect to perceived valence and self-efficacy," *Current Psychology*, doi: 10.1007/s12144-022-03829-x.

Hudde, A., Hank, K., and Jabob, M. (2023), "Parenthood and dynamics of life satisfaction in times of COVID-19," *British Journal of Sociology*, doi: 10.1111/1468-4446.13003.

Huebener, M., Waights, S., Spiess, C. K., Siegel, N. A., and Wagner, G. G. (2021), "Parental well-being in times of Covid-19 in Germany," *Review of Economics of the Household*, 19, pp. 91-122.

Kamo, Y. (1998), "Sociological Determinants of Life Satisfaction in Japan: The Roles of Gender, Family, and Work," *International Journal of Japanese Sociology*, 7, pp. 127-153.

Möwisch, D., Brose, A., and Schmiedek, F. (2020), "Do Higher Educated People Feel Better in Everyday Life? Insights From a Day Reconstruction Method Study," *Social Indicators Research*, 153, pp. 227-250.

National Research Council (2013), *Subjective Well-Being: Measuring Happiness, Suffering, and Other Dimensions of Experience*, Washington, D.C.: The National Academies Press.

Oishi, S., Diener, E., and Lucas, R. E. (2016), "Subjective Well-Being: The Science of Happiness and Life Satisfaction," in Snyder, C. R., Lopez, S. J., Edwards, L. M., and Marques, S. C. (eds.), *The Oxford Handbook of Positive Psychology* (3rd edition), edited by Oxford University Press, pp. 254-264.

Raymo, J. M., Park, H., Xie, Y., and Yeung, W. J. (2015), "Marriage and Family in East Asia: Continuity and Change," *Annual Review of Sociology*, 41, pp. 471-492.

Salinas-Jiménez, M. M., Artés, J., and Salinas-Jiménez, J. (2013), "How Do Educational Attainment and Occupational and Wage-Earner Statuses Affect Life Satisfaction? A Gender Perspective Study," *Journal of Happiness Studies*, 14, pp. 367-388.

Schnittker, J. (2008), "Happiness and Success: Genes, Families, and the Psychological Effects of Socioeconomic Position and Social Support," *American Journal of Sociology*, 114, pp. S233-S259.

Schüller, S., and Steinberg, H. S. (2022), "Parents under stress: Evaluating emergency childcare policies during the first COVID-19 lockdown in Germany," *Labour Economics*, 78, 102217.

Veit, C. T., and Ware, J. E. (1983), "The structure of psychological distress and well-being in general populations," *Journal of Consulting and Clinical Psychology*, 51 (5), pp. 730-742.

Yamazaki, S., Fukuhara, S., and Green, J. (2005), "Usefulness of five-item and three-item Mental Health Inventories to screen for depressive symptoms in the general population of Japan," *Health and Quality of Life Outcomes*, 3, Article number: 48.

石田浩・石田賢示・大久保将貴・俣野美咲 (2021a), 「「働き方とライフスタイルの変化に関する全国調査 (JLPS) 2020」と「2020 ウェブ特別調査」からわかるコロナ禍の生活・意識と離家 (前編)」『中央調査報』769, 6721-6735 頁。

石田浩・石田賢示・大久保将貴・俣野美咲 (2021b), 「「働き方とライフスタイルの変化に関する全国調査 (JLPS) 2020」と「2020 ウェブ特別調査」からわかるコロナ禍の生活・意識と離家 (後編)」『中央調査報』770, 6737-6747 頁。

浦川邦夫・松浦司 (2007), 「格差と階層変動が生活満足度に与える影響」『生活経済学研究』26, 13-30 頁。

ブリントン, メアリー・C. (2022), 『縛られる日本人——人口減少をもたらす「規範」を打ち破れるか』中央公論新社。

松田茂樹 (2001), 「育児ネットワークの構造と母親の Well-Being」『社会学評論』52 (1・33), 33-49 頁。

山本勲・石井加代子・樋口美雄 (2021), 「新型コロナウイルス感染症流行初期の雇用者の就業・生活・ウェルビーイング：パンデミック前後のリアルタイムパネルデータを用いた検証」『三田商学研究』64 (1), 67-99 頁。

第 7 章

パンデミックの若者・家族への影響：
中学生と母親の追跡調査から

藤原翔

本章のハイライト

1. 新型コロナウイルスの影響を，2015 年から行われている若者と母親の追跡調査から明らかにする。
2. 緊急事態宣言後の若者の暮らし向きや若年女性の心理的ディストレスが悪化している。
3. 家族間の関係性については大きく変化していない。また，若者と母親で感染症対策行動は関連している。

---

1. 問題の所在

　本章の目的は，新型コロナウイルス感染症（以下，新型コロナ）が拡大する中で，若者とその母親の意識や行動の違いおよび関連を明らかにすることである。

　2020 年 1 月に日本国内で初めて新型コロナの感染が確認されてから 3 年以上が経過し，2023 年 3 月にはマスクの着用，消毒，検温などは続いてはいるものの，かつてと比べるとさまざまな制限が緩和されてきている。それでも新規陽性者数は 1 週間平均で 6,699 人（2023 年 4 月 1 日現在）と少なくなく，「第 9 波」の可能性が示されるなど，全く安心できる状況ではない。この 3 年間で

新型コロナは，人々の生命や健康だけではなく，働き方，暮らし向き，生活スタイルにも多大な影響を与えてきたといえる。その中で，感染者や医療従事者だけではなく，より広い一般の人々の仕事，メンタルヘルス，感染症対策，新型コロナに関する意識や態度などについて，さまざまな研究分野で調査が進められてきた。

　日本における経済や雇用への影響については，樋口／労働政策研究・研修機構編（2021）が企業や個人を対象としたパネル調査によって，コロナ禍におけるそれぞれの変化を明らかにしている。また，数理社会学会の機関誌である『理論と方法』の特集号に見られるように，外出自粛についての数理あるいは実験的アプローチ，文部科学省の委託によって実施された学校への調査のデータ分析，そしてこれまで実施されてきたあるいは新規に実施されたパネル調査データの分析など，新型コロナが人々に与えた影響が多様なアプローチから検討されている（神林 2021）。さらに，コロナ禍におけるさまざまな活動制限は，学校生活，子育て，家事，仕事などに影響を与え，さらに家族関係にも影響を及ぼす。また別の特集では，家庭でのテレワークの有無，子どものいる夫婦の育児や家事，子どものいる夫婦がさらに子どもを持ちたいかどうかなど，コロナ禍における仕事と家族をテーマとした論文が報告されている（Takenoshita 2022）。

　本章でも家族をテーマとした新型コロナについての分析を行うが，子どものいる夫婦を対象とするのではなく，子どもとその親（母親）の両方に注目する。特に子どもと母親のペアデータを用いることで，それぞれの意識や行動の違いや親子間の関連を明らかにする。このような関連を記述する作業を通じて，新型コロナが若者に及ぼした影響を家族という視点から検討する。

2.　用いるデータとリサーチクエスチョン

　新型コロナの影響で，若者やその親がどのような意識や態度を持っていたのかを明らかにするために，本章では社会調査を用いてアプローチする。社会調査とは「一定の社会または社会集団における社会事象に関するデータを，主として現地調査によって直接蒐集し，処理し，記述（および分析）する過程」

表 7.1　「中学生と母親パネル調査」の回収状況

年月	子ども回収数（率）	母回収数（率）	学年・コロナ関連イベント
2015 年 10 月	1,854（45.0%）	1,854（45.0%）	中学 3 年。
2017 年 12 月	1,499（80.9%）	1,588（85.7%）	高校 2 年。
2019 年 12 月	941（50.8%）	1,279（69.0%）	大学 1 年。2020 年 1 月 9 日に WHO が新型コロナウイルス，1 月 16 日に国内での感染確認。
2020 年 2 月	909（49.0%）	―	第 1 波，2020 年 2 月 21 日に WHO が COVID-19 と命名。
2020 年 7 月	877（47.3%）	―	大学 2 年。第 2 波，第 1 回緊急事態宣言後。
2020 年 12 月	1,188（64.1%）	―	第 3 波，第 2 回緊急事態宣言，ワクチンの製造販売承認。
2021 年 8 月	1,021（55.1%）	―	大学 3 年。第 5 波，デルタ株，第 4 回緊急事態宣言，ワクチン接種開始。
2021 年 12 月	1,065（57.4%）	―	第 6 波，オミクロン株（BA.1/BA.2）。
2022 年 7 月	1,118（60.3%）	―	大学 4 年。第 7 波，オミクロン株（BA.5），累計 1000 万人超え。
2023 年 2 月	952（51.3%）	1,061（57.2%）	第 8 波ピーク後。行動制限の緩和。

（出典）「中学生と母親パネル調査」（2023 年 4 月 8 日バージョン）。

（原・海野 1984，3 頁）であり，社会現象を記述し，何らかの規則性やパターンを明らかにするための一般的な方法である。特にここでは先行研究と同様に同一個人に対して繰り返し調査を行うパネル調査によって，1 時点ではなく複数時点のデータから社会現象を明らかにする。このようにして得られたパネルデータは，変化の情報を活用した因果分析（例えば固定効果モデル）を行う際に特に役立つが，ここでは因果関係に注目するのではなく，主にコロナ禍における人々の意識や行動の変化を記述するために用いる。

　本章では，東京大学社会科学研究所附属社会調査・データアーカイブ研究センターによって実施された「中学生と母親パネル調査」から得られたデータを用いて，コロナ禍における若者と家族の状況を明らかにする。調査会社の保有するモニターから抽出された，2015 年度に中学 3 年生（2000 年 4 月から 2001 年 3 月生まれ）であった子ども 1,854 名とその母親を対象に，2015 年から 2023 年まで継続的に調査が行われている。調査の時期や回収状況については表 1 に示した。母親については段々と脱落し，子どもについては時期によって回収率が大きく異なっているが，1,503 名（81.1%）が 2019 年から少なくとも 1 度は

回答している。2020 年になって新型コロナウイルスが深刻化したこともあり，1 年に複数回の調査を行っている。詳細については藤原（2016; 2021）やFujihara and Tabuchi（2022）を参照されたい。

　この調査には主に以下の 4 つの特徴がある。第 1 に，2015 年度に中学 3 年生であった生徒（2000 年 4 月から 2001 年 3 月生まれ）とその母親という特定の出生年の若者を対象としている点である。本調査の結果を他の年齢層や母親のいない若者に一般化することができないという問題はあるものの，幅広い年齢層を対象とした調査よりもライフステージの違いによる諸要因を考慮する必要がないという利点がある。なお，新型コロナの感染が日本で確認された 2020年 1 月は，高校に 3 年通って卒業後すぐに進学していれば大学 1 年生の冬であり，2023 年 2 月は大学卒業の時期にあたる。

　第 2 に母親にも調査を実施している点であり，ペアデータを用いることによって親子の意識や行動の関連を明らかにすることができる貴重なデータである。もちろん子どもと親で関連があったとしてもそれが背後にある共通の原因によって引き起こされた関連なのか，どちらか一方が他方に影響を与えているのか，あるいは相互に影響を与えているのかはわからない。その関連が生じるメカニズムについては注意深く考える必要があるものの，同一家族内で関連があれば，それは家族内で新型コロナに対する規範が形成されていることを意味するかもしれない。このような関連の背後にもし相互の影響関係がある場合，直接個人に働きかけるのではなく，家族を通じた情報の提供や介入の可能性を示唆する一方で，個人への働きかけだけではなかなか意識や行動を変化させるのは難しいという問題も同時に示している。なお，2023 年 2 月の調査では，子どもと母親が同居しているのは約 7 割である。

　第 3 に，新型コロナが深刻化する以前から継続して調査している点である。これにより，新型コロナが深刻化する前後の比較を行うことができる。

　第 4 に，子どもではなく母親にも調査をすることによって家庭の社会経済的状況についての詳細な情報が得られているという点である。社会におけるさまざまな機会や資源へのアクセス可能性（ライフチャンス）や価値観や行動・生活の習慣（ライフスタイル）は社会階層によって異なることが多くの階層研究によって明らかにされてきたが，コロナ禍における意識や行動に階層差が見ら

れるのかどうかを明らかにすることができるデータである。

このようなパネル調査データを用いて，本章が取り組むリサーチクエスチョン（研究上の問い）は，以下の 4 点である。

(1) 若者と母親の心理的ディストレス（不安や抑うつ）は新型コロナ前後でどのように変化しているのか，またそれらは子どもと母親で関連しているのか。

(2) 若者と母親の主観的暮らし向きは新型コロナ前後でどのように変化しているのか，またそれは社会階層によって異なるのか。

(3) コロナ禍において子どもと親の関係は変化したか。

(4) 新型コロナ対策として心がけた行動はどのように変化したか，またそれは子どもと母親で関連しているのか。

分析の対象となる変数については各節のはじめに説明するが，社会階層の変数についてはここで説明する。子どもと親の社会階層としてはさまざまな指標を考えることができるが，ここでは 2015 年の調査で得られた父親と母親それぞれの学歴，階級，職業の社会的地位，世帯の収入と貯蓄（2015 年に加えて 2017 年と 2019 年も使用），17 の財項目の所有，近隣の有利さという複数の指標を用いて，そこから 1 つの社会経済的地位（Socio-Economic Status: SES）に関する変数を作成する。これは古田（2018）が高校生の出身階層として用いた変数と基本的には同じである。連続変数については 5 分位を用いることで，すべてカテゴリカル変数として扱う。変数は合計 30 個であり，カテゴリの数は 129 となる。そして，これら複数の変数に対して多重対応分析（Multiple Correspondence Analysis: MCA）を行い，社会経済的地位を示す軸を明らかにした。なお，それぞれの変数の欠損値を分析からは除く subset MCA を用いた。結果は図 7.1 のようになり，変数間の全体のばらつき（$\lambda = 0.0443$）のうち，第 1 軸によって 62.8 ％（$\lambda_1 = 0.0278$）が，第 2 軸によって 7.7 ％（$\lambda_2 = 0.0034$）が説明された。図を見ると，変数の配置が馬蹄型になっており，第 1 軸の得点が高いほうが学歴，階級，地位，収入，貯蓄が高い傾向が確認された。そこで，社会経済的地位の変数として第 1 軸の得点を用い，第 2 軸の得点は用いなかっ

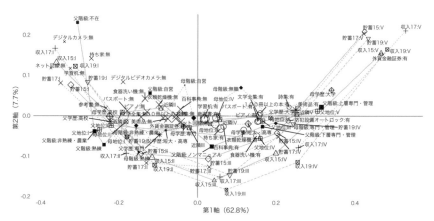

図7.1 社会経済変数に対する多重対応分析の結果

（注）カテゴリの規模に比例させて記号の大きさを変えている。第1軸の得点が大きいほど親の社会経済的地位
が高い。
（出典）「中学生と母親パネル調査」より筆者作成。

た。以下の分析では SES を連続変数として用いる場合もあれば，SES 下位，
SES 中位，SES 上位（それぞれ 618 ケース）の 3 分位を用いることもある。
新型コロナウイルスの影響によって，家族の働き方，職業，収入などが変化す
るが，ここではコロナ前の社会経済的地位を変化しない固定的な特徴として扱
う。

　なお，パネルデータには欠測値が多く含まれるため，それを補完する多重代
入法などを用いて適切に集計する必要があるが，今回の分析ではそれぞれの時
点で回答のあったケースについて集計する方法（ペアワイズ法）を採用した。

3. 子どもと母親の心理的ディストレスの推移

　まず，若者と母親の心理的ディストレスは新型コロナ前後でどのように変化
しているのか，またそれらは子どもと母親で関連しているのかを明らかにする。
心理的ディストレスとしては K6 と呼ばれる気分障害や不安障害のスクリーニ
ングに用いることができる指標の日本語版を用いた（Furukawa et al. 2008;
Kessler et al. 2003）。調査では，「神経過敏に感じましたか」「絶望的だと感じま

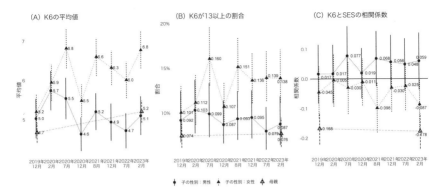

図 7.2　2019 年からの子ども（男女別）と母親の心理的ディストレス（K6）の水準と
SES との相関係数の推移

(注) 平均値の推定値と 95％信頼区間。それぞれの時点のケース数は異なる。
(出典)「中学生と母親パネル調査」より筆者作成。

したか」「そわそわ，落ち着かなく感じましたか」「気分が沈み込んで，何が起
こっても気が晴れないように感じましたか」「何をするのも骨折りだと感じま
したか」「自分は価値のない人間だと感じましたか」という 6 つの項目に対し
て，「いつも」「たいてい」「ときどき」「少しだけ」「まったくない」という 5
つの選択肢でそれぞれ回答してもらっている。これらの質問項目は厚生労働省
の行う国民生活基礎調査でも用いられている。この選択肢に「まったくない」
を 0 点，「いつも」を 4 点とする得点を与え合計した得点（0 点～ 24 点）を用
いる。K6 が 5 点以上の場合は心理的ストレス相当，9 点以上は気分・不安相当，
13 点以上は重症精神疾患相当とされている（川上ほか 2018）。図 7.2 は，K6 の
平均値，K6 が 13 点以上の割合，そして K6 と SES の相関係数を，子ども（男
女別）と母親について示したものである。

　まず図 7.2（A）から，子どもの K6 の平均値の変化について見ていくと，
2019 年 12 月の調査では男性は 5.0 ポイントであったが，2020 年 2 月には 5.7 ポ
イントと上昇している。2020 年 7 月は 5.5 ポイントとほぼ横ばいだが，2020 年
12 月には 4.6 ポイントまで減少し，2019 年 12 月よりも値が小さくなっている。
その後は大きな変化は見られず，ほぼ横ばいである。一方，女性の変化は男性
よりも大きい。2019 年 12 月の調査では 5.2 ポイントであったが，2020 年 2 月

では5.9ポイント，そして7月には6.8ポイントと大きくK6の平均値は上昇している。その後の2020年12月は男性と同様に一時的な低下を見せ，2019年の水準の5.5ポイントまで戻るものの，2021年8月では6.6ポイントと再度上昇し，その後も大きく低下することはない。母親については2019年12月に4.7ポイントだったものが，2023年2月には5.2ポイントと若干増加しているものの，女性の子どもに比べて2時点に大きな違いはない。

　同様の結果は，**図7.2（B）**のK6が13点以上かどうかについても確認され，男性の子どもと母親については大きな変化は見られないが，女性の子どもについては新型コロナウイルス感染症が拡大してから2023年まで（2020年12月を除いては）高い水準である（2020年7月がピークで約16%，2023年2月も約14%）。

　そして，**図7.2（C）**の社会経済的地位とK6の関連について相関係数を用いて確認する。各時点で男性ではSESが高いと心理的ディストレスが高いという正の相関が，女性ではSESが高いと心理的ディストレスが低いという負の相関が確認された。女性において2021年8月，つまり**図7.2（A）**や**図7.2（B）**で再度心理的ディストレスが高まった時期に，SESとK6の相関係数が−0.098で統計的に有意となっている。しかし，男女ともに相関係数は絶対値で0.1を下回っており，K6とSESには大きな関連はないといえる。母親のSESとK6の相関係数は2019年12月には−0.168，2023年2月には−0.178という両時点で子どもと比較すると大きな負の相関が確認された。しかし，新型コロナウイルス拡大前と後でこの関連が拡大するという傾向は見られなかった。母親について見ると社会経済的地位とK6には負の関連はあるが，子どもについてはクリアな関連は見られず，コロナ禍ではっきりとした社会経済的地位とK6の関連が見えてくるということもない。別の言葉でいえば，女性に見られた心理的ディストレスの増大は，一部の社会経済的地位の家庭に偏って生じたわけではない。

　なお，子どもと母親のK6の相関係数は，2019年12月では男性で0.148，女性で0.021であり，2023年2月では男性で0.132，女性で0.180である。新型コロナウイルス拡大前と後で心理的ディストレスの関連が女性では強くなっているものの，相関は大きくはない。K6が13点以上かどうかについて，オッズ

比という指標をもとに親子の関連性を見ると，2023 年 2 月では男性で 0.882，女性で 1.269 となる。もしオッズ比が 1 に近ければ関連がなく，1 よりも十分に大きければ正の関連があり，0 から 1 の間にあれば負の関連がある。女性については母親と子どもの心理的ディストレスに正の関連は見られるものの，統計的に有意ではなく，関連があるとはこの調査データからいうことができない。コロナ禍は個人の心理的ディストレスだけではなく，それを通じた他の家族内メンバーの心理的ディストレスを高めていることが考えられるものの，大きな影響はないといえる。

4. 暮らし向きの変化

　新型コロナウイルスによって，仕事やアルバイト活動が制限された。特に正規雇用者に比べてすでに不利であった非正規雇用者の労働時間や収入等にネガティブな影響があったことが明らかになっている（高橋 2021）。本調査からも，2020 年 2 月から 2020 年 6 月には，当初予定されていたよりも実際は有業率が低くなっており，特に学生のアルバイトが制限されていることが示唆されている（藤原 2021）。それでは，若者と母親の主観的暮らし向きは新型コロナ前後でどのように変化しているのか，またそれは親の社会経済的地位によって異なるのだろうか。
　暮らし向きは，「今のあなたのお家の暮らし向きは，次の 5 つに分けるとすれば，どれにあたりますか」という質問に，「豊か」「やや豊か」「ふつう」「やや貧しい」「貧しい」の 5 段階で回答してもらっている。「豊か」が 5 点，「貧しい」が 1 点といったように得点を与え，その平均値の変化を見たい。なお，若者が中学 3 年生のときから尋ねているので，そのときの平均値もあわせて**図 7.3** に示す。まず全体の傾向（黒の実線）を見ると，若者の暮らし向きの評価について，2019 年 12 月から 2020 年 12 月にかけて平均値が男性で 0.26 ポイント，女性で 0.21 ポイント低下し，2021 年 8 月からは元の水準に近いところまで戻っている。図はあくまで時点の比較だが，この期間における個人内の暮らし向きの得点の差を見ても，統計的に有意な差が観察された。母親については 2019 年 12 月と 2023 年 2 月の 2 時点で平均値に大きな変化はない。

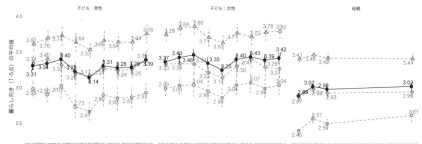

図 7.3　2015 年からの子どもと母親の主観的暮らし向きの推移
（注）平均値の推定値と 95％信頼区間。それぞれの時点のケース数は異なる。
（出典）「中学生と母親パネル調査」より筆者作成。

　それでは SES 下位，SES 中位，SES 上位別に，暮らし向きの平均値を見ると（灰色の破線），どの SES のグループも基本的には全体と似たトレンドを示している。つまり，どの社会階層においても 2019 年 12 月から 2020 年 12 月にかけて暮らし向きの平均値は低下しており，その後は上昇している。新型コロナは若者に対して社会経済的状況に関係なく同様の影響を与えていた。新型コロナ初期は，親と子どものさまざまな経済活動が大きく制限される中で，どの集団の暮らし向きにも負の影響があったが，社会・経済面でのさまざまな対策によって全体としては回復傾向にあるといえる。

　では，この暮らし向きと心理的ディストレスには関連があるのだろうか。そこで，暮らし向きと心理的ディストレスの関連を個人内の変化について固定効果モデル（Allison 2009=2022）という方法で分析した。すると男性では，暮らし向きの係数が−0.345（95％信頼区間：−0.651，−0.040）で統計的に有意に 0 と異なり，暮らし向きが 1 ポイント低下すると変化と心理的ディストレスが平均して 0.345 増加するという関連が確認された。しかし女性では，暮らし向きの係数は−0.102（95％信頼区間：−0.369, 0.163）となり男性と同様に負の値を示すが統計的に有意に 0 と異なるとはいえず，暮らし向きの変化と心理的ディストレスの変化が関連しているとはいえなかった。経済的要因や暮らし向きが重要でないというわけではないが，特に女性については暮らし向きが回復して

も心理的ディストレスが回復するわけではないことがデータ分析から示された。暮らし向き以外の要因も含めて心理的ディストレスの悪化の原因や対応策を考える必要がある。

5. 子どもと親の関係性の変化

　新型コロナウイルス感染症の拡大による経済活動や生活への制限は，個人のさまざまなストレス要因となり，例えば育児の質の低下や家族間の葛藤に影響することが示唆されている（Cassinat et al. 2021; Prime et al. 2020）。ここでは，若者と母親の関係性の変化について分析する。「新型コロナウイルス感染症が拡大してから現在まで，○○との関係はどうですか」という質問で，子どもには「母親」と「父親」について，母親には「子ども」「配偶者（子どもの父親）」について「とてもよい」「よい」「普通」「悪い」「とても悪い」の 5 段階で尋ねている。ここでは，「悪い」あるいは「とても悪い」と回答した割合がどのように変化したのかを見ることによって，子どもと親の関係性が新型コロナウイルス感染症拡大前から今日までどのように変化したのかを示したい。**図 7.4** では，関係ごとに 4 つのパネルに分けて，それぞれの関係において男女別に「悪い」あるいは「とても悪い」と回答した割合の変化を示している。

　新型コロナウイルス感染症拡大前の 4 年前とその初期の拡大期にあたる 3 年前の間では，（A）子どもが回答した母親との関係（子どもが男性 1.2→2.1，子どもが女性 2.7→3.4）や，（D）母親が回答した父親との関係（子どもが男性 5.8→5.6，子どもが女性 7.7→8.7）がわずかに悪化する傾向が見られる。しかし，変化は大きくなく，また母親から見た子との関係については，悪化はほとんど見られていない（子どもが男性 1.5→1.7，子どもが女性 1.7→1.5）。

　このような家族間の関係性については，SES が高いと母親が回答とした父親との関係が比較的良い（相関係数は 0.074 〜 0.094）ものの，それ以外の関連性については相関係数が 0.015 〜 0.070 と低く，またその関連に目立った変化は見られなかった。

　この分析からは，新型コロナウイルス感染拡大によって一部の家庭で家族関係が変化した可能性はあるものの，全体的な水準では大きな変化は見られない

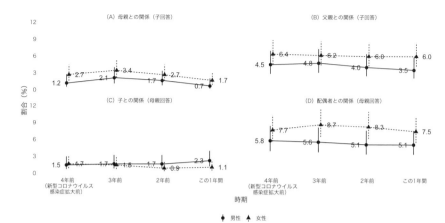

**図 7.4　新型コロナウイルス感染症拡大前から 2023 年までの
子どもと親の関係性（回顧）が「悪い」あるいは「とても悪い」と回答した割合の変化**

（注）割合の推定値と 95% 信頼区間。
（出典）「中学生と母親パネル調査」より筆者作成。

こと，またこの変化は社会階層とは関連がないことが明らかになった。

6. 新型コロナウイルス感染症対策の類似性

　2023 年 3 月には，屋内では原則着用が要求されていたマスクの着用が個人の判断に任されるといったように，さまざまな行動の制限が緩和されている。「中学生と母親パネル調査」では 2020 年 7 月から（一部については 2021 年 7 月から），「新型コロナ感染症対策として，先週に心がけた行動を選んでください」という質問で，どのような対策を行っているのかを継続的に調査している。選択肢は「極力自宅で過ごした」「多人数での飲み会や食事会などに参加しないようにした」「他人と 2 m 以上距離を離すことを心掛けた」「頻繁に手洗いを行った」，そして 2021 年 7 月からは「飲食店に行かないようにした」「アルコール提供のある飲食店に行かないようにした」「医療機関の受診をひかえた」「満員電車の利用を避けた」が追加された。2023 年 3 月の調査では母親についても同様の質問が行われている。

　図 7.5 は新型コロナウイルス感染症対策として心がけた行動の割合の変化を

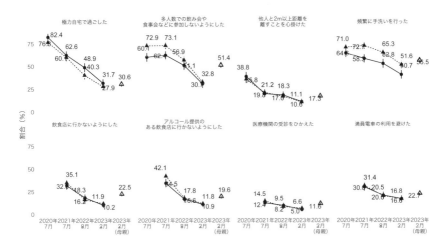

図 7.5　新型コロナウイルス感染症対策として心がけた行動の割合の変化

（注）割合の推定値と 95%信頼区間。それぞれの時点のケース数は異なる。
（出典）「中学生と母親パネル調査」より筆者作成。

男女別に，そして 2023 年 2 月については母親について示したものである。図を見ると，「多人数での飲み会や食事会などに参加しないようにした」「頻繁に手洗いを行った」「アルコール提供のある飲食店に行かないようにした」に該当する女性の割合が男性よりも高くなっている。

　しかし基本的にはどの対策についても徐々に減少傾向にあることがわかる。2023 年 2 月時点では，「頻繁に手洗いを行った」以外には男女での行動に大きな差は確認されない。母親については，「極力自宅で過ごした」以外は，同時期の子どもよりも心がけた行動の割合が高くなっている。

　それではコロナ禍の対策は社会階層と関連しているだろうか。社会階層 3 分類と各時点におけるそれぞれの行動の有無についてクロス表を作成し，カイ 2 乗検定を行ったが，統計的に有意な関連を示したものはなかった（結果については省略）。つまり，本調査のデータからは，社会階層によってコロナ感染対策行動には違いがあるとはいえない。

　子どもと母親の行動がどの程度に通っているのかを調べるために，子どもと母親の行動の関連をオッズ比という関連性の指標をもとに見る。例えば母親が

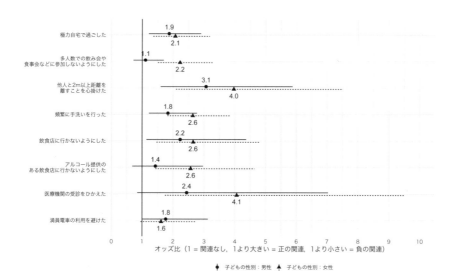

図7.6 新型コロナウイルス感染症対策として心がけた行動の
母親と子どもの関連（オッズ比）

（注）推定値と95％信頼区間。
（出典）「中学生と母親パネル調査」より筆者作成。

極力自宅で過ごさなかった場合，男性の子どもが極力自宅で過ごした割合は
26.9％であり，極力自宅で過ごした割合（0.269）と極力自宅で過ごさなかっ
た割合（1−0.269）の比であるオッズは0.269/（1−0.269）＝0.368となる。母親
が極力自宅で過ごしていた場合，男性の子どもが極力自宅で過ごした割合は
40.7％でありオッズは0.407/（1−0.407）＝0.686となる。これら2つのオッズの
比は0.686/0.368＝1.869となり，母親が極力自宅で過ごさなかった場合に比べ
て，母親が極力自宅で過ごしていた場合には男性の子が極力自宅で過ごしたオ
ッズが約1.87倍となる。つまり，母親が極力自宅で過ごしていれば，オッズで
考えて1.87倍ほど子どもは極力自宅で過ごしやすいという関連があるのである。
逆に子どもの行動別に母親の行動の割合を見ても同様の値が得られる。

　図7.6は，このようなオッズ比を，新型コロナウイルス感染症対策として心
がけた行動のそれぞれについて子どもと母親の関連を男女別に示したものであ
る。

　オッズ比が1に近く，関連があるとはいえないのは，子どもが男性の場合の

「多人数での飲み会や食事会などに参加しないようにした」と「アルコール提供のある飲食店に行かないようにした」である。しかしその他のほとんどの行動についてオッズ比は1を超えており，子どもと親の感染症対策の行動は関連しているといえる。また男女の比較では，女性のほうが母親との行動の正の関連が大きい。

　もちろんこれらの関連性は新型コロナ以前からのさまざまな習慣や行動にも見られる可能性がある点には注意が必要であるし，母親と子どもの両方に影響を与えるような要因がこのような関連を生じている可能性もある。

7.　結論

　本章では2000年4月から2001年3月生まれの若者とその母親を対象とした調査を通じて，コロナ禍における意識や行動の違い，社会階層による差異，そして親子間の関連について検討した。調査の結果から新型コロナウイルス感染症の拡大は，若者の心理的ディストレスや特に緊急事態宣言後の暮らし向きに影響を与えていることが示唆された。しかしその影響が社会階層によって大きく異なっているという結果は得られなかった。また，心理的ディストレスについて子どもと母親の相関は見られるものの，それは大きくないことが示された。そして，回顧的なデータによる限界はあるものの，家族間の関係性については大きく変化していないことが明らかとなった。また，若者個人の感染症対策については，当初は男女差が見られたものの，行動が減少する中でその差は消失したこと，子どもと母親の間で行動が関連していることが示された。

　パンデミックはどのような人々にも平等に危機をもたらすのか，それとも特定の層に偏って影響するのかという論点が存在する（Bernardi 2020）。本調査からは，若者については特に社会階層に偏って影響が強く出るという実態を確認することはできなかった。しかし特に重要な結果として，若年男性に比べ若年女性で心理的ディストレスが特に高くなるというジェンダーに偏った影響が確認された。藤原（2021）やFujihara and Tabuchi（2022）では，心理的ディストレスが2019年12月から2020年7月までに特に女性において増加した。そして2020年12月にはコロナ前の水準まで減少することが示された。ピーク

のタイミングは異なるものの，この結果は海外の幅広い年齢を対象としたパネ
ル調査の結果と似たパターンを示している（Robinson and Daly 2021）。そのため，
2020 年 12 月の時点ではまだ危機的な状況ではあったものの，コロナ禍での生
活にも慣れ，心理的ディストレスが緩和したと考えられていた。しかし，その
後も継続的に調査することで特に女性について心理的ディストレスの水準が再
度高くなり，その後は高い水準で維持されていることがわかった。さらに，暮
らし向きの変化は女性の心理的ディストレスの増大とは関連していないことも
示された。一方で，母親については子ども（娘）ほど水準が高くないことも明
らかとなった。もちろんこのような心理的ディストレスの高まりは，対象とな
っている年代特有の影響，具体的には学生生活の影響も考慮しなければならな
い。例えば，2022 年度は大学 4 年生の時期にあたり，就職活動や就職するこ
とへの不安が特に女性において反映されているだけかもしれない。しかし，日
本の大学生を対象とした調査では，学年によって K6 の値は大きくは異ならな
いことが報告されており（大矢ほか 2019；鈴江 2018），学年のみがこの心理的
ディストレスの高まりに影響を与えているとは考えにくい。それよりも，新型
コロナの影響を受ける中で，就職することや将来への不安などが特に女性にお
いて高まっていることが，このような心理的ディストレスの高さと関連してい
ると考え，対策を考えていくほうがよいだろう。もちろんこれは仮説であり，
本当に就職活動や将来不安によるものかどうかは明らかにされていないため，
今後このような視点からさまざまなデータが集められ，検証される必要がある。

　新型コロナの生命への直接的な危機はいずれなくなるかもしれず，そのため
新型コロナを対象とした調査や研究も少なくなっていくかもしれない。しかし，
一度受けた精神的，経済的影響は，その後の人生のライフチャンスやライフス
タイルに長期的なインパクトを及ぼす可能性がある。たとえ新型コロナが終焉
したとしてもさまざまな影響を与える「後遺症」の存在を考慮しながら，社会
科学研究は人々の歩みを追跡する必要がある。

参考文献

Allison, P. D. (2009), *Fixed Effects Regression Models*, Sage Publications.（太郎丸博監訳，池田裕・田靡裕祐・太郎丸博・永瀬圭・藤田智博・山本耕平訳『固定効果モデル』共立出版，2022 年）

Bernardi, F. (2020), "Pandemics… the Great Leveler?" *EUIdeas*（https://euideas.eui.eu/2020/04/28/pandemics-the-great-leveler/）.

Cassinat, J. R., Whiteman, S. D., Serang, S., Dotterer, A. M., Mustillo, S. A., Maggs, J. L., and Kelly, B. C. (2021), "Changes in Family Chaos and Family Relationships during the COVID-19 Pandemic: Evidence from a Longitudinal Study," *Developmental Psychology*, 57 (10), pp. 1597-1610.

Fujihara, S. and Tabuchi, T. (2022), "The Impact of COVID-19 on the Psychological Distress of Youths in Japan: A Latent Growth Curve Analysis," *Journal of Affective Disorders*, 305, pp. 19-27.

Furukawa, T. A., Kawakami, N., Saitoh, M., et al. (2008), "The Performance of the Japanese Version of the K6 and K10 in the World Mental Health Survey Japan," *International Journal of Methods in Psychiatric Research*, 17 (3), pp. 152-158.

Kessler, R. C., Barker, P. R., Colpe, L. J., Epstein, J. F., Gfroerer, J. C., Hiripi, E., Howes, M. J., Normand, S. T., Manderscheid, R. W., Walters, E. E., and Zaslavsky, A. M. (2003), "Screening for Serious Mental Illness in the General Population," *Archives of General Psychiatry*, 60 (2), pp. 184-189.

Prime, H., Wade, M., and Browne, D. T. (2020), "Risk and Resilience in Family Well-Being during the COVID-19 Pandemic," *American Psychologist*, 75 (5), pp. 631-643.

Robinson, E., and Daly, M. (2021), "Explaining the Rise and Fall of Psychological Distress during the COVID-19 Crisis in the United States: Longitudinal Evidence from the Understanding America Study," *British Journal of Health Psychology*, 26 (2), pp. 570-587, doi: 10.1111/bjhp.12493.

Takenoshita, H. (2022), "Special Issue Introduction: Work and Family during the COVID-19 Pandemic," *Sociological Theory and Methods*, 37 (1), pp. 66-68.

大矢薫・長谷川千種・髙橋弘樹・大矢真里・阿久津洋巳 (2019)，「簡易版大学生用メンタルヘルス尺度の改訂と医療系大学生におけるメンタルヘルスの学年間比較」『新潟リハビリテーション大学紀要』8 (1)，31-42 頁。

川上憲人・坂田清美・下田陽樹 (2018)，「被災者における K6 尺度の心理測定的特性の検討」『岩手県における東日本大震災被災者の支援を目的とした大規模コホート研究 平成 29 年度 総括・分担研究報告書』厚生労働省，55-61 頁。

神林博史 (2021)，「特集イントロダクション：新型コロナウイルス問題の数理・計量社会学」『理論と方法』36 (2)，149-151 頁。

鈴江毅 (2018)，「大学生の精神的不健康の実態と自殺予防に関する研究」『静岡大学教育学部研究報告：人文・社会・自然科学篇』68，211-218 頁。

高橋康二（2021），「コロナ禍の非正規雇用者：仕事と生活への影響を中心に」樋口美雄／労働政策研究・研修機構編『コロナ禍における個人と企業の変容：働き方・生活・格差と支援策』慶應義塾大学出版会，177-193 頁。

中澤渉・藤原翔（2021），「COVID-19 が及ぼす若年層への影響：パネル調査のデータ分析」『理論と方法』36（2），244-258 頁。

原純輔・海野道郎（1984），『社会調査演習』東京大学出版会。

樋口美雄／労働政策研究・研修機構編（2021），『コロナ禍における個人と企業の変容：働き方・生活・格差と支援策』慶應義塾大学出版会。

藤原翔（2016），「中学生と母親パネル調査の設計と標本特性」『東京大学社会科学研究所パネル調査プロジェクトディスカッションペーパーシリーズ』95，1-14 頁。

藤原翔（2021），「中学生と母親パネル調査からみる COVID-19：若者の仕事，教育，健康へのインパクト」『社会科学研究』73（1），107-128 頁。

古田和久（2018），「出身階層の資本構造と高校生の進路選択」『社会学評論』69（1），21-36 頁。

第 8 章

ソーシャル・ディスタンス政策のメンタルヘルスへの影響

瀧川裕貴，呂沢宇，稲垣佑典，中井豊，常松淳，阪本拓人，大林真也

本章のハイライト

1. 新型コロナ感染症流行下での感染拡大防止政策は人々の社会関係，家族関係に大きな変化をもたらし，人々のメンタルヘルスに対して影響を与えた可能性がある。
2. 本章では，生態学的経時的評価法という方法を用いて，新型コロナ感染症流行下での人々の社会関係とメンタルヘルスをリアルタイムに近いかたちで測定し，社会関係の日々の変化がメンタルヘルスに与える影響を分析した。
3. 新型コロナ感染症流行下において社会関係や家族関係のあり方はメンタルヘルスに対して一定の影響を与え，またその影響の性質や大きさが男女によって異なることがわかった。

---

1. はじめに

　新型コロナ感染症の流行は，身体的，経済的な損失にとどまらず，人々のメンタルヘルスや心理状態にも大きなダメージを与えたとされている。このようなダメージは，感染と重症化のリスクから生じる不安感や先の見通せないことによるストレス，経済的損失からくる鬱状態などさまざまな要因が考えられる。

　これらに加えて，ロックダウン，ソーシャル・ディスタンス，そして学校閉鎖など新型コロナ感染症の拡大防止政策が社会関係に与えた影響も甚大である。一般的に人間には，社会的インタラクションに対する根本的欲求が存在するといわれている（Baumeister and Leary 1995）。感染拡大防止政策は，こうした欲求充足を妨げ，孤独感やうつ，不安感を引き起こす可能性がある。事実，ロックダウン政策は人々の社会関係やつながりを劇的に変え，結果として人々のメンタルヘルスや心理状態に多大な影響をもたらしたとされている（Brooks et al. 2020; Rubin and Wessely 2020）。日本政府はロックダウン政策をとっていないが，緊急事態宣言下では，不要不急の外出の自粛を強く要請し，また初期には学校閉鎖を実施した。さらに飲食店などの休業や営業時間短縮を奨励した。これらの施策が人々の社会関係に大きく影響し，メンタルヘルスや心理状態に深刻な帰結を及ぼしたことは容易に想像できる。

　さらに，これら政策の家族関係に対する影響も甚大であり，そのこともメンタルヘルスの問題になった可能性がある。例えば，親は家庭で子どもの世話と教育に対してすべての責任を負うかもしれず，こうした家庭内の仕事量の増加がさらなるストレスの原因となるかもしれない。

　このように，新型コロナ感染症流行下での感染拡大防止政策は人々の社会関係，家族関係に大きな変化をもたらし，人々のメンタルヘルスに対して影響を与えた可能性がある。本章では中でも，新型コロナ感染症流行前後でのメンタルヘルスの変化ではなくむしろ，感染拡大防止政策下，より具体的には第1回の緊急事態宣言下での家族間，および友人・知人とのコミュニケーションの性質により，人々のメンタルヘルスがどのような影響を受けたかを検討したい。感染症流行下のような一種の非常時におけるメンタルヘルスのダイナミクスを理解するための1つのアプローチとして，対人コミュニケーションとの関連という観点から分析をすることで，どのような人がいかなる関係性を持つことで非常時においてメンタルヘルスを良好に保つことができるか，またコミュニケーション上の回避すべきリスクはどこにあるのかについて示唆を得ることができると考える。

2.　社会関係とメンタルヘルスに関する先行研究

　一般的に，社会関係がメンタルヘルスや心理状態に大きな影響を与えることは研究者の間でコンセンサスがある（Kawachi and Berkman 2001; Thoits 2011; Umberson and Montez 2010）。さらに社会関係の中でも，家族関係がメンタルヘルスにとって最も重要な関係の 1 つであるということが多くの研究者によって指摘されている（Grevenstein et al. 2019; Umberson and Montez 2010）。社会関係や家族関係がメンタルヘルスに与える影響を考えるためには，社会関係のさらなる 2 つの側面を区別するべきである。第 1 に，社会関係の構造的側面で，第 2 に機能的側面である（Kawachi and Berkman 2001）。社会関係の構造的側面とはいわゆる社会ネットワークの静態的・安定的性質のことで，例えば密度や中心性，連結性といった性質が挙げられる。単純にネットワークの度数，つまり関係の数もここに数えられる。これに対して，社会関係の機能的側面とは，日々の生活の中で社会ネットワークが実際どのように機能しているかについて述べたものである。新型コロナ感染症流行下においては，ネットワーク数の一時的減少など，社会関係の構造的側面も変化したと考えられるが，それ以上に社会関係の日々の働きが大きく変化したことが想像される。例えば，配偶者の勤務形態が在宅に変わったり，学級閉鎖などで子どもが家にいるようになるなどにより，家族との関係の質が大きく変化するなどである。しかし，社会関係の機能的側面の変化がメンタルヘルスに与える影響について注目した研究は現在，ほとんど存在しない。これは，社会関係の日々変動する機能的性質を把握することのできるデータを入手することが従来難しかったことに起因している。このような社会関係とメンタルヘルスのダイナミックな関係に焦点を当てることが本章の第 1 の取り組みである。

　第 2 に考えたいのが，社会関係・家族関係がメンタルヘルスに与える影響の属性ごとの相違である。これは，いわゆる効果修飾 modification の問題であるが，社会関係がメンタルヘルスに与える影響が属性ごとにどう異なるかについてはあまり研究が進んでいない（Thoits 2011）。ましてや社会関係の機能的側面が与えるメンタルヘルスへの効果の属性による相違についてはほぼ知見は存

在しない状況である。本研究では，とりわけ性別による効果の違いに焦点を当ててて分析を進めたい。なぜなら，新型コロナ感染症流行下においてメンタルヘルスに関する男女間の格差が広く報告されており，この格差の一因を理解するために性別による効果の相違を考えることが重要だからである。

2.1　社会関係とメンタルヘルスのダイナミックな関係

　これまで社会関係の機能的側面の研究，とりわけ社会関係がメンタルヘルスに与えるダイナックな効果の研究が進んでこなかった要因は主として方法論的制約にある。日々変化する社会関係とメンタルヘルスをリアルタイムに近いかたちで継時的に測定する必要があるからだ。このような測定は通常の質問紙調査では不可能に近い。

　これに対して，リアルタイムに近い計測を行う方法として，生態学的経時的評価法（Ecological momentary assessment: EMA）（Larson and Csikszentmihalyi 1983），ないし経験サンプリング法と呼ばれる方法がある。この方法では，「人々の現在の思考，感情，行動，心理状態，文脈を，典型的には（しかし必ずしもではないが）電子的ウェアラブルデバイスを通じて繰り返しサンプリング グ」（Shiffman et al. 2008）を行う。この方法を用いれば，社会関係の機能的側面，すなわちコミュニケーションの性質の変化と感情の変化の双方を経時的に記録することができる。

　新型コロナ感染症流行下でのメンタルヘルスの変動について EMA を用いた研究は若干存在する。Huckins et al.（2020）は大学生のサンプルを対象に EMA を用いて，週ごとのメンタルヘルスに関するデータを収集し，新型コロナ感染症流行の初期に不安やうつが増えたことを報告している（同様の研究として Fried et al. 2021 がある）。しかしこれらの研究は大学生に限定しているため，大学外での社会関係や家族関係がメンタルヘルスに与える影響を検討することはできない。

　EMA で測定すべき社会関係の機能的側面としては，例えば，インタラクション，ないしコミュニケーションの回数が挙げられる。他者とのコミュニケーションがメンタルヘルスの維持に良い影響を与えることは広く知られている（Kawachi and Berkman 2001）。一例を挙げれば，所属感覚は，集団成員とのコ

ミュニケーションの多寡によって，強められたり弱められたりする（Thoits 2011）。その他関連するコミュニケーションの特徴がいかにして人々のメンタルヘルスに影響するかを検討する必要がある。

2.2　性別による社会関係のメンタルヘルスへの影響の差異

第2に，社会関係・家族関係がメンタルヘルスに与える影響が性別によってどのように異なるのか，つまり効果修飾の問題を考えたい。新型コロナ感染症によるパンデミックが起きる以前から，メンタルヘルスにおける男女格差は注目されており，一般的に，女性は男性よりも常にメンタルヘルス状態が悪いと報告することが認識されている（Ausín et al. 2020; Das et al. 2012; Losada-Baltar et al. 2020; Qiu et al. 2020）。本研究のデザインでは，メンタルヘルスの男女格差の要因そのものを分析はできないが，新型コロナ感染症によるパンデミックによる社会関係・家族関係の流動化を考慮すると，社会関係・家族関係の与える影響が男女によってどのように異なるかを検討することはそれ自体として重要であるのみならず，メンタルヘルスの男女格差を考えるためにも示唆的となりうる。

一般的にいって，女性は男性よりも感情的な関係を築く傾向があり，「ネットワーク・イベント」（他者との交流における出来事を指す）の影響を受けやすい。いくつかの研究によると，男性に比べて女性は対人関係や感情的支援に敏感であり（Flaherty and Richman 1989; Koizumi et al. 2005），コミュニケーションにおけるストレス要因を経験したときの影響は一般的に女性のほうが大きい（McDonough et al. 2002）。したがって，社会関係がメンタルヘルスに与える影響は，男性より女性のほうがより顕著であると思われる（Landstedt et al. 2016）。また，家族関係の影響を考えてみても，いわゆる「脆弱性仮説（vulnerability hypothesis）」によれば，女性は男性に比べて家族の役割に対する意味付けが異なるため，ストレス要因の影響を受けやすいと考えられる（Simon 2014）。具体的には，伝統的ステレオタイプ的な性別役割が期待されることにより，親の役割義務に対する社会的認識は性別によって大きく異なる可能性がある（Rosenfield et al. 2006）。例えば，先行研究では，父親は子どもとの会話やレクリエーション活動に多くの時間を費やすことが示されているが（Craig 2002），これと

は対照的に，子どもとのコミュニケーションは一般的に母親にとっては育児や肉体労働に対してより責任を伴うものであり（Craig 2006），これは感情的抑うつやストレスにつながる可能性が高い（Horiuchi et al. 2020）。新型コロナウイルス感染症流行下においては家族と過ごす時間が通常より長くなり，コミュニケーション中の葛藤の有無が変動しやすくなる。このことは，とりわけ女性のメンタルヘルスに強く影響する可能性がある。

2.3　ここまでのまとめ

以上をまとめると本章で主に考察したい問いは次の2つである。
・新型コロナ感染症流行下において流動化した社会関係・家族関係について，日々の関係性の機能的変化が，人々のメンタルヘルスにどのような影響を及ぼしたか。
・社会関係・家族関係がメンタルヘルスに与える影響が性別によってどのように異なるのか。

3.　データと方法

本研究の問題関心は，新型コロナ感染症流行下における社会関係・家族関係とメンタルヘルスとの間に存在するリアルタイムのダイナミックな関係にある。従来の主要な調査手段である質問紙調査に基づく研究では，リアルタイムの感情変化を捉えることは不可能に近い。仮に回答者に過去の経験や感情を想起するように促したとしても，回顧バイアスは極めて大きく，そもそも特定の1日，2日の出来事を答えてもらうのが限界であろう。

そこで本研究では，生態学的経時的評価法（EMA）を用いて，人々の社会関係および家族関係の変化とそれに伴うメンタルヘルスの変化をともに記録し，両者の関係を検討することとした。

調査期間は，5月15日から6月15日の間，調査対象者は，調査期間中に東京都・埼玉県・神奈川県・大阪府・兵庫県・福岡県・北海道（当時の特定警戒都道府県の一部）に住んでいた125名である。なお，そのうち家族と同居する対象者が88名，一人暮らしが37名であった。調査開始時において，福岡を除

くこれらの都市では第1回の緊急事態宣言が発出されていた（福岡は5月14日に解除）。調査対象者はクラウドワーカーサイト「クラウドワークス」を通じて家族と同居条件，一人暮らし条件を分けてそれぞれ募集した。また，調査対象者には，EMA調査に先立って，人口統計学的特性に関するいくつかの質問を予備アンケートで回答してもらった。

EMAはスマートフォンの専用アプリなどで行われることも多いが，この調査では以下の手続きを採用した。まず，毎日午後9時になると，調査対象者のあらかじめ登録済みのメールアドレスに調査に答えるように促すメールが送られる。そのメールから，調査対象者が調査サイトに移動し，回答を行う。メールを受け取ったら可能な限り速やかに回答を行うように依頼をした。以下はEMAによって測定した主な調査項目となる。

日々の感情の状態

「ストレス」「孤独」「不安「抑うつ」のネガティブ4項目と「リラックス」「充実」「わくわく」の3項目について，「まったく感じない」から「つよく感じる」まで7段階で尋ねた。

家族関係

以下の項目を配偶者，子どもとの関係それぞれについて尋ねた。
・交流時間[1]
・交流する時間が多すぎるか，少なすぎるか（「短すぎる」から「長すぎる」まで5段階）
・交流したあとの気持ち（「とても沈んだ（疲れた，落ち込んだ）気分になった」から「とても明るい（前向きな，晴れやかな）気分になった」まで11段階）
・交流で感情的な行き違いやちょっとした衝突がどのくらいあるのか（「まっ

---

[1]　調査では，時間の長さはカテゴリー項目で回答されている。以下の分析では，これらのカテゴリー項目を分単位の連続変数に変換する。具体的には，(1) 〜1分（＝1分），(2) 1分〜5分（＝3分），(3) 5分〜15分（＝10分），(4) 15分〜60分（＝37.5分），(5) 1時間〜4時間（＝150分），(6) 4時間〜（＝240分）のようにしている。

たくなかった」から「かなりあった」まで5段階）

社会関係

　以下の項目を，仕事上のコミュニケーション，同居家族とのコミュニケーションを除いて，ある一日に行われた最大3回のコミュニケーションについて尋ねた。
・コミュニケーションに費やした時間の長さ
・コミュニケーションした相手との親密度（親密でない＝2〜親密である＝2）
・コミュニケーション後の気持ち（1＝非常に悪い〜 10＝非常に嬉しい）

　本研究は東北大学倫理委員会の承認を得ている。調査の意図と内容は，回答者に十分に説明した。特に，調査は30日間毎日実施されることを回答者全員が理解している。また，参加者はいつでも調査をやめる権利を有していた。

4. 分析戦略

　本研究では，日々変動する社会関係・家族関係とメンタルヘルスとの関係を分析するために，Two-way 固定効果モデルを用いた。モデルにおける従属変数は，日々の感情状態として測定されたメンタルヘルスに関わる変数である。独立変数は，家族関係や社会関係の質を表す交流時間やコミュニケーション後の満足感などの諸変数である。個々のデータ点は，それぞれの回答者の日々のメンタルヘルスや関係の質となるため，同一個人に関して日々異なるデータ点が複数存在している。本研究では，独立変数となる家族関係や社会関係の変化が，従属変数となるメンタルヘルスに与える因果的効果を検証するため，2つの固定効果を除去している。1つは，回答者に関する時間に関して不変の属性である。これらはジェンダーや社会経済的な地位，パーソナリティなどが該当し，例えば，外向的な性格なので，社会関係が良好で，かつ感情状態も良好であるというような交絡因子となりうる。もう1つは，個人間で不変の時間的効果である。このような時間的効果（ある特定の日時に発生した個人に共通の出来事の効果など）は，例えば，ある特定の日に公表された感染者数が増えた結果，

家族のコンフリクトが増え，また感情状態も悪化したというような交絡因子となりえる。このような固定効果も除去する必要がある。

　モデルで表現すると次のようになる。

$$Y_{it} = \beta_0 + \beta_1 X_{1it} + \cdots + \beta_K X_{kit} + \alpha_i + \theta_t + \epsilon_{it}$$

ここで，Y_{it} は従属変数で，X_{kit} は一連の独立変数である。$i = 1, ..., N$ は特定の回答者，$t = 1, ..., T$ は調査実施日を表す。したがって，α_i は個人の時間的に不変の固定効果を，θ_t は時間の個人間で不変の固定効果を表している。

5.　調査結果

5.1　サンプルの属性

　表8.1 には，サンプルの人口統計学的特徴が示されている。125人から収集したデータを統計分析に使用した。回答者の属性の主な内訳は女性（68%），同居者あり（70.2%），大卒以上（60%），有職者（64%）だった。

5.2　メンタルヘルス状態の比較

　まず，男女別，居住形態別のメンタルヘルス状況について見てみよう。最初に男女ごとのメンタルヘルス状況（感情状態）について見てみると，**表8.2** に示すように，男性に比べ女性はネガティブ感情に多くさらされる傾向にあることがわかる。さらに，ポジティブ感情の程度も女性のほうが相対的に低かった。

　次に，居住状態別の感情状態を確認すると（**表8.3**），一人暮らしの人に比べ，家族と同居している人では，孤独感以外のネガティブ感情の程度が有意に高い。

　これらのちがいをまとめるために，メンタルヘルス項目をまとめて主成分分析をし，第1主成分を用いてスコア化し，**図8.1** に性別と居住形態によるスコアの違いを示した。特に男性では，家族と同居している人に対して，一人暮らしの人のメンタルヘルス問題の深刻度が相対的に高い。

5.3　社会関係とメンタルヘルス

　以上の記述的結果を踏まえて，社会関係と家族関係の日々の変動が人々のメ

表 8.1　社会人口統計学的特徴の記述統計量（n=125）

変数	選択肢	n	（%）
性別	男性	40	32.00%
	女性	85	68.00%
居住形態	一人暮らし	37	29.60%
	同居（配偶者なし）	19	15.20%
	配偶者とその他の人と同居	50	40.00%
	配偶者のみと同居	19	15.20%
年齢	20-29	40	32.00%
	30-39	50	40.00%
	40-49	22	17.50%
	50-59	15	9.60%
	60-	1	0.80%
教育歴	高校	23	18.40%
	専門	27	21.60%
	大卒	70	56.00%
	大学院卒	5	4.00%
雇用状況	雇用されている	80	64.00%
	雇用されていない	45	36.00%

表 8.2　女性と男性における感情状態の差

	女性	男性	p 値
ストレス	0.46（1.70）	0.13（1.58）	<0.001
孤独	-0.69（1.89）	-0.91（1.61）	<0.001
不安	1.14（1.54）	0.62（1.58）	<0.001
抑うつ	0.10（1.74）	-0.05（1.52）	0.011
リラックス	-0.02（1.59）	-0.17（1.43）	0.004
充実	-0.32（1.58）	-0.43（1.55）	0.043
わくわく	-1.02（1.55）	-1.03（1.58）	0.960

表 8.3　居住状態別の感情状態

	家族と同居	一人暮らし	p 値
ストレス	0.40（1.58）	0.21（1.86）	0.003
孤独	-0.87（1.77）	-0.49（1.84）	<0.001
不安	1.03（1.50）	0.77（1.74）	<0.001
抑うつ	0.08（1.64）	-0.06（1.75）	0.022
リラックス	-0.09（1.52）	-0.02（1.58）	0.216
充実	-0.34（1.56）	-0.36（1.57）	0.723
わくわく	-1.06（1.57）	-0.88（1.54）	0.001

ンタルヘルスにどのような影響を及ぼしたかという本章の主要な問いに取り組むことにする。

　まず，家族以外の人々との社会関係の特徴が性別や居住形態によってどのように異なるかを見てみよう（図 8.2）。

　図 8.2（A）は，家族以外との対人コミュニケーションに 1 日のうちでどれだけの時間が費やされているかを示している。当然のことだが，同居している人

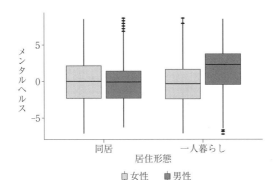

図 8.1　男女別のメンタルヘルス状態の比較。

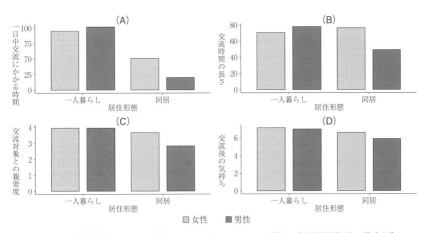

図 8.2　社会関係における対人コミュニケーションの詳細（居住形態別，男女別）

と比べて，一人暮らしの人のほうが社会関係における対人コミュニケーション
に多くの時間を費やしている。次に，**図 8.2（B）**は，それぞれの対人コミュニ
ケーションに費やした平均時間を表している。ここでは，家族と同居する人々
の間により大きな男女差が見られる。具体的には，男性に比べて女性のほうが，
各対人コミュニケーションに費やす時間が長い傾向にある。**図 8.2（C）**はコミ
ュニケーション相手に対する親密度を示している。家族と同居している人の中
では男性に比べて女性のほうが親密な関係の人とコミュニケーションをとる傾

向がある。実際，この結果は，対人コミュニケーションの時間的長さの男女差と関連付けることができる。これらの結果を総合すると，女性は家庭を超えた対人コミュニケーションの需要が高いことがわかる。さらに，**図 8.2（D）**は，対人コミュニケーション後の感情について示したものである。一人暮らしの人のほうが，対人コミュニケーションにおいて肯定的なフィードバックを得やすい傾向がある。また，女性のほうが，対人コミュニケーション後の感情状態がよくなる傾向がある。

　では，家族以外の人々との社会関係の変化がメンタルヘルスにどのように影響を与えただろうか。**表 8.4** は Two-way 固定効果モデルによる分析の結果である。分析結果はわかりやすさを優先して，男女別にサンプルを分けて分析したものを示す。

　まず，コミュニケーションの回数の効果について見てみると，家族と同居しているかどうかで効果が大きく異なることがわかる。同居者がいる場合は，家族以外の人とのコミュニケーションの回数が増えるほど，ポジティブな感情は増し，ネガティブな感情は低減するということが見られる。コミュニケーションの時間については，女性に関しては，長いほどポジティブに，短いほどネガティブになる。さらに，女性サンプルのみについて，コミュニケーション後の気持ちが良好であればその後のメンタルヘルスのポジティブな感情に寄与し，ネガティブな感情を低減させることがわかった。またこの効果は，家族と同居している対象者でより強調される。最後に，解釈は難しいが，一人暮らし女性サンプルにおいて，コミュニケーション相手との親密度が高いほどポジティブな感情が減少する傾向が見られる。

　以上の男女サンプルごとの分析では，男性サンプルと女性サンプルの間にいくつかの相違が見られた。全般的に，女性のほうが社会関係のクオリティが後のメンタルヘルスに及ぼす効果が認められた。そこで，こうした男女の差が統計的に意味のある差であるかどうかを確認するために，全体のサンプルについて，ジェンダーを変数として加え，交互作用効果を確認した（結果は省略）。結果として，統計的に明らかな差が見られたのは，コミュニケーション後の気持ちがメンタルヘルスに与える効果であった。この効果は女性のみに見られ，男性には見られなかった。その他のジェンダーに関する交互作用項は有意な効果

表 8.4　家族以外の社会関係とメンタルヘルスに関する Two-way 固定効果モデルによる分析の結果（男女別）

	従属変数							
	ポジティブ感情				ネガティブ感情			
	男性		女性		男性		女性	
	モデル1	モデル2	モデル3	モデル4	モデル5	モデル6	モデル7	モデル8
コミュニケーション回数								
	0.006	−0.124	−0.030	0.091*	0.056	0.162**	0.039	0.104**
	(0.060)	(0.082)	(0.034)	(0.046)	(0.055)	(0.075)	(0.034)	(0.046)
コミュニケーション時間								
	0.0003	−0.0003	0.001***	0.001***	−0.0001	0.001	−0.0002	−0.001*
	(0.0004)	(0.001)	(0.0002)	(0.0003)	(0.0004)	(0.001)	(0.0002)	(0.0003)
コミュニケーションの相手との親密度								
	0.017	0.003	−0.034*	−0.054**	−0.024	−0.050	0.009	0.001
	(0.035)	(0.047)	(0.019)	(0.026)	(0.032)	(0.043)	(0.019)	(0.026)
コミュニケーション後の気持ち								
	0.030	−0.004	0.108***	0.069***	0.005	0.023	−0.101***	−0.060***
	(0.032)	(0.041)	(0.016)	(0.023)	(0.029)	(0.038)	(0.016)	(0.022)
コミュニケーション回数*同居								
		0.256**		0.130*		−0.201*		−0.130**
		(0.117)		(0.067)		(0.107)		(0.066)
コミュニケーション時間*同居								
		0.001		−0.001**		−0.002**		0.001
		(0.001)		(0.0005)		(0.001)		(0.0005)
コミュニケーション対象との親密度*同居								
		0.011		0.057		0.067		0.008
		(0.071)		(0.038)		(0.065)		(0.037)
コミュニケーション後の気持ち*同居								
		0.087		0.085***		−0.039		−0.082**
		(0.066)		(0.032)		(0.060)		(0.032)
n	568	568	1,663	1,663	568	568	1,663	1,663
R^2	0.008	0.042	0.043	0.055	0.004	0.031	0.035	0.043

（注）*p<0.1; **p<0.05; ***p<0.01.

を持たなかったが，符号については概ね，サンプル別の分析と同じ結果を示していた。

5.4　家族関係とメンタルヘルス

　次に，家族関係を配偶者との関係と子どもとの関係に分けて，基本的な特徴を男女別に見てみよう。

1）配偶者との関係とメンタルヘルス

　図 8.3 は，配偶者とのコミュニケーションの特徴を，女性と男性の比較で示したものである。**図 8.3（A）**は，配偶者とのコミュニケーションに費やした1日の合計時間を示している。男性（$\mu = 142.74$）に比べ，女性（$\mu = 173.99$）は配偶者との対人コミュニケーションにより多くの時間を費やしていると認識する傾向があることがわかる（$p<0.05$）。**図 8.3（B）**は，配偶者とのコミュニケーションに費やした時間の長さを人々がどのように評価しているか，**図 8.3（C）**は，配偶者とコミュニケーションをとった後の感情状態の変化，**図 8.3（D）**はコミュニケーション時の衝突の有無と程度の評価を示している。これらについては記述統計上は男女差は見られない。

　ではこうした配偶者とのコミュニケーションがその後のメンタルヘルスにどのような影響を及ぼしているだろうか。Two-way 固定効果モデルによる分析の結果を**表 8.5** に示した。概ね男性も女性もともに同様の結果で，コミュニケーション後の気持ちがメンタルヘルスに対してポジティブな感情を高め，ネガティブな感情を低めていることがわかった（交互作用分析の結果，ポジティブな感情を高める効果は男性でさらに高いことがわかった）。コミュニケーション時間が長いと思う場合，女性サンプルにおいてネガティブな感情を高め，ポジティブな感情が低減する効果がある。また，コミュニケーションで衝突が生じると，ポジティブな感情が低減し，ネガティブな感情が亢進する（ポジティブな感情への効果は女性サンプルのみ）。

2）子どもとの関係とメンタルヘルス

　図 8.4 は，子どもとのコミュニケーションの特徴を，女性と男性の比較で示したものである。**図 8.4（A）**は，1日に子どもとのコミュニケーションに費やした総時間である。男性（$\mu = 128.34$）に比べ，女性（$\mu = 202.89$）は子どもとのコミュニケーションに費やす時間が圧倒的に長い（$p<0.01$）ことが見てとれ

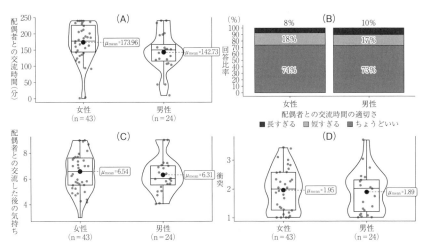

図 8.3　配偶者との対人コミュニケーションの詳細（男女別）

表 8.5　配偶者との関係とメンタルヘルスに関する
Two-way 固定効果モデルによる分析の結果（男女別）

	従属変数			
	ポジティブ感情		ネガティブ感情	
	男性 モデル 1	女性 モデル 2	男性 モデル 3	女性 モデル 4
コミュニケーション時間	0.001 (0.001)	−0.0004 (0.001)	−0.0002 (0.001)	−0.0005 (0.0005)
コミュニケーション時間の適切さ（Ref: ちょうどいい）				
短い	−0.065 (0.099)	−0.124 (0.085)	0.0013 (0.092)	0.017 (0.076)
長い	−0.065 (0.134)	−0.278*** (0.103)	0.081 (0.123)	0.227** (0.091)
コミュニケーション後の気持ち	0.247*** (0.037)	0.137*** (0.024)	−0.168*** (0.034)	−0.174*** (0.022)
コミュニケーションによる衝突	0.008 (0.042)	−0.059** (0.030)	0.078** (0.039)	0.103*** (0.027)
n	628	1,135	625	1,130
回答者数	24	43	24	43
R^2	0.115	0.072	0.099	0.147

（注）*p<0.1; **p<0.05; ***p<0.01

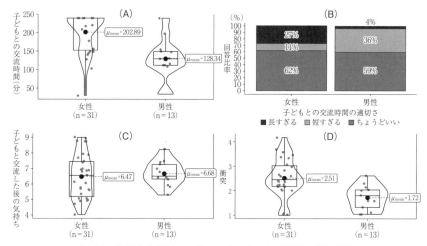

図 8.4　子どもとの対人コミュニケーションの詳細（男女別）

る。注目すべき点は，調査期間中，常に子どもと一緒にいる時間が非常に長い
（4 時間以上）女性がかなりいることだろう。**図 8.4（B）**は，子どもとのコミ
ュニケーション時間の長さをどのように評価しているかを示している。男性
（$\mu = 2.60$）に比べ，女性（$\mu = 3.20$）は子どもとのコミュニケーションが長す
ぎると考えている傾向がある。また，女性では子どもとのコミュニケーション
に疲れている人が多いが，男性ではそのような評価は少ない。**図 8.4（C）**は，
子どもとのコミュニケーション後の感情状態の変化を示したものである。一般
的に，子どもとのコミュニケーションは，男性（$\mu = 6.68$），女性（$\mu = 6.47$）
ともにポジティブな感情につながり，男女間に大きな差は見られない。しかし，
感情状態のちらばりは女性のほうが大きいことがわかる。**図 8.4（D）**は衝突の
有無と程度についての評価を示したものである。男性（$\mu = 1.72$）に比べて，
女性（$\mu = 2.51$）は明らかに子どもとの衝突の程度が高いことがわかる（p<0.01）。
　次に子どもとのコミュニケーションについての Two-way 固定効果モデルで
の分析結果を見ると，男性と女性の間で明確な差が見られた（**表 8.6** 参照）。ま
ず，女性は子どもとのコミュニケーション時間が多いほど，ポジティブな感情
が増し，ネガティブな感情が減る傾向にあった。ただしそれはコミュニケーシ
ョンの時間が適切である場合であって，もし長すぎると感じられる場合には，

表 8.6　子どもとの関係とメンタルヘルスに関する
Two-way 固定効果モデルによる分析の結果（男女別）

	従属変数			
	ポジティブ感情		ネガティブ感情	
	男性 モデル 1	女性 モデル 2	男性 モデル 3	女性 モデル 4
コミュニケーション時間	−0.0002 (0.001)	0.003*** (0.001)	0.001 (0.001)	−0.003*** (0.001)
コミュニケーション時間の適切さ（Ref: ちょうどいい）				
短い	−0.064 (0.114)	0.087 (0.144)	0.093 (0.108)	−0.042 (0.128)
長い	−0.093 (0.199)	−0.291*** (0.080)	0.306 (0.188)	0.261*** (0.072)
コミュニケーション後の気持ち	0.198*** (0.047)	0.177*** (0.024)	−0.113*** (0.044)	−0.178*** (0.021)
コミュニケーションによる衝突	0.117** (0.058)	−0.066* (0.031)	−0.107** (0.054)	0.088*** (0.028)
n	435	962	431	957
回答者数	13	31	13	31
R^2	0.051	0.134	0.030	0.147

（注）$^*p<0.1$; $^{**}p<0.05$; $^{***}p<0.01$

ポジティブな感情が低下し，ネガティブな感情が亢進する。コミュニケーションにおける子どもとの衝突については，女性についてはポジティブな感情を減退し，ネガティブな感情を増す一方で，男性では逆にポジティブな感情を増やし，ネガティブな感情を減らす効果が見られた。以上述べた効果の差は，全体サンプルを対象として，ジェンダー変数の交互作用を検討することによっても同様に確認されている（結果は省略）。コミュニケーション後の気持ちが，メンタルヘルスに与える効果については男女ともに認められた。

6.　考察

　本研究では，新型コロナ感染症流行下において流動化した社会関係，家族関係において，日々との関係性の機能的変化が，人々のメンタルヘルスにどのよ

うな影響を及ぼしたか，またその影響は性別によって異なるのかという問いに対して，EMA という手法を用いて，日々の社会関係および家族関係の変化とそれに伴うメンタルヘルスの変化をリアルタイムに近い形で収集したデータを用いて答えようと試みた。

　主な結果をまとめておこう。

　第1に，新型コロナ感染症流行下において家族以外との良好な社会関係は，とりわけ女性に対してメンタルヘルスの改善に効果を持つことがわかった。さらにこの効果は家族と同居している対象者についてさらに大きくなることがわかった。

　この結果は，女性のほうがネットワーク・イベントに影響を受けやすく，対人関係や感情的支援に敏感であるという先行研究（Flaherty and Richman 1989; Koizumi et al. 2005）と一致している。また，家族との同居者において家族以外の人との良好な社会関係がさらにポジティブな効果を持つことは，家族との関係でストレスにさらされやすい女性にとって，家族外の紐帯がメンタルヘルスの維持にとって重要であることを示唆している。

　第2に，家族との関係については，男女ともに，配偶者や子どもとの良好な関係がメンタルヘルスの維持に効果を持つことがわかった。他方で，子どもとの関係のあり方がメンタルヘルスに与える影響では，父親と母親で違いがある。母親の場合は，子どもと過ごす時間はメンタルヘルスに良い影響を及ぼすが，それが長すぎると感じられる場合には，負の効果を及ぼす。また子どもとの衝突がもたらす効果については男女で逆となっている。母親は子どもとの衝突によりメンタルヘルスが悪化するのに対して，逆に父親ではポジティブな方向に作用する。

　このような男女の違いは，父親と母親というそれぞれの役割期待の違いに由来する可能性がある（Rosenfield et al. 2006）。女性は子どもの日常的ケアの責任をより多く負わされており，子どもとのコミュニケーションにより多くの時間を費やしている。したがって，子どもと過ごす時間が過剰であると感じられたり，子どもと衝突することでメンタルヘルスに対して悪影響が生じやすい（Collins et al. 2021）。これに対して，父親は遊びなどを中心にした，友情関係に近いものに基づいて子どもと関わる傾向がある。子どもとの衝突が父親にとっ

てむしろポジティブに作用するのも，このような役割期待の差に基づく子ども
との関わり方の質的な違いによる可能性がある。

　本章では，非常時における家族外の社会関係や家族関係がメンタルヘルスに
与えるダイナミックな効果を検証した。従来の手法とは異なり，EMA ないし
経験サンプリング法という方法を用いることで，社会関係の性質の変化がメン
タルヘルスに及ぼす影響をリアルタイムに近い形で検証することができた。ま
た，社会関係が持つ効果が男性と女性で異なるという効果修飾の存在を明らか
にした。このことは直接，男女間のメンタルヘルスの差を説明するわけではな
いが，非常における社会関係のクオリティの低下が女性のメンタルヘルスによ
り大きな影響を与える可能性を示している。

　政策的含意としては，感染症流行下において生じやすい家族との強制的な近
接を緩和するような措置の必要性が示唆される。家族以外の社会関係がメンタ
ルヘルスを改善する傾向があることを踏まえると，家族以外の人々との交流の
機会を開き，コミュニケーションが良好に保たれるような施策が求められる。

　また，家族関係のマネジメントに対する女性の負担の軽減が必要である。現
状では家族，特に子どもとのコミュニケーションにおいて女性の負荷が高く，
過剰なケアの負担によりコミュニケーションの状況が悪化すると，メンタルヘ
ルスへの悪影響が生じやすい傾向がある。家事や子どもとのコミュニケーショ
ンに関して男女の公平な責任分担を進めるような対策をとることが重要である。

謝辞：本研究は JSPS 科研費 JP20H01563，JST さきがけ JPMJPR21R5 の支援を受け
たものである。

参考文献

Ausín, B., González-Sanguino, C., Castellanos, M. Á., and Muñoz, M.（2020），"Gender-related differences in the psychological impact of confinement as a consequence of COVID-19 in Spain," *Journal of Gender Studies*, 30（1），pp. 29-38, https://doi.org/10.1080/09589236.2020.1799768.

Baumeister, R. F., and Leary, M. R.（1995），"The Need to Belong: Desire for Interpersonal Attachments as a Fundamental Human Motivation," *Psychological Bulletin*, 117（3），pp. 497-529, https://doi.org/10.1037/0033-2909.117.3.497.

Brooks, S. K., Webster, R. K., Smith, L. E., Woodland, L., Wessely, S., Greenberg, N., and

Rubin, G. J. (2020), "The psychological impact of quarantine and how to reduce it: rapid review of the evidence," *The Lancet*, 395 (10227), pp. 912–920, https://doi.org/10.1016/S0140-6736(20)30460-8.

Collins, C., Landivar, L. C., Ruppanner, L., and Scarborough, W. J. (2021), "COVID-19 and the Gender Gap in Work Hours," *Gender, Work and Organization*, 28 (S1), pp. 549–560, https://doi.org/10.1111/gwao.12506.

Craig, L. (2002), *Caring differently: A time use analysis of the type and social context of child care performed by fathers and by mothers*, Social Policy Research Centre Discussion Paper 118.

Craig, L. (2006), "Does Father Care Mean Fathers Share?: A Comparison of How Mothers and Fathers in Intact Families Spend Time with Children," *Gender & Society*, 20 (2), pp. 259–281, https://doi.org/10.1177/0891243205285212.

Das, J., Das, R. K., and Das, V. (2012), "The mental health gender-gap in urban India: Patterns and narratives," *Social Science & Medicine*, 75 (9), pp. 1660–1672, https://doi.org/https://doi.org/10.1016/j.socscimed.2012.06.018.

Flaherty, J., and Richman, J. (1989), "Gender differences in the perception and utilization of social support: Theoretical perspectives and an empirical test," *Social Science & Medicine*, 28 (12), pp. 1221–1228, https://doi.org/https://doi.org/10.1016/0277-9536(89)90340-7.

Fried, E. I., Papanikolaou, F., and Epskamp, S. (2021), "Mental Health and Social Contact During the COVID-19 Pandemic: An Ecological Momentary Assessment Study," *Clinical Psychological Science*, 10 (2), pp. 340–354, https://doi.org/10.1177/21677026211017839.

Grevenstein, D., Bluemke, M., Schweitzer, J., and Aguilar-Raab, C. (2019), "Better family relationships--higher well-being: The connection between relationship quality and health related resources," *Mental Health & Prevention*, 14, 200160, https://doi.org/https://doi.org/10.1016/j.mph.2019.200160.

Horiuchi, S., Shinohara, R., Otawa, S., Akiyama, Y., Ooka, T., Kojima, R., Yokomichi, H., Miyake, K., and Yamagata, Z. (2020), "Caregivers' mental distress and child health during the COVID-19 outbreak in Japan," *PLOS ONE*, 15 (12), pp. 1–12, https://doi.org/10.1371/journal.pone.0243702.

Huckins, J. F., daSilva, A. W., Wang, W., Hedlund, E., Rogers, C., Nepal, S. K., Wu, J., Obuchi, M., Murphy, E. I., Meyer, M. L., Wagner, D. D., Holtzheimer, P. E., and Campbell, A. T. (2020), "Mental Health and Behavior of College Students During the Early Phases of the COVID-19 Pandemic: Longitudinal Smartphone and Ecological Momentary Assessment Study," *J Med Internet Res*, 22 (6), e20185, https://doi.org/10.2196/20185.

Kawachi, I., and Berkman, L. F. (2001), "Social ties and mental health," *Journal of Urban Health*, 78 (3), pp. 458–467, https://doi.org/10.1093/jurban/78.3.458.

Koizumi, Y., Awata, S., Kuriyama, S., Ohmori, K., Hozawa, A., Seki, T., Matsuoka, H., and

Tsuji, I. (2005), "Association between social support and depression status in the elderly: results of a 1-year community-based prospective cohort study in Japan," *Psychiatry and Clinical Neurosciences*, 59 (5), pp. 563–569, https://doi.org/10.1111/j.1440-1819.2005.01415.x.

Landstedt, E., Almquist, Y. B., Eriksson, M., and Hammarström, A. (2016), "Disentangling the directions of associations between structural social capital and mental health: Longitudinal analyses of gender, civic engagement and depressive symptoms," *Social Science & Medicine*, 163, pp. 135–143, https://doi.org/https://doi.org/10.1016/j.socscimed.2016.07.005.

Larson, R., and Csikszentmihalyi, M. (1983), "The Experience Sampling Method," *New Directions for Methodology of Social & Behavioral Science*, 15, pp. 41–56.

Losada-Baltar, A., Jiménez-Gonzalo, L., Gallego-Alberto, L., Pedroso-Chaparro, M. del S., Fernandes-Pires, J., and Márquez-González, M. (2020), "We Are Staying at Home," Association of Self-perceptions of Aging, Personal and Family Resources, and Loneliness With Psychological Distress During the Lock-Down Period of COVID-19. *The Journals of Gerontology: Series B*, 76 (2), pp. e10-e16, https://doi.org/10.1093/geronb/gbaa048.

McDonough, P., Walters, V., and Strohschein, L. (2002), "Chronic stress and the social patterning of women's health in Canada," *Social Science & Medicine*, 54 (5), pp. 767–782, https://doi.org/10.1016/s0277-9536(01)00108-3.

Qiu, J., Shen, B., Zhao, M., Wang, Z., Xie, B., and Xu, Y. (2020), "A nationwide survey of psychological distress among Chinese people in the COVID-19 epidemic: Implications and policy recommendations," *General Psychiatry*, 33 (2), pp. 1-4, https://doi.org/10.1136/gpsych-2020-100213.

Rosenfield, S., Phillips, J., and White, H. (2006), "Gender, Race, and the Self in Mental Health and Crime," *Social Problems*, 53 (2), pp. 161–185, https://doi.org/10.1525/sp.2006.53.2.161.

Rubin, G. J. and Wessely, S. (2020), "The psychological effects of quarantining a city," *BMJ*, 368, https://doi.org/10.1136/bmj.m313.

Shiffman, S., Stone, A. A., and Hufford, M. R. (2008), "Ecological Momentary Assessment," *Annual Review of Clinical Psychology*, 4 (1), pp. 1-32, https://doi.org/10.1146/annurev.clinpsy.3.022806.091415.

Simon, R. W. (2014), "Twenty years of the sociology of mental health: The continued significance of gender and marital status for emotional well-being," in Johnson, R, J., Turner, R. J., and Link, B. G. (eds.), *Sociology of mental health: Selected topics from forty years, 1970s-2010*, pp. 21-51, Springer Science + Business Media, https://doi.org/10.1007/978-3-319-07797-0_2.

Thoits, P. A. (2011), "Mechanisms Linking Social Ties and Support to Physical and Mental Health," *Journal of Health and Social Behavior*, 52 (2), pp. 145–161, https://doi.org/

10.1177/0022146510395592.

Umberson, D. and Montez, J. K. (2010), "Social Relationships and Health: A Flashpoint for
　　Health Policy," *Journal of Health and Social Behavior*, 51 (1_suppl), pp. S54–S66, https://
　　doi.org/10.1177/0022146510383501.

Ⅲ　社会と制度

第 9 章

パンデミックと司法制度

齋藤宙治

本章のハイライト

1. 裁判所の事件処理件数は，年単位ではコロナ禍による明確な影響は見受けられないが，月単位では緊急事態宣言実施中（2020 年 4 月〜5 月）の期間に，一時的な停滞が生じた。
2. 地方裁判所と簡易裁判所，民事裁判と刑事裁判とでは，緊急事態宣言実施中の事件処理の停滞傾向に，異なる特徴が見られた。
3. コロナ禍によって，民事裁判の IT 化の促進につながったという副産物も生じた。

---

1. はじめに

　裁判所が災害によって影響を受けたのは，コロナ禍が初めてではない。例えば，1995 年の阪神・淡路大震災や，2011 年の東日本大震災においては，被災地域の裁判所では一時的な機能不全が生じた（北澤 1995; 氏本 2011）。これらの震災と比べると，コロナ禍には 2 つの特徴がある。まず，交通やライフラインの断絶という物理的な障害が発生したわけではなく，裁判所の機能が完全に停止したわけではないという点では，震災よりも浅い影響にとどまった。他方で，

特定の裁判所のみならず全国的に影響が生じた上に，なかなか収束時期の見通しがつかない状況に置かれたという点では，震災よりも広く長い影響が生じたといえる。

　コロナ禍では社会経済活動が全体的に停滞したわけだが，他の活動と比較して，裁判所には次の2つの特性がある。第1に，市民に司法というサービスを提供する公的機関である。重要性が高いサービスである一方で，緊急性が高いかどうかは具体的な事案や個人の認識によって異なるかもしれない。第2に，利用者は一般市民だけでなく，弁護士などの専門職が介在する場合もある。本章ではこれらの特性を考慮しながら，新型コロナウイルス感染症が突如蔓延した2020年における裁判所の様子を，司法統計（裁判所での事件処理に関する公的な統計）を用いて振り返ってみたい。複数回発令された緊急事態宣言によって，裁判所における事件処理はどのような影響を受けたのだろうか。また，裁判手続の種類によって，影響に何か違いはあったのだろうか。

　結論を先に少し述べると，緊急事態宣言1回目の実施期間中，民事裁判と刑事裁判，また同じ民事裁判でも地方裁判所（以下「地裁」）と簡易裁判所（以下「簡裁」）とでは，事件処理の統計にそれぞれ異なる特徴が見られた。各種類の裁判手続の本質に起因する違いが現れたものと考えられ，興味深い。

　また，本章ではあわせて，民事裁判のIT化の促進につながったというコロナ禍の副産物についても紹介する。その上で最後に，コロナ禍を踏まえて，司法制度のあり方を再考する。

2.　コロナ禍と裁判所——司法統計から

　裁判所の事件については，最高裁判所が基礎データを集計している。毎年公表される司法統計年報に加えて，一部の項目は，司法統計月報として毎月の速報値が公表される。月報のデータを追うことで，緊急事態宣言が発令されていた期間の動向などをピンポイントで観察することができる[1]。

　以下では，民事裁判と刑事裁判という2つの代表的な裁判手続を取り上げた

---

1)　東京地裁本庁，同家庭裁判所本庁における緊急事態宣言1回目の時期の動向については，最高裁事務総局（2021）による報告も参照。

い。民事裁判に関しては，地裁のみならず簡裁も取り上げる（地裁と簡裁の違いは，後記 2.3 項参照）。なお，民事裁判とは，私人間の法的な紛争を主に金銭的に解決するための手続である。例えば，損害賠償を請求したり，貸金の返還を求めたりするなどの事件である。刑事裁判とは，犯罪の疑いをかけられた被告人が本当に犯人なのか，刑罰の重さをどのくらいにするかを決めるための手続である。例えば，窃盗事件，傷害事件，殺人事件など多様な犯罪類型がある。警察官・検察官が捜査を行った上で刑罰を科すことが相当だと判断した場合に，検察官が起訴することによって裁判手続が開始される。

2.1　年単位の動向

　まず，年単位の動向から見てみよう。**表 9.1** は，2017 年から 2022 年までの全国の地裁の民事裁判（第一審通常訴訟事件）と刑事裁判（訴訟事件）の総数を示している。「新受」は裁判所に新たに入ってきた件数，「既済」はその年に終了した件数，「未済」はまだ裁判所に残っている件数のことである。

　大きな流れとして，近年はコロナ禍以前から，裁判件数は微減傾向にあった。民事裁判の新受件数は，いわゆるサラ金に対する過払金返還請求事件のブームによって 2009 年（23 万件台）にピークを迎えたあとは減少し，2013 年から 2017 年にかけては 14 万件台で推移し，2018 年には 13 万件台になっていた。刑事裁判の新受件数（単位は人員）は，近年では 2004 年（11 万人台）がピークでその後は減少していた。2012 年から 2016 年にかけては 7 万人台で推移し，2017 年には 6 万人台になっていた。そうしたところ，民事裁判・刑事裁判ともに，新受件数は，コロナ禍入りした 2020 年以降も引き続き微減傾向にあるものの，コロナ禍による特段の影響があったようには見受けられない。

　他方で，既済件数を見ると，裁判所の事件処理の進捗実態を大まかに把握することができる。2020 年の事件処理はやや滞ったように見える。民事では，2020 年の既済件数は前年の 13.2 万件から 12.3 万件となり，9 千件ほど低下した。同時に，年末に積み残された未済件数は前年の 10.4 万件から 11.5 万件となり，1.1 万件増加した。刑事でも，2020 年の未済件数は前年 2.2 万人から 2.3 万人に増加した。一方，民事・刑事ともに，2021 年には新受件数よりも多い既済件数が処理されて未済件数が減少しており，事件処理の停滞は解消されたことがう

表 9.1　2017 ～ 2022 年の事件数の推移

	地裁民事			地裁刑事		
年	新受	既済	未済	新受	既済	未済
2017	146,680	145,984（100%）	100,923（69%）	68,830	69,295（101%）	20,789（30%）
2018	138,444	138,683（100%）	100,685（73%）	69,027	68,163（99%）	21,653（31%）
2019	134,935	131,559（97%）	104,061（77%）	67,553	67,220（100%）	21,986（33%）
2020	133,430	122,763（92%）	114,728（86%）	66,939	65,560（98%）	23,365（35%）
2021	130,861	139,020（106%）	106,569（81%）	65,151	66,020（101%）	22,496（35%）
2022	126,664	131,794（104%）	101,439（80%）	59,503	59,838（101%）	22,161（37%）

（注）民事は第一審通常訴訟事件で，単位は件。刑事は訴訟事件（第一審および再審）で，単位は人員。既済と未済の括弧内は同年の新受比。令和 3 年および 4 年司法統計年報概略版による。

表 9.2　2017 ～ 2022 年の平均審理期間の推移

	地裁民事		簡裁民事		地裁刑事		
年	全事件	対席判決	全事件	対席判決	全事件	裁判員	否認事件
2017	8.7	12.9	2.8	4.3	3.2	10.1	8.9
2018	9.0	13.2	2.7	4.3	3.3	10.1	9.2
2019	9.5	13.3	2.8	4.4	3.4	10.3	9.3
2020	9.9	13.9	3.7	5.5	3.6	12.0	10.1
2021	10.5	14.6	3.8	5.5	3.7	12.6	10.6
2022	10.5	14.6	3.4	5.1	3.8	13.8	11.2

（注）単位は箇月。令和 3 年および 4 年司法統計年報概略版による。

かがえる。

　次に，各年の平均審理期間[2]を見ると，2020 年以降，民事・刑事ともに審理期間が長くなっている（表 9.2）。コロナ禍で一時的に審理が延期されるなどの影響があったためだと推測される。地裁の民事事件については，2019 年と 2021 年で比較すると，約 1 ヶ月審理期間が長くなった（全事件では 9.5 から 10.5 ヶ月に，実質的な審理がなされた対席事件[3]の判決に限ると 13.3 から 14.6 ヶ月に変化）。なお，簡裁の民事事件についても，同様に約 1 ヶ月長くなった（全事件では 2.8 ヶ月から 3.8 ヶ月に，対席事件では 4.4 ヶ月から 5.5 ヶ月に変

2)　正確には，司法統計では「1 月以内」「3 月以内」のような階級区分で集計されており，その各階級の代表値で算出したものが平均審理期間として公表されている。
3)　被告側が，（何も反論せずに欠席するのではなく）口頭弁論期日に弁論を行った事件のこと。

化)。

これに対して,刑事事件は地裁の全事件の平均で見ると,2019 年(3.4 ヶ月)と 2021 年(3.7 ヶ月)の審理期間の違いは 9 日程度に過ぎない。刑事事件の大半は比較的軽い犯罪についての自白事件であり,1 回目の公判期日ですべての審理を行い,2 回目の期日で有罪判決が下されることが一般的である。これらの単純な事件については,コロナ禍の影響は限定的だったといえよう。他方で,時間がかかる裁判員裁判事件(裁判所,検察官,弁護人が争点を整理する公判前整理手続に時間がかかる)や否認事件のみを取り出すと,相当の影響が見られる。2019 年と 2021 年を比べると,裁判員裁判対象事件では 2 ヶ月以上(10.3 ヶ月から 12.6 ヶ月に),否認事件では 1 ヶ月以上(9.3 ヶ月から 10.6 ヶ月に)も審理期間が長くなっている。

2.2　緊急事態宣言 1 回目(2020 年 4 月〜5 月)　地裁民事

次に,各月の事件数の速報値データを追うことで,さらに詳細な動向を見てみたい。特に,新型コロナウイルス感染症の流行拡大によって発令された緊急事態宣言の時期に注目する。

緊急事態宣言は,感染症の全国的かつ急速なまん延により,国民生活および国民経済に甚大な影響を及ぼすおそれがある事態が発生した場合に,政府対策本部長が発令できるものである(新型インフルエンザ等対策特別措置法 32 条 1 項)。

2020 年 4 月 7 日に都市圏の 7 都府県[4]に 1 回目の緊急事態宣言が発令され,4 月 16 日に対象地域が全国に拡大された。当初は緊急事態宣言の実施期間は 5 月 6 日までの 1 ヶ月間の予定だったが,5 月 4 日になった時点で,感染拡大が収束しなかったことから 5 月 31 日までの期間延長が決定された。その後,5 月 14 日(8 都道府県[5]のみ継続)と 21 日(5 都道県[6]のみ継続)に段階的に解除されたのち,5 月 25 日に全部解除となった。

コロナ禍においては,緊急事態宣言の実施期間外にも,感染防止のために市民による自主的な外出自粛等は生じた。しかし,特に実施期間中は,不要不急

---

4)　東京,神奈川,埼玉,千葉,大阪,兵庫,福岡。
5)　北海道,東京,埼玉,千葉,神奈川,大阪,京都,兵庫。
6)　北海道,東京,埼玉,千葉,神奈川。

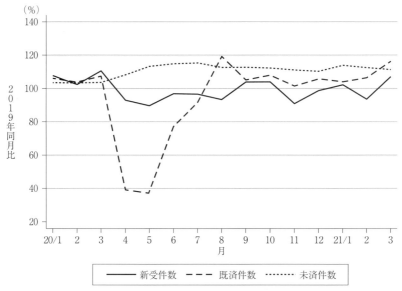

図 9.1　地裁民事裁判件数の各月推移（全国総数，2019 年同月比）

　の外出自粛要請や，多数の者が利用する施設の休業要請がなされた（同法 45
条）。そのため，裁判所のような多数の市民が利用する公的施設の運営は，緊
急事態宣言による影響を大きく受けた。

　まず，**図 9.1** は，全国の地裁の民事裁判（第一審通常訴訟事件）件数の月別
の動向をグラフにしたものである。ただし，件数には，もともと 1 年を通して
季節的な傾向がある。例えば，8 月は，裁判所の夏季休廷期間（夏休み）が入
るので既済件数は毎年少なめである。そのため，動向については，コロナ禍前
年である 2019 年の同月件数との比較（％）を指標として用いることにする。

　図 9.1 を見ると，緊急事態宣言が実施された 2020 年 4 月から 5 月にかけて，
既済件数が大きく低下したことがわかる。既済件数は，厳密にはたまたまその
月に終了した件数を意味するに過ぎないが，裁判所の事件処理の進捗実態を大
まかに把握することができる。この 2 ヶ月間には，多くの裁判所で，緊急事態
宣言を理由とする期日の取消し（＝審理の延期）が発生したとされる。すなわ
ち，2020 年 1 月から 3 月までは，前年同月比で 100％を超える既済件数の事件

処理が順調に行われていた。ところが，4 月の既済件数は 39%（2019 年 8,996件，2020 年 3,516 件），5 月は 37%（2019 年 9,888 件，2020 年 3,665 件）にまで落ち込んだ。さらに，宣言解除後も，6 月は 77%，7 月は 92% と若干の影響が残ったことがうかがえる。その後はこの間の停滞を挽回すべく，8 月は 119%と前年以上の水準の事件処理が進められ，9 月以降も前年をやや上回る水準で推移した。

　ちなみに，裁判所によって運用・対応は異なっていたようであり，地域差も大きい。感染拡大が深刻で緊急事態宣言の期間が長かった都市圏のほうが，既済件数の低下が大きかった。例えば，2020 年 5 月は前年同月比で，東京地裁22%，大阪地裁 31% だった。これに対して，感染者数がさほど深刻ではなく緊急事態宣言の期間が短かった地域では，東北地方（仙台高裁管内 6 地裁合計）64%，中国地方（広島高裁管内 5 地裁合計）87%，四国地方（高松高裁管内 4地裁合計）79% など，さほど低下しなかった。

　他方で興味深いことに，新受件数は既済件数と異なり，あまり低下しなかった。緊急事態宣言の期間中も前年同月比で約 9 割（4 月 93%，5 月 90%）の新受件数が全国で維持された[7]。これは，期間中においても，裁判所は文書の受付に関する業務は休止せずに継続する対応をとったためである[8]。それゆえに，当事者や代理人弁護士が裁判所に訴状を提出して，事件を持ち込むことが可能であった。もっとも，制度上は可能であっても，利用者がいなければ新受件数は少なくなるはずである。したがって，裏を返せば，緊急事態宣言で社会経済活動が停滞する中においても，民事裁判を利用して金銭的な紛争を解決したいという市民・弁護士のニーズは依然として存在していたことがうかがえる。

2.3　緊急事態宣言 1 回目（2020 年 4 月〜5 月）　簡裁民事

　次に，簡裁における民事裁判の動向も見てみよう（**図 9.2**）。簡裁で扱われる民事裁判は，金額が 140 万円以下の低額の事件に限られる。一方で，簡裁（全国 438 庁）は，地裁（全国 50 本庁と 203 支部）よりも多くの場所に設置され

---

7)　なお，新受件数についても若干の地域差はある。例えば，5 月は東京地裁 82% のほか，北海道（札幌高裁管内 4 地裁合計）75% など，一定の影響が見受けられた地域もあった。
8)　裁判所の対応の概要は，最高裁事務総局（2021）や杉山（2020）など参照。

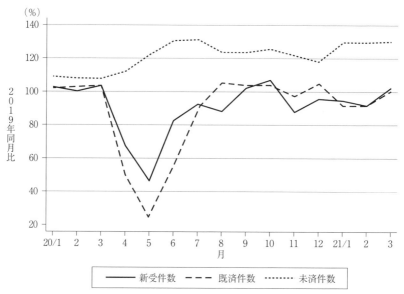

図 9.2　簡裁民事裁判件数の各月推移（全国総数，2019 年同月比）

ており，市民にとってより身近な紛争解決の裁判所として位置付けられている。

　そうしたところ，簡裁では，緊急事態宣言中の 2020 年 4 月から 5 月にかけて，地裁よりも事件処理の件数が大きく落ち込んだ。全国の簡裁の民事裁判（第一審通常訴訟事件）の既済件数の総数は，前年同月比で 4 月は 50％（2019 年 25,197 件，2020 年 12,660 件），5 月は 24％（2019 年 28,012 件，2020 年 6,724 件）にまで低下した。宣言明けの 6 月も 55％と低調であった。

　さらに，特に興味深いのは，新受件数の低下である。前述のとおり，地裁では，緊急事態宣言中も，前年同月比で約 9 割の新受件数が全国的に維持された。しかし，簡裁では，新受件数についても大幅な低下が見られた。全国の簡裁の新受件数は，前年同月比で 4 月は 67％，5 月は 46％だった。宣言明けの 6 月に入っても 83％であり，一定の影響が残った。

　簡裁には，2 つの特徴がある[9]。第 1 に，原告が代理人[10]をつけない事件

---

9)　代理人の割合，事件の割合に関する数値は，いずれも令和 2 年司法統計年報による。

（本人訴訟）が大半を占める。第 2 に，簡裁で取り扱われる事件は金額が少額であり，かつほぼすべて（97%）が金銭に関する事件である。これに対して，地裁の場合には，原告に代理人弁護士がついている事件がほとんどである[11]。また，取り扱われる事件の種類は，金銭に関する事件が多くを占める（66%）ものの簡裁ほど極端ではなく，建物・土地に関する事件などその他の事件も一定数存在する。

　したがって，新受件数に関して，地裁と簡裁で動向に違いが生じた理由については，次のように考察できる[12]。1 つ目は，事件の緊急性の違いが挙げられる。簡裁で扱われるのは 140 万円以下の低額の金銭に関する事件であるため，金額の大きい事件や不動産の明渡しなども扱う地裁に比べると，事件の緊急性が相対的に低い。そのため，簡裁では，緊急事態宣言中には，紛争当事者が裁判所に新規に事件を持ち込むことを自粛したのではないかと推測される。2 つ目は，原告側の代理人弁護士の有無である。弁護士は，いったん事件を受任すると，依頼者の権利および正当な利益のために最大限尽くすという職責を負い（弁護士職務基本規程 21 条），かつ専門職として速やかに着手し遅滞なく処理する義務を負う（同規程 35 条）。そのため，もし裁判所の受付窓口が開いているにもかかわらず，依頼者のための提訴を先延ばしにすれば，弁護士倫理にも抵触しかねない。また，弁護士自身の経済的動機もあったのではないかと考えられる。コロナ禍で収入が減少した弁護士もいたようである（岡田・加藤 2021）。民事裁判で生計を立てている弁護士は，受任時に着手金，終了時に成功報酬を受け取ることが一般的である。事件が終了しないと成功報酬を獲得できないため，緊急事態宣言中であっても，提訴して事件処理を進めたいという動機があっただろうと推測される。

---

10)　2020 年は，全体（297,145 件）のうち，代理人なしの事件 74%，原告のみ代理人あり 12%，被告のみ代理人あり 7%，双方代理人あり 7%（令和 2 年司法統計年報による）。なお，簡裁では，弁護士だけでなく，認定を受けた司法書士も代理人になることができる。

11)　2020 年は，全体（122,759 件）のうち，代理人なしの事件 8%，原告のみ代理人あり 45%，被告のみ代理人あり 3%，双方代理人あり 45%（令和 2 年司法統計年報による）。

12)　それ以外の理由として，簡裁が扱う事件類型のほうが緊急事態宣言中に紛争の発生自体が減りやすかったのではないかという可能性も考えられる。しかし，通常は当事者間で金銭的トラブルが発生して直ちに訴訟が起こされるわけではなく，最終手段の訴訟に踏み切るまでには一定期間を要するものであるから，上記理由による影響は（もしあったとしても）小さいと思われる。

2.4　緊急事態宣言 1 回目（2020 年 4 月〜5 月）　地裁刑事

　刑事裁判の件数（単位は人員）については，民事裁判とは異なる傾向が見られる（**図 9.3**）。刑事裁判では，既済件数の落ち込みについては民事裁判よりも限定的だったが，新受件数の減少が見られた。

　まず，全国の地裁での刑事裁判（刑事通常第一審事件）の新受件数は，2020年 1 月から 3 月までは，いずれも前年同月比で 100％を超えていた。そうしたところ，1 回目の緊急事態宣言に伴い，4 月は 87％，5 月は 76％と若干の減少が生じた。その後は，6 月に反動で 114％に跳ね上がり，7 月 92％，8 月 97％と概ね前年並みの件数に回復した。刑事裁判は，一般市民が訴訟を提起する民事裁判とは異なり，検察官が被疑者を起訴することで開始される。したがって，緊急事態宣言中の新受件数の減少については，検察庁の組織的な対応方針によるものと考えられる。特に，身柄が拘束（逮捕・勾留）されていない被疑者については，柔軟に起訴を遅らせるなどの対応がなされたのだろう。他方で，身柄が拘束されている被疑者については，時間的制約がある。最大 20 日間の勾留期間中に捜査を行い，起訴するか釈放するかを判断しなければならず，緊急事態宣言中であっても起訴を遅らせることは困難であった。そのため，新受件数の減少は小幅にとどまったのだろう。

　次に，刑事裁判の既済件数の全国総数は，2020 年 1 月から 3 月までは，いずれも前年同月比で 100％前後で推移していたが，緊急事態宣言に伴い，4 月は78％（2019 年 3,303 件，2020 年 2,592 件），5 月は 50％（2019 年 5,463 件，2020年 2,733 件）に低下した。すなわち，5 月は裁判所の事件処理が半分程度にまで低下した。一方で，4 月の時点では事件処理の停滞は限定的だったこともうかがえる。いずれにせよ，4 月 5 月ともに民事裁判（4 月 39％，5 月 37％）よりも，影響は限定的だった。

　また，刑事裁判においても地域差が見られた。民事裁判と同様に，感染拡大が深刻な都市圏で緊急事態宣言が長期間発令された地域のほうが，既済件数がより低下した。例えば，5 月の既済件数は，東京地裁は前年同月比で 40％，大阪地裁は 35％だった。これに対して，東北地方（仙台高裁管内 6 地裁合計）は61％，中国地方（広島高裁管内 5 地裁合計）は 60％であり，やはり感染者数がさほど深刻ではなく，緊急事態宣言の期間が短かった地域のほうが影響は限定

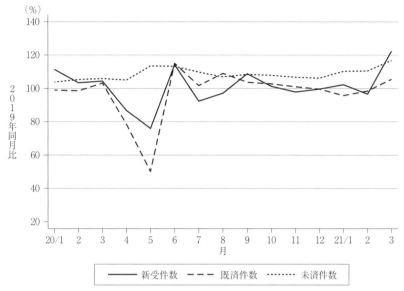

図 9.3　地裁刑事裁判件数の各月推移（全国総数，2019 年同月比）

的だった。もっとも，4 月の時点では，上記のとおり既済件数の低下は全国的
に限定的であり，地域別に見ても緊急事態宣言の発令の有無による影響は必ず
しも見られなかった。例えば，東京地裁（85％）や大阪地裁（73％）において
も，相当数の事件処理がなされている。公判段階で身柄が拘束（起訴後勾留）
されている被告人については，捜査段階とは異なり勾留期間に制約があるわけ
ではないが，被告人の人権の観点からは迅速な事件処理が求められる。そのた
め，東京地裁などでは，被告人が勾留中の事件については，緊急事態宣言中に
おいても，原則として通常どおり期日を実施する運用がなされていたことが公
表されている（最高裁事務総局 2021）。また，4 月中に駆け込みで事件処理を前
倒しする対応をとった裁判所もあったようである。例えば，北海道（札幌高裁
管内 4 地裁合計）では，4 月は 164％，5 月は 39％となっている。一方で，九
州地方（福岡高裁管内 8 地裁合計）47％，四国地方（高松高裁管内 4 地裁合
計）48％のように，4 月中から事件処理を減らし始めた裁判所もあった。

2.5　緊急事態宣言 2 回目（2021 年 1 月〜3 月）

　ここまでは，2020 年 4 月から 5 月にかけての緊急事態宣言 1 回目の期間における動向を整理した。緊急事態宣言によって一時的な落ち込みが生じた後，件数はすぐに回復したことがわかった。しかし，その数ヶ月後にも 2 回目の緊急事態宣言が発令される。

　2 回目の緊急事態宣言は，都市圏を中心に一部の地域にのみ発令された。2021 年 1 月 8 日にまず首都圏の 4 都県[13] に発令され，1 月 14 日にさらに 7 府県[14] が追加された。当初は 2 月 7 日までの 1 ヶ月間の予定で発令されたが，2 月 7 日に解除されたのは栃木のみであり，他都府県については延長された。後発の 6 府県については 2 月 28 日に解除され，首都圏の 4 都県については 3 月 21 日まで継続された。

　緊急事態宣言 2 回目は，裁判所における事件処理にどのような影響を及ぼしたのだろうか。結論から先に述べると，緊急事態宣言 2 回目はほとんど影響しなかった（**図 9.1** から**図 9.3** 参照）。まず，民事裁判については，2021 年 1 月から 3 月までの全国の地裁の新受件数は，コロナ禍前年の 2019 年同月比で，1 月と 3 月は 100％を超えており，2 月も 94％を維持した。既済件数も，1 月から 3 月まで 100％を超える事件処理がなされた。東京など緊急事態宣言が発令された地域に限って見た場合にも，特段の相違は見られなかった。

　刑事裁判についても，2021 年 1 月と 3 月の全国の地裁の新受件数は 2019 年同月比で 100％を超え，2 月は 97％であった。既済事件も，1 月から 3 月までどの月も 100％前後であり，通常水準の事件処理件数が維持された。東京など若干の停滞があったように見える地域もあるが，いずれにしても影響は限定的であった[15]。

　簡裁における事件処理にも，特段の影響はなかったようである。全国の簡裁の民事訴訟の新受件数，既済件数はともに，2019 年同月比で，1 月と 2 月は 90％を超え，3 月は 100％を超えた。

---

13)　東京，神奈川，埼玉，千葉。

14)　栃木，大阪，京都，兵庫，愛知，岐阜，福岡。

15)　例えば，東京地裁では，2 月の新受件数が 75％と一時的に低下したが，1 月と 3 月の新受件数はいずれも 100％を超えた。同じく既済件数は，1 月と 2 月は 80％台だが，3 月には 100％を超えている。

したがって，緊急事態宣言 1 回目の際に民事裁判，刑事裁判ともに裁判所の対応体制が整備され，2 回目の際には，裁判所の対応が停滞することなく，スムーズな事件処理がなされたことがうかがえる[16]。また，2 回目の際に，簡裁における事件処理（特に民事裁判の新受件数）が停滞しなかったことは，裁判所側の体制整備に加えて，利用者である市民の意識にも変化があったことも示唆している。つまり，緊急事態宣言 2 回目の期間中は，1 回目の期間中とは異なり，低額の事件であっても，市民が躊躇なく裁判所の利用を継続したということである。コロナ禍が長引き，緊急事態宣言も繰り返されるにつれ，市民ももはや過剰な外出自粛はしなくなり，かつ裁判所の利用は重要な用事である（つまり「不要不急」ではない）という認識に変わったのだろう。

3.　コロナ禍と民事裁判 IT 化

また，コロナ禍では，裁判手続に質的な変化も生じた。具体的には，事件処理の停滞という悪影響が生じただけでなく，民事裁判の IT 化の促進という前向きな効果も発生した。ちょうど近時，コロナ禍前から，民事裁判の IT 化の議論・導入が進められていた[17]。

しかし，コロナ禍前には，一部の弁護士からの根強い反対・抵抗の声もあったところである。そうしたところ，コロナ禍によってその風潮が変わり，IT 化の導入が円滑に進むこととなった。例えば，民事裁判手続におけるウェブ会議の活用は実務上すでに広く普及しており，一般的なものになりつつある。

3.1　民事裁判 IT 化の経緯

これまで，裁判手続の IT 化は他の業界と比べて，大きく遅れていた。諸外国と比較しても，大きく遅れていた。長年，日本の民事裁判においては，裁判所への書面の送付は郵送か FAX に限られてきた。FAX は，いまだに弁護士

---

[16]　なお，刑事については，その後も 2021 年 4 月（83％）と 2022 年 4 月（64％）などは，2019 年同月比で新受件数が下がっている。コロナ禍において，新年度での検察官の異動・転勤の際の引継ぎに時間を要したなどの事情があるのかもしれない。

[17]　民事裁判の IT 化については多くの文献がある。解説書として福田（2019）など。

業界内における主要な通信手段として使われている。例えば，日本弁護士連合会（以下「日弁連」）の会長選挙では，立候補者が全弁護士に対してさまざまな選挙運動を行うが，従来は電話・郵便はがきによる選挙運動が一般的だった。そうしたところ，2021 年 6 月には，FAX による選挙運動が解禁（廃止ではなく解禁である）されたばかりである。

このような業界環境の中で，民事裁判の IT 化の動きは，2017 年 6 月に内閣が閣議決定した「未来投資戦略 2017」が発端となった。「未来投資戦略 2017」の中で，国の成長戦略の一環として，裁判 IT 化の推進を検討することととされた。これを受けて，有識者で構成された「裁判手続等の IT 化検討会」が内閣官房に設置された。同検討会による「裁判手続等の IT 化に向けた取りまとめ」では，e 提出，e 事件管理，e 法廷という「3 つの e」の実現を目指すという基本方針が示された[18]。その後，細部の検討は法務省の管轄となり，2020 年 6 月から法制審議会民事訴訟法（IT 化関係）部会で法曹関係者や学者を交えて，制度改革に向けた具体的な議論が開始された。

上記「未来投資戦略 2017」の中で，民事裁判 IT 化の推進が挙げられた背景には，世界銀行が発表する「Doing Business」という 190 か国のビジネス環境ランキングの報告書において，日本が低い評価を受けたことが挙げられる（日下部 2021）。多くの評価項目で OECD 加盟国 35 か国中 20 番台に低迷してしまっていた。内閣は低評価項目の改善に取り組むこととしたが，特に低評価だった細目の 1 つが民事裁判 IT 化であった。すなわち，民事裁判 IT 化の議論・導入は，国際的なビジネス環境ランキングという外圧をきっかけに，いわば経済政策の一環として内閣によって主導されたものといえる。

なお，2017 年以前にも IT 化の試みが全くなかったわけではない[19]。しかし，具体的な IT 化の実現につながることはなく，諸外国[20] で裁判手続の IT 化が普及する中，日本では一向に議論が進まず，「失われた 20 年」と評されてきた（上田 2021 など）。

---

18)　同取りまとめの内容は，2018 年 6 月に閣議決定された「未来投資戦略 2018」にも反映された。

19)　2001 年の司法制度改革審議会意見書の中では，一応の言及がなされた。2004 年の民事訴訟法改正では，オンライン申立てを可能にする規定（民事訴訟法 132 条の 10）なども導入された。

20)　例えば，米国，ドイツ，韓国，シンガポールなど。

　民事裁判 IT 化を司法府が主導できなかった主な理由は，2 つ考えられる。1
つは，裁判所のリソースの問題であろう。予算や人的資源が限られる裁判所に
おいては，自発的に IT 化の改革の検討を始める余裕・動機に欠ける。もう 1
つは，弁護士会の消極的な姿勢である。裁判所の主要な利用者団体ともいえる
弁護士会が IT 化を強く要望すれば，もっと早くから改革が進んだのではない
かと推測されるが，弁護士会はこれまで裁判 IT 化の課題にさほど関心を示し
てこなかった。例えば，日弁連が 2012 年に公表した「民事司法改革グランド
デザイン」（制度改革に関する日弁連の視点・意見を記したもの）では，裁判
IT 化について一応の言及がなされた。しかし，他の項目については詳細な意
気込みが記されたのに対して，裁判における電子的手段の利用拡充を検討すべ
きという旨の抽象的な　言しか記されなかった。これはおそらく，裁判 IT 化
を希望する弁護士も多かった一方で，IT 化が遅れた業界内においては，IT リ
テラシーが低く不安・抵抗を感じる者も相当数存在しており，弁護士会として
の統一的な意見形成が困難だったためであろう。

3.2　民事裁判 IT 化の実現

　民事裁判 IT 化は，すでにコロナ禍前から，3 段階のスケジュールで進むこ
とが予定されていた。フェーズ 1 は争点整理手続（非公開手続）におけるウェ
ブ会議の利用開始（すでに開始），フェーズ 2 は口頭弁論期日（公開法廷）にお
けるウェブ会議の導入（2024 年 3 月までに予定），フェーズ 3 は書類提出と事件
管理の全面電子化である（2026 年 3 月までに予定）[21]。

　最初のフェーズ 1 は，法改正なしに導入できる IT 化である。民事裁判には
公開の法廷で審理をしなければ判決を出せないという建前（弁論主義）がある
ものの，実際には，非公開の場で裁判官を交えて争点を整理する打ち合わせが
重要な意義を持つ。従来は，このような争点整理手続を裁判官と双方の当事
者・代理人が裁判所内の準備室（会議室）に集まって実施していたが，フェー
ズ 1 の開始により，双方の当事者・代理人がウェブ会議の形式で出席できるよ
うになった。ウェブ会議ツールにはマイクロソフト社の Teams が採用され，

---

21)　また，フェーズ 3 の先行実施として，2022 年 2 月より一部の地裁では一部の書類（準備書面・
　　書証等）のオンライン提出が試行的に開始されている。民事訴訟法 132 条の 10 に基づく。

2020 年 2 月 3 日から一部の地裁で開始された。2020 年 12 月にはすべての地裁本庁で開始され，2022 年 7 月 4 日にはすべての地裁支部にまで導入が拡大された。同年 11 月 7 日にはすべての高等裁判所本庁・支部に導入された[22]。

　フェーズ 1 開始前には，弁護士の間ではウェブ会議の利用に消極的な声が根強くあり，民事裁判 IT 化をフェーズ 3 まで円滑に実現できるかが懸念されていた。しかし，導入時期がたまたまコロナ禍と重なったことが功を奏した。コロナ禍という突然の社会環境の変化によって，対面接触なしに裁判手続の進行を継続するために，ウェブ会議利用の必要性が高まった。そして，実際に裁判手続におけるウェブ会議を利用してみて，また社会全体においてウェブ会議の利用が一般的となったこともあり，弁護士の間でもウェブ会議に対する慣れと信頼感が醸成されたようである（弁護士と依頼者の打ち合わせにもウェブ会議の利用が広まった）。その結果，ウェブ会議の利用に表立って反対する声はほとんど聞かれなくなった。例えば，日弁連が 2020 年に実施したウェブ会議期日の経験者（回答者 167 人）に対するアンケートでは，非常に満足が 36％，やや満足が 43％であり，約 8 割の経験者は肯定的に評価している（平岡 2021）。また，弁護士検索・法律相談のポータルサイトを運営する弁護士ドットコム社が 2020 年に実施した弁護士向けアンケート（回答者 182 人）でも，民事裁判 IT 化に賛成が 58％，おおむね賛成が 30％であり，約 9 割が IT 化に肯定的な意見を持っているという結果が得られている[23]。

4.　おわりに――コロナ禍から見た司法制度

4.1　事件処理への影響

　裁判所における事件処理に対するコロナ禍の影響について，司法統計を読み解いた結果をまとめると，2020 年 4 月から 5 月にかけての緊急事態宣言 1 回目によって停滞が生じたが，一時的な停滞にとどまり，緊急事態宣言明けからの

---

22)　運用開始日は裁判所 HP に掲載のもの（https://www.courts.go.jp/about/topics/webmeeting_2022_1121/index.html, 2023 年 3 月 31 日アクセス）。
23)　弁護士ドットコムタイムズ（2020）。同社のポータルサイトへの登録弁護士は，全弁護士の半数近くに迫る。ただし，回答者が比較的 IT リテラシーが高い弁護士に偏っていた可能性はある。

回復は早かった。そして，2021 年 1 月から 3 月にかけての緊急事態宣言 2 回目
のときにはもはや裁判所が停滞することなく，ほぼ通常どおりの事件処理がな
された。1 回目の際の 2 ヶ月間の停滞によって，裁判終了が遅れるなどの影響
は生じたが，総合的に見れば，コロナ禍という未曾有の困難な社会状況下にお
いて，裁判所では迅速な対応がとられ，市民への司法サービスが全うされたと
評価できるように思われる。

　そして，裁判の種類によって影響に違いが見られたが，それらの違いはそれ
ぞれの裁判の本質に起因すると考えられる。すなわち，刑事裁判の場合には，
特に身柄を拘束されている被告人については，被告人の人権の観点から迅速な
事件処理が求められる。そのため，緊急事態宣言 1 回目の実施中においても，
可能な限り事件処理を進める対応がとられ，（民事と比べると）既済件数の低
下は限定的だった。これに対して，民事裁判の場合には，私人間の紛争解決サー
ビスを提供することが本質であり，公権力による身体拘束などはないため，
緊急事態宣言の間は無理に手続を進めることなく審理が延期され，刑事よりも
既済件数が低下した。

　また，コロナ禍のような困難な社会状況下における市民の司法アクセス（裁
判所の利用）については，弁護士が果たす役割が大きい可能性も示唆された。
つまり，民事裁判では，本人訴訟を中心に扱う簡裁においてのみ，緊急事態宣
言 1 回目の期間の新受件数が大幅に低下した。市民が裁判は不要不急の用事だ
と認識して，新たな事件を裁判所に持ち込むことを自粛したのではないかと推
測される。これに対して，代理人弁護士がつく事件が多い地裁の民事裁判に関
しては，緊急事態宣言中にも前年同月比で 9 割以上の新受件数が維持され，お
おむね通常どおりに新たな事件が裁判所に持ち込まれ続けた。

4.2　司法制度を問い直す

　裁判所への影響は，表面的には緊急事態宣言 1 回目の約 2 ヶ月間のみにおけ
る一時的な停滞だったようにも見えるが，司法制度の設計のあり方そのものを
問い直す契機にもなった。民事裁判のあり方，刑事裁判のあり方，改革主体の
あり方という 3 点について，簡単に問題提起を述べてしめくくりとしたい。

　第 1 に，民事裁判に関して，地裁よりも簡裁のほうが緊急事態宣言下での停

滞が生じた。その理由については，弁護士の存在意義と絡めて上記で考察したとおりである。とはいえ，本来は市民により身近な紛争解決サービスとして機能するはずの簡裁のほうが，困難な社会状況下において利用が停滞してしまったことには課題もあるように思われる。民事裁判 IT 化の進展と併せて，今後は，民事裁判手続の設計をさらに柔軟に再考してもよいのではないだろうか[24]。

そもそも民事裁判の本質は市民のための公的な紛争解決サービスであるから，究極的には当事者同士に納得感・満足感がある公正な手続さえ提供されていれば，既存の民事裁判の枠組みに必ずしも固執する必要はないようにも思われる。現在の民事裁判では公開の法廷における当事者が主張を述べるという弁論主義の建前が維持されているものの，実際には書面（訴状・準備書面と呼ばれる主張書面と，書証と呼ばれる書面形式の証拠）中心の審理が行われている。そうだとすれば，例えば，e 法廷の導入にとどまらず，オンライン上での書面提出のみで審理できるような簡易な紛争解決サービスの導入を新たに検討してもよいのではないか。期日への出頭が不要な簡易サービスは，市民の利便性の観点から需要が高いと推測されるし，コロナ禍のような困難な社会状況が突発的に発生した際にも機能しやすいのではないかと予想される。

第 2 に，刑事裁判に関しては，なるべく通常どおりの事件処理を進める対応がとられた一方で，感染防止のための措置については，刑事裁判手続の適正さの観点や被告人の人権の観点からの課題も見受けられた。例えば，裁判員裁判において，証人の人数を減らしたり証人尋問の時間を短縮したりする提案が裁判官からなされた事案もあるようである（椎野 2021）。また，感染防止のための傍聴席の過度な制限は，被告人の「公開裁判を受ける権利」（憲法第 37 条 1 項）の観点からは望ましくない。

そして，感染防止のための証人や被告人のマスク着用については，供述者の表情がよく見えず，供述の信用性判断のための非言語的要素の 1 つが欠落するのではないかという問題が刑事弁護人らから指摘されている（小林 2020; 半田 2022 など参照）。常時マスク着用を要請するのが裁判所側の原則だったのに対して，マスクに代替して，透明なフェイスガードやアクリル板の使用を求める

24）　民事裁判の運用改善の議論は，IT 化をきっかけに近時活発になっている。例えば，横路ほか（2022）など。

弁護人もいたようである。これは実は，供述の信用性判断の根本的なあり方にもつながる問題である。証人や被告人による供述の信用性判断の際には態度・迫力・雰囲気などの印象を重視すべきではなく，供述内容に整合性があるか，客観的証拠と整合性があるかを慎重に検討すべきだというのが刑事事実認定の一般的な考え方であり（司法研修所 1999），多くの裁判官はこの立場に立っていると思われる。すなわち，法廷におけるマスク問題は，供述の信用性判断における非言語的要素の扱いのあり方を改めて問うたものだといえる。

　第3に，民事裁判IT化については，①（司法府主導ではない）内閣主導の経済政策が発端となって実現に向けての議論・導入がすでに進められていたところに，②偶然コロナ禍が重なった。いわば2つの外圧が合わさったことで，ようやく裁判のIT化が円滑に進むこととなった。特殊な外圧によって半ば強制的に，司法制度の改革が実現したように見える。なお，やはり設備整備や法改正等の事前準備が必要であるため，コロナ禍のみでは，民事裁判におけるウェブ会議利用の普及は実現しなかっただろうと推測される。実際，刑事裁判については，コロナ禍における突然のIT化はなされなかった[25]。

　このようにIT化という改革の実現を外圧に頼らざるをえなかったという点については，課題が残る。なお，この課題は今回の民事裁判IT化のみで生じた現象ではなく，以前から続いている課題である。2000年代以降，裁判員制度，法科大学院制度，弁護士の裁判官任官制度の導入などの司法制度改革が実施されてきたが，これらも発端は，新自由主義的な諸改革の一環として内閣が主導したものであった[26]。司法権の独立（三権分立）の観点，またより良い司法サービスの市民への提供の観点からは，司法府自身が主導的・主体的に司法制度の改良・設計を継続的に推進していける体制を構築することが望ましいと思われる。

謝辞：執筆に際して，鈴木靖裕弁護士（福島県弁護士会）からさまざまな貴重なコ

---

25)　刑事裁判の打合せ期日は電話で開催されるケースもあったが，原則として対面で行われたようである。なお，刑事裁判のIT化についても，2022年6月に法制審議会刑事法（情報通信技術関係）部会が設置され，議論は始まっている。

26)　佐藤（2022, 139-147頁）など参照。2001年に改革の基本方針を提示した司法制度改革審議会は，内閣によって設置された。

メントをいただいた。感謝申し上げる。

参考文献

上田竹志（2021），「コロナ禍と民事司法の IT 化」『法律時報』93（3），1-3 頁。

氏本厚司（2011），「東日本大震災と裁判所」『ジュリスト』1427，130-135 頁。

岡田英・加藤結花（2021），「売り上げ大幅減の "マチ弁"『デジタル』で分かれた明暗」『エコノミスト』99（11），14-16 頁。

北澤晶（1995），「阪神・淡路大震災と裁判所」『ジュリスト』1070，179-181 頁。

日下部真治（2021），「裁判 IT 化の現在地」『NIBEN Frontier』2021 年 10 月号，24-29 頁。

小林英晃（2020），「被告人の権利を『自粛』させる刑事裁判」『法学セミナー』65（12），30-35 頁。

最高裁事務総局（2021），「裁判の迅速化に係る検証に関する報告書（第 9 回）」(https://www.courts.go.jp/toukei_siryou/siryo/hokoku_09_hokokusyo/index.html，2023 年 3 月 31 日アクセス)。

佐藤岩夫（2022），『司法の法社会学 II──統治の中の司法の動態』信山社。

椎野秀之（2021），「コロナ禍の刑事裁判と弁護活動（裁判員裁判編）」『NIBEN Frontier』2021 年 1・2 月合併号，42-45 頁。

司法研修所編（1999），『犯人識別供述の信用性』法曹会。

杉山悦子（2020），「新型コロナにより顕在化した民事訴訟の課題」『法学セミナー』791，18-23 頁。

半田靖史（2022），「コロナ禍における刑事裁判実務」『判例時報』2514 号，138-140 頁。

平岡敦（2021），「IT 化される民事訴訟」『自由と正義』72（11），15-20 頁。

福田剛久（2019），『民事訴訟の IT 化』法曹会。

弁護士ドットコムタイムズ（2020），「民事裁判手続 IT 化アンケート vol.1」(https://www.bengo4.com/times/articles/176/，2023 年 3 月 31 日アクセス)。

横路俊一ほか（2022），「民事裁判手続に関する運用改善提言（民事裁判シンポジウム）」『判例タイムズ』73（3），5-67 頁。

第 10 章

国際保健法の遵守確保：管理，制裁，報奨

中島啓

本章のハイライト

1. 公衆衛生に関する国際協力を司る世界保健機関の円滑な任務遂行は，加盟国の協力に深く依存している。

2. COVID-19 パンデミックは，何らかの「制裁」を通じて加盟国の協力を促す方向性の限界を改めて浮き彫りにした。

3. 「制裁」の代わりに「報奨」を通じて，保健衛生にかかる国家の国際義務履行をある程度促せないかが問われる。

---

1. はじめに

　公衆衛生に関する国際協力を司る世界保健機関（WHO）[1] の任務遂行は，加盟国からの適時の情報提供に深く依存している。そこで，疾病の国際的伝播の防止を目的として世界保健総会（WHO 加盟国総会）にて採択された国際保健規則（2005）[2] は，「国際的に懸念される公衆衛生上の緊急事態」に相当しうる事象を自国領域内にて捕捉し評価した加盟国に対し，当該事象に係る情報を 24

1）　国際連合の専門機関として 1948 年に設立され，本章執筆時点（2023 年 7 月）で 194 か国が加盟する国際組織である。設立経緯につき，安田（2014, 129-166 頁）。

時間以内に WHO に対して通報する義務を課している（第 6 条）。しかし，新型
コロナウイルス感染症（COVID-19）パンデミックは，こうした情報提供を基礎
とする国際保健協力の制度設計の脆弱性を改めて浮き彫りにした。次の 2 つの
経緯およびその対比がとりわけ示唆的である。

　2019 年 12 月 31 日，中国武漢にて「原因不明の肺炎」の発生が報告された。
発生源と目される海鮮市場は翌 1 月 1 日に閉鎖されたものの，中国保健当局が
新型のコロナウイルス（SARS-Cov-2）が原因である旨 WHO に通報したのは 1
月 9 日，人から人へ感染する事実を発表したのは 1 月 20 日であった（The
State Council Information Office of the People's Republic of China, 2020, pp. 7-12）。
加えて，実際にはもっと早い段階で事象を捕捉していたはずとの見方も根強く，
中国政府の初動には「遅れ」があり，上述の通報義務の懈怠に相当すると主張
されてきている（Bagares 2020）。もっとも，仮に違反があったとして，強制執
行力を持たない国際保健規則上の義務に従わない国家を「罰する」術があるわ
けではないという制度的限界は，感染拡大の当初から意識されてきた[3]。

　2021 年 11 月 24 日，南アフリカ政府は，事後にオミクロン株と呼称される
ようになる SARS-Cov-2 ウイルスの新型変異株（B.1.1.529.）が自国領域内にて
広く伝播している事実を捕捉し，速やかに WHO に通報した（WHO 2021b）。
WHO アフリカ地域事務局は南アフリカ政府の対応の迅速さと透明性を称賛し
たものの（WHO Regional Office for Africa 2021），米国をはじめとする一定の諸
国は，感染拡大防止のため南アフリカとの往来を制限[4]するという「罰」（WHO
2021d）を課すに至った。渡航制限は大きな経済的損失を招来するものであり[5]，
そうであるがために，他ならぬ国際保健規則が過剰な反応を控えるよう求めて

---

2)　古典的な感染症（ペスト，コレラ，黄熱病等）を念頭に置いた従来の国際衛生規則（1951）およ
　　び同規則を改正改称した国際保健規則（1969）では，今日的な脅威（重症急性呼吸器症候群（SARS），
　　新型インフルエンザ等）に対応できていないとの問題意識と，2003 年に中国で実際に発生した SARS
　　への対応等を背景として，2005 年に採択された。経緯につき，西（2022, 281-284 頁）。

3)　"China hid the severity of its coronavirus outbreak and muzzled whistleblowers — because it can,"
　　Vox（10 February 2020），at https://www.vox.com/2020/2/10/21124881/coronavirus-outbreak-china-
　　li-wenliang-world-health-organization.

4)　"WHO criticizes travel bans on southern African countries over new omicron variant," *NBC News*
　　（29 November 2021），at https://www.nbcnews.com/news/world/who-criticizes-travel-bans-southern-
　　african-countries-over-new-omicron-n1284856.

いるにもかかわらず，である（第 43 条 1 項）。

　強制執行力の裏付けを欠く義務の履行をいかに確保するかはそれ自体として問われる課題であるに加えて，通報義務の履行の結果として他国が過剰な渡航制限措置を実施することが予期されるならば，自国内における公衆衛生上の問題事象の発生を捕捉した加盟国は，当該事象を通報するどころかむしろ隠蔽することにこそ誘因を見出すことになりかねない。古くから意識されてきたこうした「悪循環」（Drolle 1968, p. 792）について，国際保健規則は，「国際交通及び貿易に対する不要な阻害を回避し，公衆衛生リスクに応じかつそれに限定した方法で」疫病の拡大防止対策を目指すという理念を提示するものの（第 2 条），その実現のための制度的な裏付けを十分用意しているわけではない。

　では，通報義務の懈怠に対して何らかの「罰」を設けることはできるのか。あるいは，保健衛生上の懸案事象が発生した国に対して過剰な渡航制限措置という「罰」を他国が一方的に課すことを防ぐ手立てはないのか。ポストコロナ時代の国際保健協力のあり方は，主として新たな「パンデミック条約」の締結と国際保健規則（2005）の改正を通じて議論され，いずれも 2024 年 5 月の世界保健総会での投票が目指されている。しかし，草案・改訂案が提出されたにとどまる本章執筆時点では，議論動向の見通しは不透明である。そこで本章では，これら萌芽段階の動きに触れつつも，国際義務の遵守確保をめぐる理論研究の動向を手がかりとして，国際保健法[6] の遵守確保のあり方を考えてみることとする。今般のパンデミックにより浮き彫りとなった課題を克服するための具体的な提言をするというよりは，その前提として，国際保健協力体制の今後のあり方としてありうる方向性を理論的に整理してみることとしたい。

　以下ではまず，従来の国際法遵守理論において中心的な位置を占めてきた「管理」モデルと，それに対する（再）批判として提示される「制裁」モデル

---

5) "Anger simmers over Omicron travel bans in southern Africa," *CNN* (4 December 2021), at https://edition.cnn.com/2021/12/04/africa/africa-travel-ban-omicron-variant-intl-cmd/index.html.

6) 感染症対応に関する国際規律は，規律対象の広がり（人権や医薬品アクセス）やアプローチの包括性（人と生態系の健康を一体的に捉える）などに鑑み，今日では「グローバル・ヘルス（ガバナンス/法）」と呼称されることもある。しかし，本章が対象とする通報義務および渡航制限措置の問題は基本的に国際保健規則（2005）上の加盟国の権利義務関係に収斂することから，本章では従来的な国際保健法の語を用いることとする。

を紹介し，国際保健法の遵守確保をめぐる現状を整理する（第2節）。その上で，遵守理論において近年有力に提唱される「報奨」モデルが，国際保健法上の義務遵守確保に関して与えうる含意についても触れる（第3節）。

2.　管理と制裁

　国際法の遵守を論じる際に出発点となるのはヘンキン（Louis Henkin）の著作であり，強制執行力の裏付けを欠くにもかかわらず「ほとんどすべての国家が，ほとんどすべての国際法の原則と義務を，ほとんどすべての場合に守っている（"almost all nations observe almost all principles of international law and almost all of their obligations almost all of the time"）」との著名な一節である（Henkin 1979, p. 47）。義務違反に対する制裁の存在が遵守の主因ではないと説くこの議論は（Henkin 1979, p. 49），国際法学において幅広く流布している一方で（Rausitiala 2005, p. 602），制裁に代わって遵守を導く多様な要因を列挙するのみで理論的明確性に乏しいと指摘され（Rausitiala and Slaughter 2002, p. 540），また実証的な裏付けを伴わない主張と受け止める向きもある（Dunoff 2021, p. 207）。もっとも，議論の出発点として据えられている「国家が国際法を守るのはそのことに利益があるからであって，違反する利益が遵守する利益を上回る場合には法や義務を無視するであろう」という命題からは（Henkin 1979, p. 49），行為者は自身の利得最大化を目指して行動すると仮定する合理的選択論に近い立場を念頭に置くものとして読み解くことはできる（内記 2010，84頁）。

　ヘンキンと同様，強制執行力によらずに国際義務の遵守を説明しかつ誘導する議論を展開したのがチェイスら（Abraham Chayes and Antonia Handler Chayes）であり，国家には国際義務を遵守する志向（propensity）があるとの命題を次の3点から基礎付ける。第1は効率性であり，費用便益の再計算というコストを伴う意思決定を都度行うに比べて，規定のルールに従うことで取引費用を抑えることができる。第2は利益であり，国家は条約締結交渉過程において自らの利益を組み込むことに成功したからこそ当該条約に加盟するのだから，その遵守は概して国家の利益に適うはずである。第3は規範であり，国家が自らの行動を正当化するためのディスコースを国際法が枠付けるのだから，規

範の存在それ自体が国家の遵守行動を促す独立した理由となる（Chayes and Chayes 1995, pp. 3-8）。にもかかわらず不遵守が発生してしまうのは，国際義務を規定する条約文言の曖昧さや，義務を履行する際に必要な人的財政的リソースの制約，また条約内容の実現まで一定期間の経過を要する場合には当該過渡期における遵守状況の評価が難しいという時間的側面が挙げられる（Chayes and Chayes 1995, pp. 9-17）。そして，これらを原因とする条約不遵守は意図的な義務違反ではない以上，強制執行措置をもって対処するのは不適切であり，代わって遵守の管理（management）を目指した対応こそが望ましいと考える（Chayes and Chayes 1995, pp. 3, 22）。かくして提唱される「管理モデル」は，意思決定を都度行うコストを抑えるため条約当事国が相互に透明性を確保し，条約文言の曖昧さに対処するため紛争処理制度を設け，そして条約義務を実施するリソースを欠く国家に対してキャパシティビルディングを提供するといった遵守を促すための各種の手法を重視し，行動変容に向けた広義の説得のプロセスとしてそれらを統合的に把握する（Chayes and Chayes 1995, pp. 22-28）。

　このように「管理モデル」は，国際義務の遵守を強制執行措置によって裏付けようとする考え方に代わるアプローチを提示しようとしたところ，その後，強制執行力を重視する立場からの再批判を受けることとなる。非協力ゲーム理論の国際政治への応用などで著名なダウンズ（George W. Downs）らは，個々の国際条約が目指す「協力の深さ（depth of cooperation）」に着目した批判を展開し，現状からのより大きな変容を目指した「深い（deep[er]）」条約であればあるほど，協力へのインセンティブと同時に違反へのインセンティブも高まることから，意図的な違反を抑制するためには制裁のメカニズムがやはり重要になると説く（Downs et al. 1996, pp. 380, 383-384）。逆に，制裁の担保なくして幅広く義務遵守が達成されているとするならば，それは国家に対して要求する行動変容が限定的な「浅い（shallow）」条約だからであると見る（Downs et al. 1996, p. 399）。国家がいずれにせよ行動するであろうことを条約が書きとどめているに過ぎないと捉えるわけである（Rausitiala 2005, p. 602）。

　本章の目的はこうした理論的な論争そのもの[7]に立ち入ることではなく，

7）「管理モデル」をめぐる論争の概要として以下を参照。Raustiala and Slaughter（2002, pp. 542-544），Ranganathan（2014, pp. 114-119），内記（2010, 83-87 頁），小森（2015, 141-144 頁）。

そこで提示されてきたモデルを通じて国際保健法の今後のあり方をめぐる議論の方向性を整理することである。この点，2022 年 5 月の世界保健総会において国際保健規則（2005）の改訂作業が議決され（WHO 2022a），同年 9 月末までに加盟国が改訂案を提出し（WHO 2023b），WHO 事務局長が招集する検討委員会（Review Committee）[8] がその作業の後，2023 年 1 月に技術的勧告（technical recommendations）を報告書の形式で発出した（WHO 2023a）。ここでは，加盟国が提出した改訂案および検討委員会の勧告に触れながら，加盟国による WHO への通報義務の遵守確保，そして速やかに通報した国に対して他国が課す過剰な渡航制限措置の抑制という，本章冒頭で紹介した課題（WHO 2023a, p. 7）をどのように克服しうるかを見ていくこととする。

　まず，加盟国が WHO への通報に際して依拠すべき判断基準や提供すべき情報の範囲を明確化することを通じて，通報義務遵守を誘導することが考えられる。いかなる事象が国際保健規則（2005）第 6 条にいう「国際的に懸念される公衆衛生上の緊急事態」に相当するかの判断は多面的な科学的疫学的評価を含むため，判断基準をあらかじめ分節化・具体化（アルゴリズム化）しておくことで（WHO 2023c, pp. 39-40），意思決定コストの低減を通じた遵守誘導を期待できると考えられる。また，通報すべき情報の範囲に関連して，少なくない数の加盟国が遺伝子配列データ（genetic sequence data: GSD）を明示的に含めるよう提案している（WHO 2023c, pp. 5-6）背景には，病原体の分析特定およびそれに基づく感染症対策の実施において GSD へのアクセスが重要な地位を占める事実を見出すことができる（WHO 2023a, p. 38）。このように，通報すべき情報の少なくとも核心部分の内容を明示することは，通報義務の履行が感染症対策過程においてどのような意味を持つものとして期待されているかにつき共通了解を得ることに繋がり，義務履行に際しての加盟国の費用便益の再計算コストを低減するものと考えられる。この観点からは，通報すべき情報の範囲を無闇に拡大してしまうことは第 6 条に基づく通報義務の存在理由についての共通了解を希薄化してしまうことになりかねない。GSD に加えて疫学臨床データも提

8）　COVID-19 パンデミック下における国際保健規則（2005）の運用の検討を目的として，2020 年 9 月 8 日に WHO 事務総長により召集された。個人資格で任務を遂行する 20 名の公衆衛生専門家等により構成される。WHO（2021a, p. 9）.

供すべき情報に含めるべきとの加盟国提案（WHO 2023c, p. 5）に対して検討委員会が慎重姿勢（WHO 2023a, p. 38）であることは，この観点から一定の意味を持つものとも位置付けられる。ただし，検討委員会の姿勢は，通報すべき情報量の増大が加盟国の負担として理解されそのことで規則改訂の実現が妨げられかねない点を理由とするものであり，その限りでは，国際保健規則の改訂作業もまた，国家の行動変容が限定的な「浅い」国際約束を目指しているに過ぎないとの批判を受けることとなってしまうかもしれない。もっとも，第 6 条をめぐっては，GSD の提供はむしろ不要であると明示すべきとの反対提案も存在することから（WHO 2023c, p. 5），本章執筆時点での改訂の動向はなお流動的である。

　加盟国による義務履行を監視するメカニズムとしては，WHO 全加盟国から構成される「履行委員会」の設立や，専門家により構成される「遵守委員会」を設置する案のほか，既存の WHO 総会に遵守監督責任を課す案など，これまでさまざまな提案がなされている。いずれも，提供された情報に基づき義務履行を監督し，必要に応じて技術的支援や助言を行い，そのために追加情報の提供の要請や必要な勧告の発出といった比較的穏当な権限の付与を提案するものである（WHO 2023c, pp. 27-30）。その意味で，意図しない不遵守への処方箋である「管理モデル」に即した改訂の方向性を見出すことができる。その一方で，第 6 条に基づき通報すべき事象を加盟国が意図的に隠蔽するといった，義務の意図的な違反を念頭に置くと考えられる改訂案はこれまでのところ見当たらず，「管理モデル」が例外として扱う違反類型への対応が手つかずとなる懸念がある。

　渡航制限措置に一定の歯止めがかけられるべきこと自体は，現行の国際保健規則（2005）においてすでに表現されており，WHO の勧告を超えて実施される追加的な措置は，懸案の公衆衛生上のリスクに比例したものでなければならない（第 43 条 2 項）。そこで，改訂作業における課題はむしろ，個々の加盟国による比例性判断をどこまで枠付けることができるかにある。現行規則では，追加的措置を実施する加盟国は，その公衆衛生上の根拠および関連する科学的情報を WHO に提供することが義務付けられ，WHO は，提供された情報の検討を踏まえ，加盟国に対して追加的措置の実施を再検討する（reconsider）よう

要請できる（同3・4項）。用語の通常の意味からして，加盟国が「再検討」を
行った結果として追加的措置を維持することが排除されるわけではない。これ
に対して，一部諸国（アフリカ諸国）が提出した改訂案は次のような仕組みを
構想する。まず，加盟国が実施する追加的措置が比例性を欠くと WHO が判断
する場合，WHO は，当該加盟国に対して当該措置を修正または廃止する（mod-
ify or rescind）よう勧告しなければならない（shall）。加盟国はその後，当該勧
告を実施するか，不服がある場合にはその再検討を一定期間内に求めることが
できる。この再検討要請を扱うのは緊急委員会（規則第48条に基づき WHO 事
務局長が設置する）であるところ，再検討要請に対して行う緊急委員会の決定
が最終的（shall be final）なものとなる（WHO 2023c, pp. 21-22）。つまり，単な
る「再検討」を超えた措置の修正や廃止を勧告できるのみならず，加盟国が追
加的措置を維持しうるか否かについての最終的な判断権限を WHO の側が有す
るとするのが，アフリカ諸国提案の骨子である。「準司法的」とも呼びうるこ
うした仕組みが実現されれば，保健衛生上の懸案事象が発生した国に対して他
国が一方的渡航制限という「罰」を課してしまうという懸案の課題を制度設計
上は解決することになる（緊急委員会の最終判断の不履行という問題は別途残
る）。にもかかわらず，興味深いことに，そうした懸案の課題をつとに念頭に
置いている検討委員会は，アフリカ諸国の改訂案を必ずしも歓迎しておらず，
上記の改訂案が加盟国の主権をむしろ不当に制限しかねない点を懸念する
（WHO 2023a, p. 68）。最終判断権限の委譲という比較的強力な制度的裏付けを
もって渡航制限措置を抑制しようとするアフリカ諸国の改訂案は，現状を大き
く変更する「深い」国際約束の実施には相応の強制的メカニズムが必要である
と説くダウンズの議論を背景に読み解くことができる。しかし，まさにそうし
た「深い」国際約束へと変更する提案であるがために加盟国間での合意形成が
困難となりかねないと，検討委員会は懸念していると見ることができよう。

3.　報奨

　前節で見たように，国際保健規則（2005）の改訂作業において，通報義務の
意図的な違反に対して何らかの強力な制裁の仕組みを制度的に導入しようとす

る提案が活発になされているわけではなく，渡航制限措置に関して一部に見られる踏み込んだ提案は必ずしも肯定的な評価を受けてきてはいない。むしろ，加盟国から提出される改訂案の多くが遵守誘導を目指したものであることを踏まえるならば，その理論的支柱として据えられるであろう「管理モデル」の理論的深化から一定の示唆を得ることができないかが検討に値する。こうした観点から，本節では，国際法遵守において報奨（rewarding）のメカニズムが果たす役割を重視するファン・アーケンら（Anne van Aaken and Betül Simsek）の理論研究（van Aaken and Simsek 2021, pp. 195-241）を参照し，国際保健法のあり方について何らかの示唆が得られないかを検討する。

　ファン・アーケンらによれば，報奨とは，「期待値のベースラインとの比較において対象者の価値位置（value position）が向上すること」と定義され，金銭や技術，社会的承認から評判といった「肯定的に評価される有形的または非有形的な財の移転」が含まれる（van Aaken and Simsek 2021, p. 196）。ここでいう期待値のベースラインは対象者が将来に対して抱く合理的期待に基づき設定され，ある行動によりベースラインからの価値位置の向上が見込まれる場合には報奨，その低減が見込まれる場合には罰として捉えられる。したがって，罰を受けるであろうことがベースラインとして見込まれる場合にはその減免がむしろ報奨と捉えられ，報奨を受けるであろうことがベースラインとして見込まれる場合にはその剥奪が罰と捉えられる（van Aaken and Simsek 2021, pp. 203-204）。

　この点，報奨と罰がともに義務遵守を促すであろうことそれ自体は容易に理解されるところ，ファン・アーケンらの主張の骨子は，報奨が罰と等価ではなく，報奨の方が遵守誘導メカニズムとして優れているとする点にある。合理的選択論を前提とすると，国家が条約義務に違反するのは不遵守の利益が遵守の利益を上回るからであるため，義務遵守を誘導するためには不遵守の利益を帳消しにすることが重要であり，それを達成しうる限りにおいて罰と報奨は等価と観念される（導入コストが相対的に低い措置が選択されるに過ぎない）（van Aaken and Simsek 2021, p. 218）。ファン・アーケンらはこの理論的前提に疑義を呈し，行動経済学・心理学的分析を踏まえ，罰よりも報奨の方がより良い結果をもたらしうると主張する（van Aaken and Simsek 2021, p. 197）。なぜなら，罰

は対象者の心理において否定的に受け止められ，それに対する抵抗や反発といった非協力的な行動を招きうるということが国家間関係でもあてはまるからである（van Aaken and Simsek 2021, pp. 227-228）。とりわけ国家指導者層の心理に着目すると，罰を回避するために義務に従っているとの外観を呈することは自らの強さに対する評判を貶めかねないものと捉えられ，これを回避し自らの面子を保つためにあえて不遵守が選択される可能性すら生じてしまう（van Aaken and Simsek 2021, pp. 231-232）。このように，罰による遵守誘導が対立・緊張関係を硬化させる危険を有しているのに対し，報奨はより中立的に，遵守による相互利益を強調するかたちで遵守誘導メカニズムを定式化するものであるから，将来における協力の繰り返しを促進しうる点で罰よりも優れていると捉える（van Aaken and Simsek 2021, pp. 232, 234）。

　以上に加えて，罰を導入し仕組みとして維持すること自体から（罰を課すことから生じるそれとは別の）コストが生じている，とファン・アーケンらは主張する。軍備の維持といった明白な例はもちろんのこと，例えば経済分野において各国が備える各種の制裁制度は，その存在自体によって国際貿易投資関係に不確実性というコストをもたらしているとされる（van Aaken and Simsek 2021, pp. 220-221）。対する報奨の仕組みも当然ながらコストがかかるものの，金銭的報奨の仕組みは国際平面では稀であるとの理解を示しつつ，賞賛（praising）といった非有形的な報奨を用いればコストは相対的に抑えられるとする（van Aaken and Simsek 2021, p. 221）。

　国際法遵守理論を報奨という観点から推し進めたファン・アーケンらの論稿は大きな注目を集め，すでに多くの論評が公刊されている[9]。以下では，こと国際保健法のあり方に関していかなるインプリケーションを持ちうるかについて焦点を当てて検討を進める。

　まず，公衆衛生上の緊急事態に相当しうる事象を捕捉した加盟国がその事実を WHO に通報することに躊躇することがあるとすれば，それは通報を実施し

---

9) "Symposium on Anne Van Aaken and Betül Simsek, 'Rewarding in International Law'," *AJIL Unbound*, Vol. 115（2021）, pp. 207-236; "Symposium on Rewarding in International Law," *Völkerrechtsblog*（June 2021）, at https://voelkerrechtsblog.org/symposium/rewarding-in-international-law/.

事象を公表することで期待値のベースラインからの自らの価値位置の低減が合理的に見込まれるためであると換言されよう。具体的には何より，当該事象の公表により自国の公衆衛生政策に関する評判の低下が見込まれることから，これを回避する（そのために義務を遵守しない）利益を打ち消す何らかの報奨を導入できないかが問題となる。最も単純な仕組みは「名指し称賛（naming and praising）」であり，オミクロン株が伝播している事実を速やかに通報した南アフリカ政府に対して WHO が公に賞賛を繰り返したことで（WHO 2021c），義務遵守に対する称賛という報奨をもって評判の低下という不利益を一定程度相殺しようとしたものと位置付けることができる。加えて，変異株の発生蔓延という否定的に捉えられる事象を，重要な公衆衛生情報の早期共有という肯定的な対応としてフレーミングし直すことで，通報国の評判の低下の幅自体が多少なりとも縮減すると考えられる。このように，単なる口先だけの世辞にとどまると思われがちな「名指し称賛」も，場合によっては価値位置の変動に関わる力を備えていると考えられることは，遵守誘導メカニズムの構想に際して留意しておく必要があろう。

　次に，他国による渡航制限措置の実施についてはどうか。通報義務を負う国家の期待値のベースラインとして，比較的自由な往来を相互に承認していたパンデミック以前の国際交通を前提とするならば，他国によってこれに一方的に制限が加えられることは自らの価値位置の低減と捉えられる。そして，国際交通の制限に伴って見込まれる経済損失の規模はある程度定量的に測定可能であることから，渡航制限措置の回避を意図した通報義務の不遵守から生じる利益の規模もまた一定程度金銭的に測定可能である。したがって，そうした不遵守の利益を，通報義務遵守に対する「名指し称賛」という非有形的な報奨のみでどこまで打ち消すことができるかは心許ない。そこで，渡航制限措置を課す側の行動を誘導できないかが問題となるが，国際保健規則（2005）上，追加的な措置は科学的証拠に基づきかつ比例性があることを条件に認められるという，実施国の評価裁量の余地を広く残した制度設計であるため（Habibi et al. 2022, pp. 109-112），個々の加盟国の遵守状況を WHO が迅速に判定して規則に適合的な対応とった国を選択的に「名指し称賛」するといった運用はあまり現実的ではない。加えて，水際措置が新たな病原菌の国内流入を多少なりとも遅延させ

る効果を持ちうることは WHO も承認するところであるため（WHO 2020），そうした正当な利益の一切を否認するかのように解釈される余地のある反応をWHO が積極的に示すことも困難であろう。

　ならば，通報義務を負う国への報奨を積み増すことで，遵守を誘導することはできないか。例えば，通報の実施を条件に一定の財政的援助を行うことで渡航制限措置の悪影響を緩和するといった仕組みを（Villarreal 2021），世界銀行が 2022 年 11 月に設立したパンデミック基金や[10]，途上国のキャパシティビルディングの一環として WHO 内部に設立することが提案されている財政支援メカニズム（WHO 2023c, p.25）の対象範囲に含めることで構築するなどである。ただ，こうした金銭的報奨によるインセンティブ設計の難点の 1 つはクラウディングアウト効果であり（van Aaken and Simsek 2021, p. 237），パンデミック対応能力向上支援策の枠組みで財政援助を期待できるならば，国内公衆衛生体制を整備するための財源を自助で賄う各国の動機を損ないかねないこととなる。より深刻な問題は，金銭的報奨によって通報実施を動機付けてしまうと，加盟国の情報提供が国際保健協力の根幹（ある種の公共財）であるがために公衆衛生上の緊急事態の端緒を捕捉した加盟国は速やかに WHO に通報すべきであるという（Villarreal 2023），国際保健規則第 6 条の規範性（normativity）が損なわれかねない点である。第 6 条の規範性を内面化した加盟国にとっては，通報義務の遵守行動が金銭的報奨によって動機付けられたものとの外観を呈してしまうことは心外であろう。このように，報奨を含めたインセンティブ設計の導入が，国際法それ自体が備えている（はずの）一定の遵守誘導効果（compliance pull）（Franck 1990, pp. 24-26）を否定ないし薄めてしまうならば（Peat 2021），遵守メカニズムの総体の強化には必ずしも繋がらず，かえって逆効果である可能性すらありうることは留意しておく必要があるであろう。

4.　おわりに

　COVID-19 パンデミック初期に見られた緊迫した国際法のディスコース（中

---

10)　https://www.worldbank.org/en/programs/financial-intermediary-fund-for-pandemic-prevention-preparedness-and-response-ppr-fif.

島 2021, 5-27 頁）は，多くの国と地域におけるパンデミックの社会的な終息とともに後景に退き，これに代わって，国際保健規則（2005）の改訂および新たな「パンデミック条約」[11] の作成という同時並行する 2 つの作業を柱とする，国際保健協力体制の再構築に向けた地道な議論が日々展開している。本章では，国際義務の遵守確保をめぐる理論研究の動向を手がかりとして，ポストコロナ時代における国際保健協力体制のあり方をめぐる思考様式のおおまかな整理を試みた。

　強制執行力に拠らない遵守誘導管理を目指す理論動向が依拠しているのはインセンティブ設計にかかる経済学や心理学的な知見であり，感染症対応をめぐる国際法の今後のあり方についても多くの示唆を与えるものであろう。もっとも，さまざまな遵守誘導メカニズムを導入すればするほど単線的に制度の実効性が高まるとは限らず，複数のメカニズムが場合によってはその効果を互いに打ち消してしまう危険には注意する必要がある。隣接社会科学分野の知見を都度参照しつつ，どのような主題についていかなる組み合わせが最適であるかを地道に模索することが，国際保健法の今後の課題である。

参考文献

Bagares, R. R. (2020), "China, international law, and COVID-19," Inquirer.net (22 March 2020), at https://opinion.inquirer.net/128226/china-international-law-and-covid-19.

Chayes, A. and Chayes, A. H. (1995), *The New Sovereignty: Compliance with International Regulatory Agreements*, Harvard University Press.

Downs, G. W., et al. (1996), "Is the Good News About Compliance Good News About Cooperation?" *International Organization*, Vol. 50, pp. 379-406.

Drolle, P. (1968), "Old Plagues in the Jet Age. International Aspects of Present and Future Control of Communicable Disease," *British Medical Journal* (28 December 1968), pp. 789-792.

Dunoff, J. L. (2021), "Introduction to the Symposium on Anne Van Aaken and Betül Simsek, "Rewarding in International Law"," *AJIL Unbound*, Vol. 115, pp. 207-209.

Franck, T. (1990), *The Power of Legitimacy Among Nations*, Oxford University Press.

Habibi, R., et al. (2022), "The Stellenbosch Consensus on Legal National Responses to Public Health Risks: Clarifying Article 43 of the International Health Regulations," *Internation-*

---

11)　2022 年 11 月に最初の条約草案が公開された。WHO（2022b）。

al Organization Law Review, Vol. 19, pp. 90–157.

Henkin, L. (1979), *How Nations Behave* (2nd ed.), Columbia University Press.

Peat, D. (2021), "Rewarding Compliance: On Normative Implications of Rewarding in International Law," *Völkerrechtsblog* (8 June 2021), at https://voelkerrechtsblog.org/de/rewarding-compliance-on-normative-implications-of-rewarding-in-international-law/#.

Ranganathan, S. (2014), *Strategically Created Treaty Conflicts and the Politics of International Law*, Cambridge University Press.

Rausitiala, K. (2005), "Form and Substance in International Agreements," *American Journal of International Law*, Vol. 99, pp. 581–614.

Rausitiala, K. and Slaughter, A. (2002), "International Law, International Relations and Compliance," in Carlsnaes, Walter, et al. (eds.), *Handbook of International Relations*, Sage Publications Ltd., pp. 538–558.

The State Council Information Office of the People's Republic of China (2020), "Fighting Covid-19 China in Action" (June 2020), at https://english.www.gov.cn/news/topnews/202006/07/content_WS5edc559ac6d066592a449030.html.

van Aaken, A. and Simsek, B. (2021), "Rewarding in International Law," *American Journal of International Law*, Vol. 115, pp. 195–241.

Villarreal, P. A. (2021), "Punishing Compliance with International Law: The Omicron Variant and the International Health Regulations (2005)," *EJIL: Talk!* (2 December 2021), at https://www.ejiltalk.org/punishing-compliance-with-international-law-the-omicron-variant-and-the-international-health-regulations-2005/.

Villarreal, P. A. (2023), "Lawmaking at the WHO: Amendments to the International Health Regulations and a New Pandemic Treaty After COVID-19," SWP Comment (13 January 2023), at https://www.swp-berlin.org/en/publication/lawmaking-at-the-who-amendments-to-the-international-health-regulations-and-a-new-pandemic-treaty-after-covid-19.

WHO (2020), "Updated WHO recommendations for international traffic in relation to COVID-19 outbreak" (29 February 2020), at https://www.who.int/news-room/articles-detail/updated-who-recommendations-for-international-traffic-in-relation-to-covid-19-outbreak.

WHO (2021a), "Report of the Review Committee on the Functioning of the International Health Regulations (2005) during the COVID-19 response" (A74/9 Add.1, 30 April 2021), p. 9.

WHO (2021b), "Classification of Omicron (B.1.1.529): SARS-CoV-2 Variant of Concern" (26 November 2021), at https://www.who.int/news/item/26-11-2021-classification-of-omicron-(b.1.1.529)-sars-cov-2-variant-of-concern.

WHO (2021c), "WHO advice for international traffic in relation to the SARS-CoV-2 Omicron variant (B.1.1.529)" (30 November 2021), at https://www.who.int/news-room/articles-detail/who-advice-for-international-traffic-in-relation-to-the-sars-cov-2-omicron-variant.

WHO (2021d), "WHO Director-General's opening remarks at the media briefing on COVID-19" (1 December 2021), at https://www.who.int/director-general/speeches/detail/who-director-general-s-opening-remarks-at-the-media-briefing-on-covid-19---1-december-2021.

WHO (2022a), "Strengthening WHO preparedness for and response to health emergencies," WHA75(9) (27 May 2022), at https://apps.who.int/gb/ebwha/pdf_files/WHA75/A75(9)-en.pdf.

WHO (2022b), "Conceptual zero draft for the consideration of the Intergovernmental Negotiating Body at its third meeting" (A/INB/3/3, 25 November 2022), at https://apps.who.int/gb/inb/pdf_files/inb3/A_INB3_3-en.pdf.

WHO (2023a), "Report of the Review Committee regarding amendments to the International Health Regulations (2005)" (A/WGIHR/2/5, 6 February 2023), at https://apps.who.int/gb/wgihr/pdf_files/wgihr2/A_WGIHR2_5-en.pdf.

WHO (2023b), "Proposed Amendments to the International Health Regulations (2005) submitted in accordance with decision WHA75(9) (2022)" (A/WGIHR/2/6, 6 February 2023), at https://apps.who.int/gb/wgihr/pdf_files/wgihr1/WGIHR_Submissions_Original_Languages.pdf.

WHO (2023c), "Article-by-Article Compilation of Proposed Amendments to the International Health Regulations (2005) submitted in accordance with decision WHA75(9) (2022)" (A/WGIHR/2/7, 6 February 2023), pp. 39-40, at https://apps.who.int/gb/wgihr/pdf_files/wgihr2/A_WGIHR2_7-en.pdf.

WHO Regional Office for Africa (2021), "WHO stands with African nations and calls for borders to remain open" (28 November 2021), at https://www.afro.who.int/news/who-stands-african-nations-and-calls-borders-remain-open.

内記香子 (2010)，「遵守研究の展開」『国際法外交雑誌』109 (1)，82-93 頁。

小森光夫 (2015)，『一般国際法秩序の変容』信山社 (1998 年初出)。

中島啓 (2021)，「新型コロナウイルス感染症 (COVID-19) 対策と社会経済活動の両立をめぐる国際 (保健) 法のディスコース」『社會科學研究』72 (1)，5-27 頁。

西平等 (2022)，『グローバル・ヘルス法：理念と歴史』名古屋大学出版会。

安田佳代 (2014)，『国際政治の中の国際保健事業』ミネルヴァ書房。

第 11 章

パンデミック下の雇用創出

川田恵介

本章のハイライト

1. 新型コロナウイルス感染症などの社会的イベントは，労働市場に大きな影響を与えてきた。その影響を継続的にモニターすることの意義は大きい。

2. このような影響を測る指標は，社会科学で用いられてきたが，データから直接観察できないことが多い。この問題に対応するために，多くの手法が開発されてきた。

3. 新型コロナウイルス感染症は労働市場において，求人を減少させ，求職者の入職を減少させた。その結果，労働者の余剰を低下させ，その影響は 2023 年においても続いていた。

---

1. はじめに

　新型コロナウイルス感染症をめぐっては，労働市場に与える影響が経済学における主要論点の 1 つであった。就業に伴う通勤や対面での接触は健康リスクを拡大させるため，労働供給を低下させた可能性がある。さらに社会活動の低下は，企業の労働需要を低下させた可能性もある。また感染症そのものの影響のみならず，営業時間短縮等の感染症対策も社会に大きな影響を与えた可能性がある。反面，新型コロナウイルス感染症が誘発した社会・経済的環境の変化

に対応するために，新たな雇用が創出されうる。例えばリモートワークなどによる在宅時間の増加は，ウーバーイーツなどの宅配サービスの需要を拡大させ，新規雇用が増えた可能性がある。

　本章では，ハローワークにおける雇用創出に新型コロナウイルス感染症が与えた影響について考察した Kawata（2023）の内容を紹介する。ハローワークは日本の代表的な雇用創出サービスであり，日本の労働市場全体を考察する上でも重要な位置を占める。また同研究は，新型コロナウイルス感染症の影響が本格化した 2020 年から 2022 年までの 3 年間を分析対象とし，新型コロナウイルス感染症が労働市場に与えた影響について包括的な分析を提供している。

　新型コロナウイルス感染症が日本の労働市場に与えた影響についての実証研究は，感染拡大の初期に集中している。Kikuchi et al.（2021）は労働力調査の公表値とマクロ経済モデルを用いて，新型コロナウイルス感染症が労働市場に与える影響について早期のシミュレーション分析結果を提供した。Fukai et al.（2021）は，第 1 回目の緊急事態宣言が宣言された直後の 2020 年 4 月〜6 月におけるストック変数（就業率，失業率，非労働力率）について，前年同月との比較を行った。Fukai et al.（2023）は，男女間の雇用格差に焦点を当てた分析を行っているが，用いているデータは 2020 年 12 月までである。これらの分析により，2020 年第 2 四半期，特に 4 月において雇用環境の急変が確認されている。このように 2020 年については多くの分析がなされているが，感染症対策は 2021 年以降も大きな政策的論点であり，また感染症自体も 2023 年 8 月時点においても完全に収束していない。雇用に与えた影響をより長期的に評価することは，感染症と労働市場の関係性を包括的に理解するために非常に重要である。

　労働市場を評価する上での重要な論点は，どのような指標を用いるのか？である。Kawata（2023）では，ハローワークの活動を測る指標として，2 つの視点を用いている。1 つ目の視点では，ハローワークを求人と求職をマッチングすることで雇用を創出する存在とみなし，新規就職件数を評価指標とする。そして新型コロナウイルス感染症が発生しなかった世界（仮想世界）をどのように推定するのかが，大きな課題となる。2 つ目の視点では，サービス利用者に対する余剰（労働者が受ける便益）の創出者としてのハローワークの役割を

強調し，余剰を評価指標とする。この視点に基づく分析は，より大きな困難に直面する。なぜならば仮想世界の推定に加え，データから直接測定できない余剰の推論方法が問題となる。これらの問題に対しては，分割時系列分析（Menchetti et al. 2022），および十分統計量アプローチ（Kawata and Sato 2021）を用いて対応をする。

　分割時系列分析では，時系列データを用いて，ある"イベント"が社会に与えた因果効果の推定を目指す。Kawata（2023）では，新型コロナウイルス感染症の影響は 2020 年 1 月から顕在化したと想定し，それ以前の時系列を用いて，新規就職件数などを予測する。この予測値と現実の値との差を因果効果の推定値とする。十分統計量アプローチでは，余剰のように，データからは直接観察できない値を経済モデルを補助的に用いながら推定する。Kawata（2023）ではこの方法を用いて労働市場が生み出す労働者余剰を推定している。

2. 雇用創出

　雇用の動向や求職数といった労働市場の状態を捉えるために，これまでの学術研究では複数の指標が利用されている。Kawata（2023）では，毎月の求人や求職，新規就職件数を使用している。これらの指標は就業や失業といった労働者の就業状態間の推移を捉えたものであるためフロー変数と呼ばれ，就業者数や失業者数などといったそれぞれの就業状態にいる労働者数を記録するストック変数とは異なる性質を有する。日本に限らず労働市場には，一定の硬直性があり，ストック変数は経済・社会状態の変化から一定の時間差を持って変化することが指摘されてきた。対してフロー変数は，より時間差が小さく，労働市場の足元の状況を理解する上でより有効である。

　新型コロナウイルス感染症の存在にかかわらず，離職者は常に存在し，一定割合の雇用関係は恒常的に解消されている。このため雇用を維持するには，雇用創出も常時行われる必要がある。特に新型コロナウイルス感染症のような大きな社会的ショックが生じた場合，働き方の大きな調整が必要になることも考えられる。職種や産業といった働き方の大枠の変化が必要な場合，同じ雇用内での調整のみでは難しく，事業主 - 労働者のマッチングそのものを変更するこ

とも求められる。このような大規模な調整は，大きな雇用損失と創出を伴う。このため職と求職者をマッチングする職業紹介サービスの重要性はより大きくなる。

3.　職業紹介業務統計

　本章の分析では，職業安定業務統計[1]（厚生労働省）で公表されている集計データを用いている。本統計は厚生労働省が行っている職業紹介業務（ハローワーク）を通じて収集された業務データであり，集計の上，毎月公表されている。ハローワークに登録している求人・求職については，全数が調査されており，抽出調査データのようなサンプリングの偏りは生じない。このため議論している母集団が明確にできることが大きな利点である。実際に多くの先行研究（Kano and Ohta 2005; Higashi and Sasaki 2023）が，日本の労働市場を理解するための基幹データとして，職業安定業務統計を活用している。

　本統計への批判点としては，ハローワーク利用者に対象が限られているために，結果の"代表性"への懸念があることが挙げられる。しかしながら求人・求職については，"代表性"そのものについて慎重な議論が必要である。そもそも日本全体の求人・求職を"代表する"が何を意味するのかが，不明確である。ハローワークや民間の職業紹介サービスに登録していない事業者や労働者であったとしても，店舗に直接張り出した求人チラシを通じて，マッチングが行われることも珍しいものではない。このため日本全体の求人・求職を"代表する"こと自体が不可能であると考えられる。

　重要なのは，職業安定業務統計が"代表"している層であるハローワーク利用者が，日本の労働市場を理解する上でどのような意義を持つのかを理解することである。一般に求人の登録時，または仲介成功時に報酬が必要な民間の職業紹介サービスは，"高技能"人材の職業仲介に注力しているケースが多い。対してハローワークは，より幅広い層にサービスを提供しており，日本の労働市場における"基幹的な"マッチングサービスといえる。このような幅広い層

---

[1]　https://www.mhlw.go.jp/toukei/list/114-1b.html

について，全数把握が可能な点が，本統計最大の利点といえる。

4. "因果効果を測る"枠組み

　社会イベントが与えた影響を評価する標準的な枠組みの1つは，統計的因果推論（Imbens and Rubin 2015; Hernan and Robins 2023）の応用である。このアプローチでは，Counterfactural（新型コロナウイルス感染症が発生しなかった世界）を推論し，現実社会と比較することで，Social event の因果効果を推定する。

　Kawata（2023）では分割時系列（Interrupted time series）分析の枠組みを用いて，新型コロナウイルス感染症が発生しなかった仮想世界（Counterfactural）と現実の労働市場を比較することで，新型コロナウイルス感染症が労働市場に与えた影響の推論を試みている。本アプローチでは，最大の問題である新型コロナウイルス感染症が発生しなかった世界線における労働市場の推定を，新型コロナウイルス感染症発生前（2019 年まで）のデータを用いて構築した予測モデルにより行う。具体的には，Menchetti et al.（2022）により提案された自己回帰和分移動平均（Auto Regressive Integrated Moving Average: ARIMA）モデルを用いた時系列回帰により，求職者数や求人数，有効求人倍率の予測モデルを構築する。この時系列モデルを新型コロナウイルス感染症の発生しなかった仮想世界における労働市場の変遷とみなし，現実の労働市場との比較を行う。

　このような仮想世界の推定は，現代の実証分析の主題の1つであり，多くの方法論が提案され，その妥当性について議論されている。最も代表的なアプローチは，地域間の比較であり，多くの先行研究で採用されている（Hoshi et al. 2022; 2021）。中でも地域レベルで集計したパネルデータを固定効果モデルで推定する手法は，地域や時点の観察できない固定効果を制御できる優れた評価である。一方で同手法は，"新型コロナウイルス感染症の影響の深刻さ"を地域別に事前的に定義することが必要となる。新型コロナウイルス感染症は地域間の人口移動やサプライチェーン，一国全体の総需要・供給に大きな影響を与えたことが予想され，このような影響の深刻さを地域別に定義することが困難である。例えば感染率などの指標で見ると，東京が最も影響を受けたといえるかもしれない。しかしながら東京が受けた影響は，他地域にも波及することが予

見され，このような波及を定義・測定することは極めて困難である。

　対して Menchetti et al.（2022）により提案された方法では，日本全体を 1 つ
の測定単位として扱うことになり，このような地域別の影響を定義する必要が
ない。研究対象とするイベントが生じた時期は明確に定義する必要があるが，
新型コロナウイルス感染症についてはその影響の時系列が，金融危機等の経済
的影響に比べ，相対的に明確である。Kawata（2023）では，2020 年 1 月から
新型コロナウイルス感染症が日本社会にも影響を与え始めたと想定している。

　Menchetti et al.（2022）のアプローチにおける鍵となる仮定は，「新型コロナ
ウイルス感染症が発生しなかった場合，何らかの観察される指標 Y（求人数や
就職件数など）の（過去の流列で条件付けた）分布は，2020 年以降も変化しな
い」（Conditional Stationary）というものである。この仮定の下で，2020 年以前
のデータを用いた時系列予測モデルは，新型コロナウイルス感染症が発生しな
かった仮想世界と想定できる。同アプローチは，労働問題以外についての応用
事例が多くあり，例えば Ghaznavi et al.（2022）は新型コロナウイルス感染症
が結婚や出産に与えた影響分析に応用している。

　このような仮定への批判点として，研究課題となる社会イベントについての
予見可能性がある。もし事前に予見ができるのであれば，2020 年以前のデータ
についても変化が，このイベントの“因果効果として”生じる可能性が高い。
このためイベントが起きる前にはイベントの影響は皆無であるという仮定が成
り立たなくなる。リーマンショックや政権交代，政策変更などの多くの社会・
経済ショックについて，この問題は深刻であり，最新の留意が必要となる。し
かしながら事前の予見が難しかった新型コロナウイルス感染症については，相
対的に深刻な問題ではないと考えられる。さらに Kawata（2023）では，本格
的な政策対応が注目され始めた 2020 年第 1 四半期の前の時点である，2020 年
1 月を新型コロナウイルス感染症の影響の基点としている。

4.1　推定結果：新規就職件数

　図 11.1 は，新規就職件数（対数値）の変遷を図示している。実線は現実の就
職件数の推移，破線は 2019 年 12 月までのデータを用いて予測された就職件数
を示している（網掛けは予測誤差，以下同様）。2019 年まではデータに当てはめ

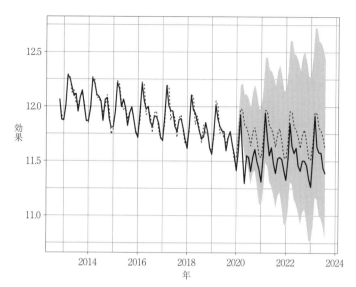

図 11.1　予測値と実現値（新規就職件数）

たモデルと実際の件数は概ね一致しているのに対し，2020 年 3 月以降，現実の就職件数は予測値を大きく下回る水準で推移している。この予測値が，新型コロナウイルス感染症の発生しなかった世界における就職件数を正確に捉えているのであれば，このギャップは新型コロナウイルス感染症が日本の労働市場にもたらした因果効果であると解釈できる。

　図 11.2 では，感染症の影響をより明確に示すために，予測値と実現値の差を図示している。

　同図から 2020 年 4 月において，大きな就職件数の落ち込みが観察でき，予測値に比べて 5 割以上新規就職が低下している。2020 年 4 月は，1 度目の緊急事態宣言が全国的に発令され，新型コロナウイルス感染症への警戒が “最も高まった時期” であると考えられる。ハローワークの機能も実際に，大幅に低下したことが確認できる。その後は一定の回復は認められるものの，予測値の水準は一貫して下回っており，新型コロナウイルス感染症の影響が続いていることが確認できる。

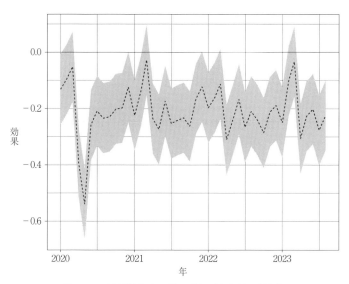

図 11.2　予測値と実現値の乖離（新規就職件数）

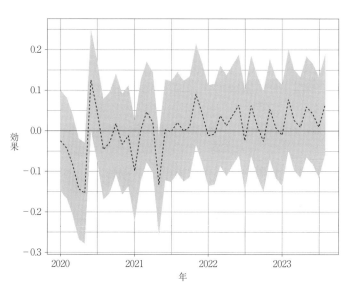

図 11.3　予測値と実現値の乖離（新規求職件数）

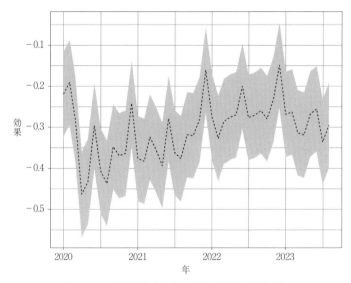

図11.4　予測値と実現値の乖離（新規求人件数）

4.2　推定結果：新規求職・求人件数

　図11.3では新規求職・求人件数について，実現値と予測値の差を図示している。新規就職件数については，誤差を考慮しても明確な差はない。対して**図11.4**は，新規求人件数の差を示している。求人件数は，一貫してその予測値を下回っており，新規就職件数の低下と整合的である。よって，新規求人件数の低下は就職件数低下の主たる要因であると考えられる。

5.　"余剰を測る"枠組み

　Kawata（2023）はさらに，Kawata and Sato（2021）の枠組みを用いて，新型コロナウイルス感染症が余剰に与えた影響についても議論している。通常の因果推論の手法では，観察可能な評価指標に対する因果効果の推定方法を提案している。このため求人者数や求職者数，就業件数に与えた影響について推定可能である。しかしながら社会に与えた影響を包括的に論じるためには，直接観察不可能な指標も用いる必要がある。余剰は，社会への影響を論じる上での

経済学における代表的な概念であるが，直接的な測定は不可能である。

　Kawata and Sato（2021）では，標準的なサーチモデル（Rogerson et al. 2005）を一般化し，シンプルかつ観察可能な指標への影響を推定することで，求職者の余剰（ハローワークで求職活動を行うことから得られる主観的便益）への影響を議論できることが示されている。さらに平均余剰全体の変化率を，仕事を見つける確率と就職できた場合の便益の変化率の貢献に分解することが可能である。

5.1　推定結果：平均余剰

　図 11.5 から，新型コロナウイルス感染症が発生した 2020 年の，特に 4 月以降，求職者の平均余剰が大きく低下したことが確認できる。具体的には，新型コロナウイルス感染症が発生しなかった日本の予測値に比べて，40％程度低下した。その後は対象の改善傾向は見られるものの，同程度の水準にとどまっており，新型コロナウイルス感染症の影響から抜け出せていないことを示唆している。

5.2　推定結果：分解

　平均余剰の減少を，仕事を見つける確率と就職できた場合の便益の変化（図 11.6，図 11.7）に分解した結果，主たる要因は仕事を見つける確率の低下にあることが明らかになった。2020 年 4 月において，予測値からの大きな下振れが観察され，その後も微増傾向はあるものの，新型コロナウイルス感染症が発生しなかった水準には届いていない。就職できた場合の便益についても興味深い変化が見られる。2020 年 4 月において，就職できた場合の便益の増加が瞬間的に見られる。これは，極めて"重要"かつ質の高い求人のみ埋まったことの影響であると考えられる。

6.　まとめ

　本章では，新型コロナウイルス感染症が労働市場に対して，根強い影響を与えていることを示した。またこの影響は，新規就職件数というデータから直接

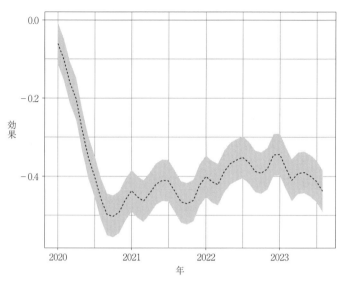

図 11.5 平均余剰への影響

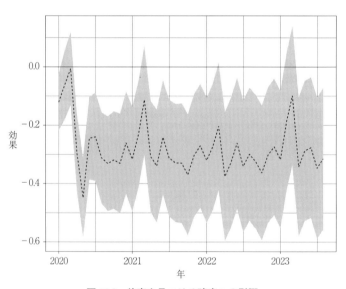

図 11.6 仕事を見つける確率への影響

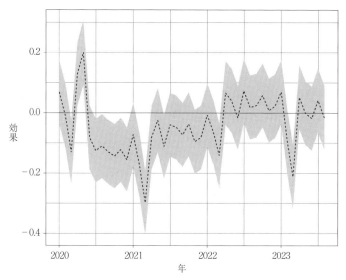

図 11.7　就職できた場合の便益への影響

観察可能な指標のみならず，余剰という経済モデルを用いて定義される指標に
おいても確認された。

　具体的には，影響が本格化した 2020 年から 3 年を経過してもなお，新型コ
ロナウイルス感染症が発生しない世界の予測値と比べて，ハローワークの活動
は低水準であり，生み出す余剰も低い。またその原因としては，新規就職件数
が低い水準にとどまっていることが大きいことも明らかになった。

　本章で紹介した労働市場の余剰を"測る"指標は，さまざまな経済・社会イ
ベントの影響評価に応用可能である。伝統的な評価指標が，データから直接観
察可能な指標に偏る傾向がある中で，より包括的な評価方法の確立は経済学に
おいて大きな課題であった。さらに新型コロナウイルス感染症をめぐる議論は，
この課題の重要性を改めて強調することとなった。余剰指標は，この問題につ
いて一定の解決を与える指標であるが，さらなる手法を開発・応用することで，
より包括的な評価を追求していくことは引き続き検討されるべき課題といえよ
う。

参考文献

Fukai, T., Ichimura, H., and Kawata, K. (2021), "Describing the Impacts of COVID-19 on the Labor Market in Japan Until June 2020," *The Japanese Economic Review*, 72 (3), pp. 439–470.

Fukai, T., Ikeda, M., Kawaguchi, D., and Yamaguchi, S. (2023), "COVID-19 and the Employment Gender Gap in Japan," *Journal of the Japanese and International Economies*, 68, 101256.

Ghaznavi, C., Kawashima, T., Tanoue, Y., Yoneoka, D., Makiyama, K., Sakamoto, H., Ueda, P., Eguchi, A., and Nomura, S. (2022), "Changes in Marriage, Divorce and Births During the COVID-19 Pandemic in Japan," *BMJ Global Health*, 7 (5), e007866.

Hernan, M. A. and Robins, J. M. (2023), *Causal Inference: What If*, Chapman & Hall/CRC.

Higashi, Y. and Sasaki, M. (2023), "Did COVID-19 Deteriorate Mismatch in the Japanese Labor Market?" *IZA DP*, No. 15917.

Hoshi, K., Kasahara, H., Makioka, R., Suzuki, M., and Tanaka, S. (2021), "Trade-Off Between Job Losses and the Spread of COVID-19 in Japan," *The Japanese Economic Review*, 72 (4), pp. 683–716.

Hoshi, K., Kasahara, H., Makioka, R., Suzuki, M., and Tanaka, S. (2022), "The Heterogeneous Effects of Covid-19 on Labor Markets: People's Movement and Non-Pharmaceutical Interventions," *Journal of the Japanese and International Economies*, 63, 101170.

Imbens, G. W. and Rubin, D. B. (2015), *Causal Inference in Statistics, Social, and Biomedical Sciences*, Cambridge University Press.

Kano, S. and Ohta, M. (2005), "Estimating a Matching Function and Regional Matching Efficiencies: Japanese Panel Data for 1973–1999," *Japan and the World Economy*, 17 (1), pp. 25–41.

Kawata, K. (2023), "Effects of the Pandemic on Job Creation in Japan," *CSRDA Discussion Paper*, No. 64.

Kawata, K. and Sato, Y. (2021), "A First Aid Kit to Assess Welfare Impacts," *Economics Letters*, 205 (August), 109928.

Kikuchi, S., Kitao, S., and Mikoshiba, M. (2021), "Who Suffers from the COVID-19 Shocks? Labor Market Heterogeneity and Welfare Consequences in Japan," *Journal of the Japanese and International Economies*, 59, 101117.

Menchetti, F., Cipollini, F., and Mealli, F. (2022), "Combining Counterfactual Outcomes and ARIMA Models for Policy Evaluation," *The Econometrics Journal*, 26 (1), utac024.

Rogerson, R., Shimer, R., and Wright, R. (2005), "Search-Theoretic Models of the Labor Market: A Survey," *Journal of Economic Literature*, 43 (4), pp. 959–988.

第 12 章

高等教育におけるオンライン授業の価値評価

エリック・ウィース，田中隆一

本章のハイライト

1. 新型コロナウイルス感染症への対応として大学においてオンライン授業が導入され，急速に普及した。
2. 文部科学省は遠隔授業の活用を推奨していたが，基本的には授業は対面であるべきという姿勢に変わりはなかった。
3. オンライン授業を経験した大学生はオンライン授業の良さを学んだため，保護者や大学進学希望者に比べてオンライン授業の評価が高くなることが明らかとなった。

---

1. はじめに

2019 年 12 月に最初の患者が発症して以来，新型コロナウイルスは世界中でその広まりを見せた。新型コロナウイルスのパンデミックを防ぐために，人と人との接触を極力減らすことがあらゆる局面において要請され，社会科学に限らず，多くの研究者がその活動の場としている高等教育機関においても，活動が大幅に制限された。特に教育現場としての大学においては，学校閉鎖やオンライン教育の導入が急速に実施された。それまで ICT を活用した教育の導入

には比較的消極的であった高等教育現場においても，オンラインでの授業やミ
ーティングを行うことがほぼ強制的に要請され，さまざまな研究・教育活動が
これまで経験したことのないオンラインという形態で行われるようになった。

　当初，予期せぬかたちで急速に広まったオンライン授業に対しては，さまざ
まな賛成意見と反対意見が見られた。本来であれば対面で行われる「べき」で
ある講義をやむをえずオンラインで実施していると考える人々は，教員と学生
間の質疑応答やディスカッションなど，対面授業の持つメリットが損なわれる
点を重視し，一刻も早い対面授業への復帰を希望する。実際，文部科学省が
2022 年 3 月 22 日に発表した通知においては，やむをえず対面授業ができない
場合の双方向性を持った遠隔授業を認めつつも，基本は対面で授業を行うこと
が要請されており，基本的に大学の授業は対面で行われるべきであるとの考え
が窺える。他方，人と人との接触を最小限に抑えることのできるオンライン授
業の（コロナ禍における）最大のメリットに加えて，さまざまな ICT ツール
を活用できることや，通学時間を節約できること，また，周りの環境に左右さ
れずに授業内容に集中できるというオンライン授業ならではのメリットを重視
する人々は，パンデミック終息後もオンライン授業の活用を続ける「新しい日
常」を模索する。

　新型コロナパンデミック直後の大学におけるオンライン授業に関する調査の
結果によると，オンライン授業は対面授業に比べてメリット・デメリットの双
方があることが明らかになってきている。例えば，内山ほか（2021）では，オ
ンライン授業のメリットとして「授業の振り返りがしやすい」「資料が見やす
い」「資料を管理しやすい」「自分の好きな時間に学習できる」「通学時間を別
の時間として有効に使える」「移動時間がない」「感染リスクが低い」「体調が
わるくても授業に参加できる」「服装に気を遣わなくてよい」「チャットで気軽
に質問ができる」といったアンケートの回答を紹介している。逆に，デメリッ
トとしては，「課題が多い」「Wi-Fi の調子（接続）が悪く，授業が聞きにくい
ときがある」「集中力が続かない」「気持ちが緩んでしまう」「グループワーク
や話し合いが大変だった」「対面とオンラインが混ざる不規則なスケジュール
は困った」「友達に会う機会が極端に減った」「学生同士の交流の機会が少なか
った」などが挙げられている。他の調査（例えば，田浦ほか 2020; 植村ほか

2020）も同様にオンライン授業にはメリットとデメリットの双方があることを
アンケート調査結果をもとに明らかにしている。また，山内（2021）は，九州
大学と立教大学が行った調査の結果，知識習得型のオンライン授業に対しては
学生が一定の評価をしているが，一方通行型のオンライン授業で学生が孤立感
を持っていること，さらに双方向型のオンライン授業については工夫次第で対
面授業に匹敵する効果をあげることができることを指摘している。このように，
オンライン授業は対面授業に比べてメリットとデメリットの双方があるため，
教育サービスの需要者としての学生や保護者の観点からはこれらのバランスを
とった授業が望ましい形態となることが窺える。

　高等教育現場においてオンライン授業と対面授業をどのくらいの割合で実施
していくのかは，教育サービスの供給主体である各高等教育機関が実質的な決
定権を持っている。高等教育機関，特に私立学校法人が運営している教育機関
においては，オンライン授業を実施することから発生する費用の増減も重要な
決定要因となる。オンライン授業用に ICT 機器を導入するには多額の投資費
用がかかるものの，パンデミック以前から高速 Wi-Fi などの ICT 機器を導入し
ていた教育機関はもとより，新たに導入した教育機関においても一旦導入して
しまえば，ランニングコストの観点からはオンライン授業のほうが対面授業に
比べて（教員配置や教室確保といった観点からは）費用効果的になる可能性も
ある。また，どの程度オンライン授業を行うのが「望ましい」のかは，これら
高等教育機関がサービスを提供する学生やその親が，オンライン授業に対して，
（対面授業と比較して）どれだけの価値を見出しているのかに依存する。

　本章では，2019 年 12 月以降の高等教育機関における授業実施に関する実態
および文部科学省の対応を概観したのちに，社会科学研究所全所的プロジェク
ト「社会科学のメソドロジー」におけるサブプロジェクト「COVID-19 と社会
科学」において実施された「コロナ期における高等教育に関する意識調査」で
得られた結果から，学生や保護者のオンライン授業への選好を明らかにし，学
生と保護者や，進学希望者の間でのオンライン授業に対する評価の違いを検証
する。特に，対面授業と比較して，オンライン授業の実施によって授業料が変
化するシナリオを与え，さまざまなシナリオの下で対面授業とオンライン授業
のどちらかを選んでもらうことにより，オンライン授業への選好の価格への反

応も分析する。

　分析の結果，多くの学生は，オンライン授業は対面授業と同等に有効であると評価しているが，保護者は概して対面授業のほうを好ましいと思う傾向が強いことがわかった。このような傾向は，専攻分野等により若干の差は見られるものの，ほぼ一貫して観測される。この結果は，オンライン授業に対する学生の評価は高く，完全な対面授業への回帰は学生の厚生を損なう可能性を示唆している。

2. コロナ禍における文部科学省と高等教育機関の対応

2.1　文部科学省の対応

　2019 年 12 月初旬，中国の武漢市で新型コロナウイルス感染症（COVID-19）の第 1 例目の感染者が報告されてから間もなく日本においても 2020 年 1 月 15 日に最初の感染者が確認された。それと同時に，大学をはじめとする学校現場に対して，文部科学省は数々の通知を出して対応した。**表 12.1** は 2020 年に出された文部科学省通知をいくつか抜粋したものである。

　文部科学省の対応としては，2020 年 1 月 24 日に「新型コロナウイルスに関連した感染症対策に関する対応について（依頼）」という事務連絡を通知し，すべての学校に対して注意喚起を行ったものが最初である。その後，2020 年 2 月 18 日の「児童生徒等に新型コロナウイルス感染症が発生した場合の対応について」において，感染者が発生した際の具体的な措置の考え方を示した。その通知においては，感染した児童生徒等に対しては治癒するまでの間，学校長が学校保健安全法第 19 条の出席停止の措置をとること，また，都道府県の判断において，学校設置者に対して学校の全部または一部の臨時休業を要請すること，さらに，要請がない場合でも学校の設置者は必要な臨時休業を行うことができることが示された。そして，2020 年 2 月 27 日の新型コロナウイルス感染症対策本部において安倍晋三内閣総理大臣（当時）により小学校，中学校，高等学校および特別支援学校における全国一斉の臨時休業が要請され，それを受けて文部科学省も翌 28 日に「新型コロナウイルス感染症対策のための小学校，中学校，高等学校及び特別支援学校等における一斉臨時休業について」を

表 12.1　新型コロナウイルス感染症関連の文部科学省通知（2020 年）

月日	通知名	内容
1 月 24 日	新型コロナウイルスに関連した感染症対策に関する対応について（依頼）	すべての学校に対する注意喚起
2 月 18 日	児童生徒等に新型コロナウイルス感染症が発生した場合の対応について	感染者が発生した際の具体的な措置として出席停止措置や臨時休業の考え方を提示
2 月 28 日	新型コロナウイルス感染症対策のための小学校，中学校，高等学校及び特別支援学校等における一斉臨時休業について	3 月 2 日から春季休業の開始日までの間の臨時休業を要請
3 月 24 日	令和 2 年度における大学等の授業の開始等について	遠隔授業等による学習機会の確保を承認
6 月 5 日	大学等における新型コロナウイルス感染症への対応ガイドラインについて	臨時休業を実施する際の基準を提示。遠隔授業の活用を承認
9 月 15 日	大学等における本年度後期等の授業の実施と新型コロナウイルス感染症の感染防止対策について	対面授業の重要性を示唆

通知，3 月 2 日から春季休業の開始日までの間の臨時休業が実施された。

　大学等の高等教育機関は，一斉休業の対象とはなっていなかったが，3 月 24 日の通知「令和 2 年度における大学等の授業の開始等について」において，多様なメディアを高度に利用して行う事業（遠隔授業）の活用による学習機会の確保を認めた。6 月 5 日には「大学等における新型コロナウイルス感染症への対応ガイドラインについて」でこれまで出された事務連絡および通知を整理することでガイドラインを作成し，その周知を行った。本ガイドラインにおいては，新型コロナウイルス感染症対策に関する基本的な考え方や大学等における感染症対策の基本に加えて，臨時休業を実施する際の基準や，休業する際の留意点について示されている。また，休業の有無にかかわらず，学習機会の確保の手段の 1 つとして遠隔授業等の活用が明記された。特に，大学設置基準第 25 条第 1 項は，主に教室等において対面で授業を行うことを想定しているが，あくまでも特例的な措置として，対面授業に相当する教育効果を有すると大学等が認めるものについては，対面授業に限らず，自宅における遠隔授業や，授業中に課すものに相当する課題研究等（以下「遠隔授業等」という）を行うなど，弾力的な運用を行うことが認められた。

　ガイドラインにおいても明記されていたように，遠隔授業等の活用は，あく

までも対面授業の実施が困難な場合の特例的な措置であり，本来の授業は対面で行うことが望ましいと考えられていた。そのことを示すのが9月15日に出された「大学等における本年度後期等の授業の実施と新型コロナウイルス感染症の感染防止対策について」であり，学習機会の確保としての対面交流の重要性が協調された。授業等の実施に際しての留意事項においては，「大学等における教育は，オンライン等を通じた遠隔授業の実施のみですべてが完結するものではなく，豊かな人間性を涵養する上で，直接の対面による学生同士や学生と教職員の間の人的な交流等も重要な要素である」ことが明記されている。また，学習機会の確保と感染対策を両立するための工夫についても周知された。これらの通知からは，新型コロナウイルス感染症の影響を受けていた期間を通じて対面授業を基本とする方針は変わらず，感染状況が落ち着けば全面的に対面授業を実施することが望ましいという文部科学省の考え方が窺える。

2.2　大学等の対応状況

　文部科学省の通知や事務連絡を受けた大学等の高等教育機関は，新型コロナウイルス感染症が蔓延していた間，どのような対応をとっていたのだろうか。2020年4月より，文部科学省は対応状況調査を定期的に実施し，各教育機関における（遠隔授業を含む）教育方法等について調査を行った。2020年4月6日時点での新学期開始状況等に関する調査結果が4月10日に公表され，授業開始の延期を決定・検討中と回答した大学は，国立・公立・私立・高等専門学校全体の85.8％，また，開始時期は例年どおりだが，遠隔授業を実施・検討していると回答した学校も11.2％あり，全体の9割以上が何らかの対策を講じていたか，講じることを検討していたことが明らかとなった。また，遠隔授業を実施すると回答した学校は全体の47.4％，遠隔授業を検討中と答えた学校は全体の37.0％であり，かなり早い段階で8割以上の大学等で遠隔授業の実施または検討が行われていたことがわかる。実際に，4月23日時点の調査では，88.7％の大学が授業開始を延期し，59.5％が遠隔授業を実施したと報告されている。

　続く5月20日時点の授業実施状況調査では，80.4％の学校で授業を実施しているが，90％の学校が遠隔のみで授業を実施しており，対面授業と遠隔授業を併用している学校は，授業を実施している学校全体の6.8％に過ぎなかった。

さらに，6 月 1 日時点の調査では授業を実施（遠隔も含む）している学校は99.7％で，ほぼすべての学校が 6 月には授業を実施していたことがわかる。また，授業を実施している学校のうち，60.1％が遠隔授業のみであったが，30.2％の学校では対面授業・遠隔授業を併用しており，授業の再開と合わせて，対面での授業の実施も早い段階から試みられていたことがわかる。このように，対面授業への回帰の傾向はその後も見られるものの，8 月 25 日から 9 月 11 日までの授業実施状況調査では，その年の後期で対面授業のみを実施する学校は全体の 19.3％，対面授業と遠隔授業を併用する学校が 80.1％となっており，ほぼすべての大学において対面による授業を実施する予定であったが，遠隔授業と併用する大学のほうが圧倒的に多かったことが窺える。

　このように，遠隔授業を併用しつつ，対面授業も徐々に増やしていた大学の方針に対して，学生はどのような態度をとっていたのだろうか。これまで教室での対面授業を基本としていた大学教育で，特例的に広まった遠隔授業に対する大学側の需要は大きかったが，文部科学省は通知や事務連絡において遠隔授業の活用を促す際には，学生の学習機会の確保や遠隔授業を活用する大学の方針に対する学生の理解を得ることの重要性がたびたび指摘されていた。10 月16 日から 12 月 18 日時点での調査では，50.4％の大学において半分以上を対面授業で実施していたが，「大多数の学生が，授業の形態等について理解・納得している」という質問に対しては，74.9％が肯定的な回答を行っていた。2021年 3 月 19 日から 3 月 31 日に実施された 2021 年度前期の授業実施方針の調査結果からは，半分以上を対面授業で実施するという回答が 97.4％，また，大多数の学生が，授業の形態等について理解・納得している割合が 85.5％と，対面授業への回帰，遠隔授業との併用に対して，学生は理解・納得しているという印象が窺える。この傾向はその後も続き，概ねすべての学校で半分以上を対面授業で実施し，その授業の形態等について，大多数の学生が理解・納得しているとの調査結果となっている。

2.3　まとめ

　以上をまとめると，以下のようになろう。まず，文部科学省は新型コロナウイルス感染症蔓延の早い段階から，大学等で遠隔授業の活用を推奨していたが，

基本は対面での授業であること，対面授業でなければ得られない教育上の体験があること，および，状況が改善するにつれて授業を対面での実施に回帰させたいという意向をのぞかせていた。大学は，新型コロナウイルスの蔓延とともに，早々に授業開始の延期やオンラインの活用を検討しており，比較的早い段階で適応できた様子が窺える。ただし，2022年度はほぼすべての大学で半分以上を対面授業で実施していたことを考えると，新型コロナウイルスによるパンデミック以前の状況への回帰，すなわち対面を原則とする授業形態へ回帰する傾向が全体的に観察されるといえる。

3.　コロナ期における高等教育に関する意識調査

　東京大学社会科学研究所は，全所的プロジェクト「社会科学のメソドロジー」として「コロナ期における高等教育に関する意識調査」というオンライン調査を2022年3月10日から14日の間に実施した。クロスマーケティング社のオンラインモニターのうち，24歳以下のモニターについては，高等教育機関に在籍している，または進学を考えている人を，また，35歳以上のモニターに関しては，高等教育機関に在籍している子どもがいる，または進学を考えている子どもがいる保護者を対象としている。24歳以下のサンプルサイズは2,501，35歳以上のサンプルサイズは4,614である。

　本調査の最大の関心は大学等の高等教育機関におけるオンライン授業に対する評価（選好）である。授業におけるオンライン授業の割合と，そのときの授業料の割引（割増）の組み合わせのシナリオを複数作成し，それぞれのシナリオを回答者に提示する。回答者は，提示されたシナリオのもとでのオンラインを組み合わせた授業と完全対面の授業のどちらが好ましいと思うかを問われる。具体的に提示されたシナリオの組み合わせは**表 12.2** のとおりである。

　また，**図 12.1** には，オンライン授業の割合が全体の25％のときの質問文を例として掲載している。なお，新型コロナウイルス感染症が直接オンライン授業への選好に対して与える影響を取り除くため，質問文ではこの仮想的質問文が「新型コロナウイルスに感染する心配がなくなった後」におけるオンライン授業に対する選好を聞いていることを明記している。

表 12.2　オンライン授業のシナリオの組み合わせ

オンライン授業の割合	シナリオ下での授業料（現状との比較）
25%	−10%，同額，+10
50%	−20%，−10%，同額，+10%
75%	−30%，−20%，−10%，同額，+10%
100%	−50%，−40%，−30%，−20%，−10%，同額，+10%

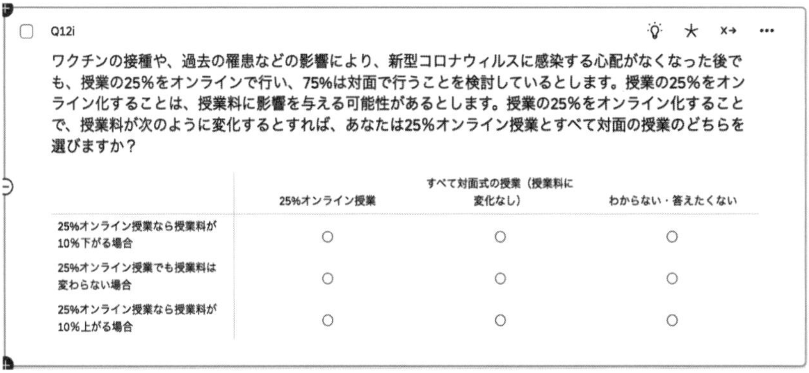
Q12i

ワクチンの接種や、過去の罹患などの影響により、新型コロナウィルスに感染する心配がなくなった後でも、授業の25%をオンラインで行い、75%は対面で行うことを検討しているとします。授業の25%をオンライン化することは、授業料に影響を与える可能性があるとします。授業の25%をオンライン化することで、授業料が次のように変化するとすれば、あなたは25%オンライン授業とすべて対面の授業のどちらを選びますか？

	25%オンライン授業	すべて対面式の授業（授業料に変化なし）	わからない・答えたくない
25%オンライン授業なら授業料が10%下がる場合	○	○	○
25%オンライン授業でも授業料は変わらない場合	○	○	○
25%オンライン授業なら授業料が10%上がる場合	○	○	○

図 12.1　オンライン授業への選好質問例（オンライン授業の割合が 25%の場合）

次節では，このオンライン授業への選好調査の結果が，回答者本人が高等教育機関に在籍（または予定）の場合と，高等教育機関に在籍している子どものいる保護者とで異なるのかを見ていく。

4. 調査結果

4.1　在校生，進学希望者，保護者の比較

オンライン授業に対する選好は，実際に高等教育機関に在籍している学生とその保護者とでは異なるかもしれない。また，高等教育機関に進学を希望しているが，まだ進学していない生徒とも異なるかもしれない。これらの回答者間で，オンライン授業に対する選好に違いが見られるかを確認する。なお，本調査における高等教育機関とは，高校卒業後に教育を受ける学校・機関のことを

指し，四年制大学の他にも，大学院，短期大学，高等専門学校，専門学校・各種学校を含むが，以下の分析では四年制大学に在籍している大学生（以下，単に「大学生」と呼ぶ）とその保護者，および，四年制大学への進学希望者とその保護者に焦点を絞る分析を行う。

　まず，実際に在籍していた大学生の選好を見てみよう。**図 12.2（a）**は，それぞれのシナリオの下で，完全対面式の授業と比較して，部分的（または完全に）オンライン授業を好む大学生の割合を示している。

　このグラフの 3 本の線は，オンライン授業と完全対面式プログラムとの（仮想的な）授業料の違いに対応しており，上から順に（コロナ前の）現状，つまり完全対面時の授業料の 90％（1 割引き），100％（同額），110％（1 割増し）を意味している。また，図の横軸はオンライン授業の実施割合を示しており，左端がオンライン授業 25％（つまり対面授業 75％），右端が完全オンライン授業となっている。例えば，上から 2 番目のグラフを見ると，同じ授業料であっても，44％の大学生は完全対面授業に比べて 50％のオンライン授業のほうを望んでいることがわかる。同様に，約 30％の大学生は，100％オンライン化された授業にも同じ授業料を支払うと回答している。このように，すでに在籍している大学生でオンライン授業を好む割合がそれなりに高く，特に，25％または 50％をオンラインで受講する「部分的オンライン授業」の人気が高いことがわかる。

　さらに，学生は価格に敏感であることがこの図より見て取れる。オンライン授業の授業料が完全対面式の授業より 10％高いときは，部分的にオンライン化されたプログラムに興味を持つ学生は 20％未満であるが，逆に授業料が 10％安くなると，25％オンライン授業を好む学生は 80％近くになり，約半数の学生は完全オンライン化された授業を完全対面授業より好んでいる。また，たとえ対面授業と同じ授業料であっても，ほぼ半数の学生が 25％または 50％のオンライン授業を希望する。このように，現在在籍している学生のかなりの割合が，オンライン授業は対面授業と同等の質を持ち，場合によっては好ましいとさえ考えているようである。

　在籍大学生のオンライン授業に対する肯定的な見方は，オンライン教育を経験した結果であろうか。この点を調べるために，大学でのオンライン授業を体

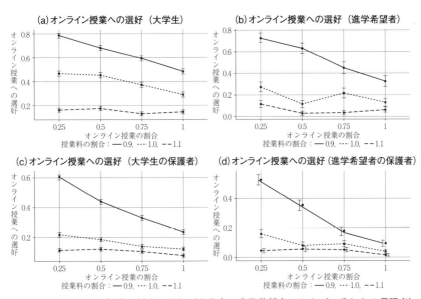

図 12.2　オンライン授業に対する選好（大学生，進学希望者，および，それらの保護者）

験していない高等教育への進学希望者と，現役大学生の保護者についてもオンライン授業に対する選好を調べ，在学生と比較してみる。

　図12.2 (b) は，大学でのオンライン授業をまだ体験していない進学希望者のオンライン授業への選好をまとめたものである。この図より，進学希望者は，在学生ほどはオンライン授業に対して興味を示していないことがわかる。具体的には，11%が50%，13%が100%のオンラインを希望しているに過ぎず，在学生が部分的にオンラインで学ぶことを好むと回答した割合を大きく下回っている。このように，大学でのオンライン教育を受ける前の進学希望者は，一般的にオンライン授業が対面授業の代わりになるとは考えていないことがわかる。この結果は，大学において実際にオンライン授業を体験することで初めて，オンライン授業が対面授業に代わるものとして認識されるようになることを示唆している。

　次に，生徒の保護者について，在学生の保護者（図12.2 (c)）と進学希望者の保護者（図12.2 (d)）それぞれについて見てみよう。

　まず，大学生の保護者であるが，授業料が同じだと，20％強の保護者が自分
の子どもに部分的なオンライン授業を受けさせることを希望している（**図12.2
(c)**）。これは，進学希望者の選好に近いものであり，在学中の大学生よりもオ
ンライン教育に対して懐疑的な見方をしていることを示唆している。しかし，
実際に子どもがオンライン授業を受けるのを見ることによって，在学生の保護
者はオンライン授業の価値について学ぶことはあるのだろうか。この点を調べ
るために，在学生の保護者と進学希望者の保護者の選好を比較してみると，進
学希望者の保護者と在学生の保護者の選好は非常に似ていることがわかる。こ
れらの結果は，在学生はオンライン授業を実際に体験してみることでオンライ
ン授業を評価するようになるが，保護者は子どもが受講している授業について
あまり情報を得られておらず，結果としてオンライン授業に対する評価が懐疑
的なままとなっているからではないかと考えられる。

　このように，オンライン授業への関心・評価は，人々が直接オンライン授業
を経験した後に初めて生じるというのがわれわれの発見である。この結果は，
大阪大学の学生を対象として実施したオンライン授業に関する調査結果をまと
めた村上・浦田（2021）の結果とも整合的である。2020 年 8 月（春〜夏学期終
了後）と 2021 年 1 月（秋〜冬学期終了後）の 2 度にわたって実施した調査に
おけるオンライン授業への満足度の結果を比較すると，2021 年 1 月のほうが満
足度が向上しており，オンライン授業を経験し慣れてきたことが理由であると
している。また，情報の不完全性が個人の最適な行動を阻害するときに，経験
が重要な役割を果たすことを示す経済学におけるいくつかの先行研究（例えば
Larcom et al. 2017）の知見とも整合的である。保護者は，その多くはまだ子ど
もと一緒に暮らしており，おそらく子どもとコミュニケーションをとっている
が，オンライン授業を個人的に経験していないためにオンライン授業の価値に
ついての信念（選好）を更新できていないのではないかと考えられる。同様に，
進学希望者もまだ大学でのオンライン授業を経験していないために，オンライ
ン授業の価値についての信念（選好）を更新できていないためではないかと考
えられる。

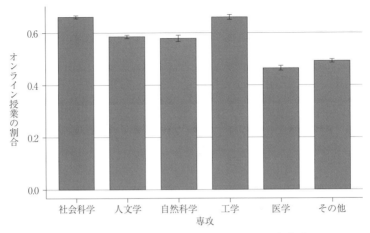

図 12.3　オンライン授業の実施割合（大学生，専攻別）

4.2　専攻別比較

　オンライン授業が対面授業にとって変わりうるのかどうかは，専攻によって異なることが予想される。例えば，実験を主に行う医学系や工学系などについては，オンラインより対面での授業を好ましいと思う傾向があるかもしれない。逆に，座学を中心とする人文社会科学系においては，オンライン授業が効果的となりうることもあるかもしれない。オンライン授業への選好が，大学における専攻の違いを反映しているかを見てみる。

　まず，実際のオンライン授業の割合を専攻別に見てみよう。**図 12.3** はオンライン授業の実施割合を専攻別にまとめたものである。この図より，医学と「その他」（農業，看護，教育，芸術など）のオンライン授業の提供割合が他の分野に比べて低いことがわかる。興味深いことに，工学・理学系専攻のオンライン授業の割合が，社会科学・人文学系専攻のオンライン授業の割合とほぼ同じであった。工学・理学系専攻は実験の重要性が高いが，パンデミック時にこれら分野は急速にオンライン化されたことがわかる。

　次に，パンデミック終息後のオンライン授業に対する選好を専攻別に見てみよう。**図 12.4（a）** は社会科学，人文学，自然科学，工学，医学，その他分野における，オンライン授業を完全対面授業よりも好ましいと思っている学生の

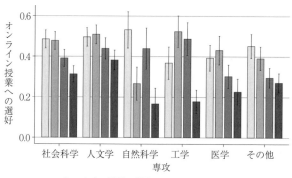

(a) オンライン授業への選好（大学生，専攻別）

オンライン授業の割合　□0.25　▨0.5　▧0.75　■1

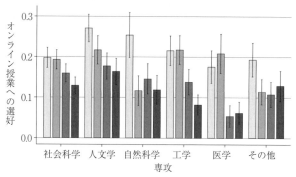

(b) オンライン授業への選好（大学生の保護者，専攻別）

オンライン授業の割合　□0.25　▨0.5　▧0.75　■1

図 12.4　オンライン授業に対する選好（専攻別）

割合である。25％をオンラインで実施する授業に対する選好は，分野間で大きく異なりはしないように見える。ただし，理学，工学，医学では100％オンライン授業にすることには強い抵抗があるように思われる。他方，人文・社会科学系では，オンライン授業に対する選好が他の分野に比べて強い傾向があり，100％オンラインでの授業に対しても大きな関心を示している。このように，専攻に関係なく，すべての学生は，部分的なオンライン授業へ関心を持っていることがわかり，これは，理工系でも講義と対面での実験の両方があり，人文・社会科学系の講義と同じように，理工系においても講義はオンライン化可

能であるためと思われる。

　学生の保護者のオンライン授業への選好を見てみても，同様のパターンが浮かび上がる（**図 12.4（b）**）。理工系学部においては，100％のオンライン授業はあまり人気がなく，人文系の 100％オンライン授業への関心が高い。部分的にオンライン化されたプログラムへの関心は，専攻分野によって大きな差はない。全体として，学生の保護者が回答した内容と，学生本人が回答した内容に，特に目立った違いはない。

　次に，オンライン授業への関心が，パンデミック時に受講していた科目のオンライン化の度合いとどのように関連しているかを検証する。**図 12.5（a）** は大学生のオンライン授業への選好を，実際のオンライン授業実施割合別に見たものである。大変興味深いことに，調査時点でオンライン授業の実施割合が高いほど，パンデミック後のオンライン授業への関心も高いことがわかる。この結果は，部分的には専攻間の違いにより説明ができるであろう。オンライン授業に適した専攻の学生は，パンデミック時にオンライン授業の割合が高く，そのような学生は今後のオンライン授業にも興味を持つようになっていることを示唆している。

　さらに興味深いのは，100％オンライン授業に関する 2 つの結果である。まず，100％オンライン授業またはそれに近い授業を受けた学生（実線）は，調査時点で 50％〜 75％しかオンライン教育を受けていない学生（破線）と統計的に区別できないような回答をしていることがわかる。完全にオンラインで授業を受けるという経験は，オンライン授業の相対的価値に対する学生の見方を大きく変えることはないようである。

　次に，**図 12.5（b）** においては，100％オンライン授業への関心は，調査時に実際にオンラインで受講していた授業の割合とあまり変わらないように見え，25％〜 100％の範囲では全く変化しないことがわかる。このことは，100％オンラインで授業を受けても，100％オンライン授業が実際に楽しかったり，役に立ったりすると学生自身が思ったわけではないことを示唆している。これは，本章の冒頭で示した主な結果，つまりオンライン授業を経験した学生は，その授業が実際に対面授業の良い代替となることを学習するということと非整合的に思うかもしれない。しかし，この結果は部分的なオンライン授業は好ましい

(a)オンライン授業への選好（大学生の保護者, 現在のオンライン授業割合別）

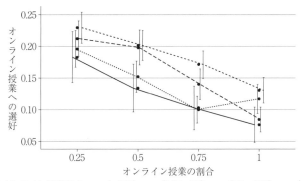

現在のオンライン授業割合：‥‥(<0.25), ⋯⋯(0.25〜0.5), ‐‐‐(0.5〜0.75), ━━(0.75〜1)

(b) オンライン授業への選好 （大学生, 現在のオンライン授業割合別）

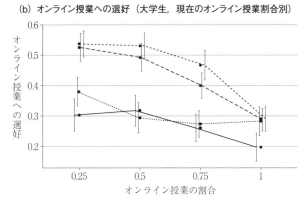

現在のオンライン授業割合：‥‥(<0.25), ⋯⋯(0.25〜0.5), ‐‐‐(0.5〜0.75), ━━(0.75〜1)

図 12.5　オンライン授業への選好 （実際のオンライン授業実施割合別）

と思われる傾向はあるものの，100％オンラインで受講することは意外に良い
ことではなく，その体験に触れた学生は，選択肢としての評価を更新しないと
解釈できる。

　これらの傾向は学生の保護者の選好についても当てはまる。ただし，これま
での分析結果で繰り返し見てきた通り，保護者のオンライン授業に対する選好
は，実際にオンライン授業を経験した学生と比べると弱いものになっている点
は共通している。

5.　考察

　本章では，2019 年 12 月以降の高等教育機関における授業実施に関する実態および文部科学省の対応を概観したのちに，「コロナ期における高等教育に関する意識調査」で得られた結果から，学生や保護者のオンライン授業に対する選好を考察してきた。この論文で最も重要な結果は，学生はオンライン授業に対して強い関心を持っており，オンライン授業を部分的にでも経験した後に，オンライン授業が対面授業と同じくらい優れていることを学ぶようであるということである。また，大学生の保護者や大学への進学希望者のオンライン授業への関心は大学生と比べて平均的に低く，その 1 つの埋由として，保護者や大学進学希望者はまだ大学でのオンライン授業を経験していないためであると考えられる。

　本章の分析で明らかにされたのは，大学生がオンライン授業と対面授業の質について，いったい何を学んでいるのかということであろう。専攻により若干の違いはあるものの，この 2 つの授業形態が予想以上に似ていることを経験から学んでいるのは確かであり，その理由は大きく分けて 2 つの可能性が考えられる。1 つは，大学生がオンライン授業に対して事前に誤ったネガティブな思い込みを持っていて，その思い込みがオンライン授業を経験することで更新され，将来的にオンライン授業を受講することに大いに興味を持つようになったというものである。もう 1 つの可能性は，大学生が対面授業に対して誤った肯定的な思い込みを持っていて，例えば，実際の授業よりも対話的であると思い込んでいた，というものである。この場合も，学生は大学で授業を受けた後に信念を更新し，オンライン授業の相対的な質に関する信念が変化したため，オンライン授業により興味を持つようになる。オンライン授業がより斬新であることから，学生は対面授業よりもオンライン授業の質について誤解している可能性が高いと考えられるが，この疑問についてさらに研究を進めることは今後の課題である。

　全体として，学生の間でオンライン授業への関心は高いが，現時点では文部科学省，および大学は完全な対面授業への回帰を強く勧めているようである。

　本章の結果は，部分的なオンライン教育プログラムを好む学生が多いことから，完全に対面式の教育が学生の厚生を最大化しない可能性があることを示唆している。この点については，さらなる研究が特に有効であろう。例えば，多くの学生が部分的なオンライン授業を好み，その多くが実際にオンライン授業に触れた後にこの好みを持つようになったことがわかるが，オンライン授業には短期的には発見しにくい悪影響がある場合（例えば，Alpert et al. 2016; Bettinger et al. 2017）には，多くの学生がオンライン授業を好むにもかかわらず，政府はパターナリスティックな態度でこれを阻止する必要があるであろう。学生がオンライン授業を好むようになるのは，オンライン授業を経験した後であるという事実，また，われわれの選好に関する調査は，学生がパンデミックによる遠隔授業を丸2年間経験した後に行われたという事実（したがって，オンライン授業から対面授業ほどの学習効果が得られないことなどに気づく時間があったかもしれないと考えられる）より，オンライン授業に対する学生の好みは，必ずしも近視眼的ではないと思われるが，この点に関してもさらなる調査が必要であろう。もし本当に，オンライン授業に対する学生の好みを政府がパターナリスティックに覆す必要がないのであれば，現在の政府の政策に対する説明は，官僚制や大きな組織の政治に関するまた別の文脈にその源泉を見出すことができるかもしれない。

　なお，本章では主に授業を受ける側からのオンライン授業に対する選好に焦点を当てて議論してきたが，オンライン授業が授業を行う教員側に与える影響も無視できないであろう。通学時間を削減できるといった学生が感じていたメリットは教員にも同様に当てはまるであろうし，オンライン授業のメリットとデメリットを経験した後では，対面授業とオンライン授業の使い分けなど，より効果的・効率的な授業スタイルを模索することもできるようになるであろう。こういった新たな授業スタイルが，教員の教え方や働き方に与える影響の分析も重要であることは言を待たない。それと合わせて，学生の満足度とともに中長期的な教育成果に与える影響の分析も必須であり，これらの分析研究は今後の課題である。

参考文献

Alpert, W. T., Couch, K. A., and Harmon, O. R. (2016), "A Randomized Assessment of On-line Learning," *American Economic Review: Papers & Proceedings*, 106 (5), pp. 378-382, http://dx.doi.org/10.1257/aer.p20161057

Bettinger, E. P., Fox, L., Loeb, S., and Taylor, E. S. (2017), "Virtual Classrooms: How Online College Courses Affect Student Success," *American Economic Review*, 107 (9), pp. 2855-2875, https://doi.org/10.1257/aer.20151193

Larcom, S., Rauch, F., and Willems, T. (2017), "The Benefits of Forced Experimentation: Striking Evidence from the London Underground Network," *The Quarterly Journal of Economics*, 132 (4), November, pp. 2019-2055, https://doi.org/10.1093/qje/qjx020

植村八潮・山崎航・小田佳織・長谷川さくら (2020), 「教員・学生へのアンケートによるオンライン授業の現状分析」『情報科学研究所 所報』96, 21-30 頁。

内山仁志・西村健一・高橋泰道 (2021), 「インターネット環境についての実態調査とオンライン授業に関するアンケート調査」『人間と文化』4, 184-194 頁。

田浦健次朗・明比英高・秋田英範・郡司彩・工藤知宏・空閑洋平・栗田佳代子・黒田裕文・三浦紗江・中村文隆・中村宏・小川剛史・岡田和也・坂口菊恵・関谷貴之・柴山悦哉・玉造潤史・友西大・椿本弥生・Diego Tavares Vasques・吉田塁 (2020), 「東京大学におけるオンライン授業の始まりと展望」『コンピュータソフトウェア』37 (3), 2-8 頁。

村上正行・浦田悠 (2021), 「大学における「つながりの実感」とオンライン授業」『質的心理学フォーラム』13, 28-36 頁。

山内祐平 (2021), 「コロナ禍下における大学教育のオンライン化と質保証」『名古屋高等教育研究』21, 5-25 頁。

あとがき

　COVID-19 パンデミックは，社会科学者である私たちにとっても厳しい体験だった。大学内での研究活動の多くが停止を余儀なくされることは言うまでもない。社会科学の分野の中には，国内に限らず海外でも実地調査を行う者も少なくないが，その場合は，研究全体が停滞することになった。研究実施が不可能でないにしても，対面でのやり取りに頼ってきた，自分たちの今までの研究方法を見直す必要に迫られることとなった人は多くいるはずである。

　パンデミックのもとでは，あらゆる人びとが感染の危機に直面する。それゆえ，社会科学者である私たち自身が当事者になることが免れない。ある意味でこの書籍に収められているすべての章が，実体験から切り離せないものである。社会科学的に研究する際には，研究対象をできるだけ客観的に捉えられるように，対象との距離をとるのが通常である。対象との距離をとりにくいという意味でも，パンデミックは社会科学者たちに特殊な経験を与えたと言える。

　そのようななか，なぜこのような書籍に取り組むことになったか，その成り立ちに触れておきたい。この書籍は，東京大学社会科学研究所の全所的プロジェクト「社会科学のメソドロジー：事象や価値をどのように測るか」の成果の一つである。全所的プロジェクトでは，社会科学上の重要な研究テーマを横断的に議論しながら，数年間の研究期間の共同研究を行うものである。1964 〜 1968 年度の「基本的人権」から始まり，直近のものは「危機対応の社会科学（危機対応学）」（2016 〜 2019 年度）である。今回の全所的プロジェクトは，COVID-19 パンデミックの最中の 2021 年度から始まった。

　全所的プロジェクトで何のテーマをやるべきかを討論した際に，当事者としての私たちが COVID-19 をトピックとして挙げることはほとんど避け難いことだった。社会科学者である私たちの会話は，直近で興味を持っている社会現象についてのやりとりで始まることが多いが，COVID-19 やそれに伴う社会問題で埋め尽くされてしまったからである。全所的プロジェクト「社会科学のメソ

ドロジー」は 5 つのサブグループからなっているが，その一つが「COVID-19 と社会科学」となった。このサブグループに 20 名弱のメンバーが集まり，2021 年度と 2022 年度にオンラインミーティングを通じて，研究交流や討論を続けた。本書には寄稿はしていただいていないが，深井太洋さん（筑波大学）やショー・メレディス・ローズさん（東京大学）には，このオンライン研究会を通じて貴重なコメントをいただいた。他にも，2022 年の末には東北大学の政策デザイン研究センターを訪ね，COVID-19 に関する研究についての意見交換会なども行った。久々の対面会議に幾分か緊張感と興奮を覚えながら参加したことを覚えている。

　「COVID-19 と社会科学」のグループでは，オンライン社会調査もいくつか実施した。刻々と状況が変わるなか，企画から実施までの期間を短くすることができて，かつ実験的要素を取り入れられるオンライン調査は，COVID-19 の社会科学的研究を行う上で極めて有用だった。パンデミックの発生以降，世界中で社会科学者たちがこれまで以上にオンライン調査を行ったが，われわれも例外ではなかった。

　全所的プロジェクトの特任研究員として，2 人の若い研究者にサポートしてもらった。一人は第 8 章の著者の一人である呂沢宇さん（現東北大学准教授）である。博士号を取り立てのもう一人は，2021 年度に所属していた川口航史さん（現琉球大学准教授）である。川口さんには，調査会社とのやり取りや調査票の確認などについて多くの時間を割いていただいた。彼らの協力なしではこのプロジェクトがここまで辿り着くことはなかったように思う。

　最後に勁草書房の宮本詳三さんに感謝したい。宮本さんはこの企画を立ち上げた時から，多くの助言と支援を下さった。編者の一人にとっては，研究者としてキャリアをスタートしたときからの知り合いだが，こうした共同作業ができることは大きな喜びである。

　多くの人びととの協力と支援を受け 3 年間ほど続けた「COVID-19 と社会科学」の活動にとって，この書籍の出版は区切りとなる。研究会の公式の活動は名実ともに終わる。パンデミックの発生から 4 年が経ち，徐々に COVID-19 後の社会へと移りつつあるなか，このタイミングでの区切りは悪くないように思う。しかし，これがパンデミックのことを考えることを終えることを意味するわけ

ではない。COVID-19 後の社会と社会科学は，緩やかにその姿を形作りつつあるところである。そして，パンデミックのような，世界全体に影響を与える，大きな不確実性を伴う社会的危機は再び起こらないと限らない。さらなる問題を考えるための区切りだと捉えたい。

2023 年秋
　　　　　加藤晋，田中隆一，ケネス・盛・マッケルウェイン

索　引

執筆者紹介(執筆順, *編著者)

加藤　晋*（かとう　すすむ）
東京大学社会科学研究所准教授，東京大学　博士（経済学），専門分野：社会選択理論，政治哲学

田中隆一*（たなか　りゅういち）
東京大学社会科学研究所教授，New York University（Ph.D. in Economics），専門分野：労働経済学，教育経済学

ケネス・盛・マッケルウェイン*（Kenneth Mori McElwain）
東京大学社会科学研究所教授，Stanford University（PhD in Political Science），専門分野：比較政治学

澁谷遊野（しぶや　ゆや）
東京大学空間情報科学研究センター准教授，東京大学　博士（社会情報学），専門分野：社会情報学，空間情報

飯田　高（いいだ　たかし）
東京大学社会科学研究所教授，東京大学　修士（法学），専門分野：法社会学，法と経済学

石田賢示（いしだ　けんじ）
東京大学社会科学研究所准教授，東北大学　博士（教育学），専門分野：経済社会学，社会階層論

伊藤亜聖（いとう　あせい）
東京大学社会科学研究所准教授，慶應義塾大学　博士（経済学），専門分野：中国経済論

庄司匡宏（しょうじ　まさひろ）
東京大学社会科学研究所教授，東京大学　博士（経済学），専門分野：開発経済学

近藤絢子（こんどう　あやこ）
東京大学社会科学研究所教授，Columbia University（PhD in Economics），専門分野：労働経済学，公共経済学

藤原　翔（ふじはら　しょう）
東京大学社会科学研究所准教授，大阪大学　博士（人間科学），専門分野：社会階層論

瀧川裕貴（たきがわ　ひろき）
東京大学大学院人文社会系研究科准教授，東京大学　博士（社会学），専門分野：数理社会学，計算社会科学

呂沢宇（Lyu Zeyu）
東北大学大学院文学研究科准教授，東北大学　博士（文学），専門分野：計算社会科学

稲垣佑典（いながき　ゆうすけ）
成城大学社会イノベーション学部／データサイエンス教育研究センター准教授，東北大学　博士（文学），専門分野：計量社会学，社会心理学，社会調査法

中井　豊（なかい　ゆたか）
芝浦工業大学システム理工学部電子情報システム学科教授，東京工業大学　博士（学術），専門分野：数理社会学，計算社会科学

常松　淳（つねまつ　じゅん）
慶應義塾大学文学部教授，東京大学　博士（社会学），専門分野：法社会学，科学社会学

阪本拓人（さかもと　たくと）
東京大学大学院総合文化研究科教授，東京大学　博士（学術），専門分野：国際関係論，計算社会科学

大林真也（おおばやし　しんや）
青山学院大学社会情報学部准教授，東北大学　博士（文学），専門分野：数理社会学，計算社会科学

齋藤宙治（さいとう　ひろはる）
東京大学社会科学研究所准教授，東京大学　博士（法学），専門分野：法社会学

中島　啓（なかじま　けい）
東京大学社会科学研究所准教授，The Graduate Institute of International and Development Studies Geneva（PhD in International Law），専門分野：国際法

川田恵介（かわた　けいすけ）
東京大学社会科学研究所准教授，大阪大学　博士（経済学），専門分野：応用ミクロ経済学

エリック・ウィース（Eric Gordon Weese）
東京大学社会科学研究所准教授，Massachusetts Institute of Technology（PhD in Economics），専門分野：政治経済学

パンデミックと社会科学
ポストコロナから見えてくるもの

2024 年 2 月 20 日　第 1 版第 1 刷発行

　　　　　　　　　　加　藤　　晋
　　　編著者　　　　田　中　隆　一
　　　　　　　　　　ケネス・盛・マッケルウェイン

　　　発行者　　井　村　寿　人

　　　発行所　株式会社　勁　草　書　房
　112-0005 東京都文京区水道2-1-1　振替　00150-2-175253
　　（編集）電話 03-3815-5277／FAX 03-3814-6968
　　（営業）電話 03-3814-6861／FAX 03-3814-6854
　本文組版 プログレス・大日本法令印刷・中永製本

広瀬　巌
パンデミックの倫理学
緊急時対応の倫理原則と新型コロナウイルス感染症

46 判　1,980 円
15470-8

ジャン＝リュック・ナンシー／伊藤潤一郎 訳
あまりに人間的なウイルス
COVID-19 の哲学

46 判　2,420 円
15478-4

坪野吉孝
疫学
新型コロナ論文で学ぶ基礎と応用

A5 判　2,970 円
70121-6

山口真美・河野哲也・床呂郁哉 編著
コロナ時代の身体コミュニケーション

46 判　3,080 円
29934-8

東大社研・玄田有史・有田伸 編
危機対応学
明日の災害に備えるために

46 判　2,640 円
65416-1

齊藤　誠
〈危機の領域〉 けいそうブックス
非ゼロリスク社会における責任と納得

46 判　2,860 円
55081-4

勁草書房刊

＊表示価格は 2024 年 2 月現在。消費税（10%）が含まれています。